律师思维与技能实战教程

法律咨询

LEGAL ADVICE

韩德云 彭瑶◎主编

法律出版社
LAW PRESS·CHINA

——— 北京 ———

图书在版编目(CIP)数据

法律咨询／韩德云，彭瑶主编. -- 北京：法律出版社，2024
ISBN 978-7-5197-9177-3

Ⅰ．①法… Ⅱ．①韩… ②彭… Ⅲ．①法律－咨询服务 Ⅳ．①D90

中国国家版本馆 CIP 数据核字(2024)第 105917 号

| 法律咨询
FALÜ ZIXUN | 韩德云　彭　瑶　主编 | 策划编辑　林　蕊
责任编辑　林　蕊
装帧设计　李　瞻 |

出版发行　法律出版社	开本　710毫米×1000毫米　1/16
编辑统筹　司法实务出版分社	印张　26.75　　　字数　383千
责任校对　晁明慧	版本　2024年9月第1版
责任印制　胡晓雅	印次　2024年9月第1次印刷
经　　销　新华书店	印刷　北京盛通印刷股份有限公司

地址：北京市丰台区莲花池西里7号(100073)
网址：www.lawpress.com.cn　　　　　销售电话：010-83938349
投稿邮箱：info@lawpress.com.cn　　　客服电话：010-83938350
举报盗版邮箱：jbwq@lawpress.com.cn　咨询电话：010-63939796
版权所有·侵权必究

书号：ISBN 978-7-5197-9177-3　　　　定价：98.00元
凡购买本社图书，如有印装错误，我社负责退换。电话：010-83938349

第三版序言

2015年3月出版的《法律咨询策略与技巧》和《法律谈判策略与技巧》，2018年9月再版更名为《法律咨询》和《法律谈判》。一晃又5年多过去了，这两本书仍受大家欢迎，即将推出第三版，让人甚是欣慰。

回望这两本书从初版到第三版已有9年时光，其间新冠疫情波及全球3年有余，带给各行业重大变化。对索通的最大变化就是，我们参与发起创办了中联这个崭新的全国品牌，将索通以吸收合并方式转换成了上海中联（重庆）律师事务所，从此开启更大平台上的一次新旅程。

从索通到中联，28年来，我们为当事人提供高品质法律服务的初心犹在，执业活动从未止步于已有的经验。同时，作为一名曾经的法学教师，我对年青律师的培训一直亲力亲为，深感执业技能提高始终是帮助律师生存发展之重要路径。

今天，中国执业律师人数呈几何级数爆发，培训活动越来越多，培训教材日新月异，与9年前这两本书首次出版时有天壤之别。高兴之余，我们之所以有信心第二次再版这两本书，首先，跟广大青年律师对这两本书的喜爱分不开，对此我们心存感激。其次，我们注意到，在众多律师技能训练书目中，这两本书不仅以翔实案例讲解律师参与客户咨询和谈判的策略和技巧，而且处处不忘诠释律师处理与当事人关系的基本伦理，以及律师以当事人为中心的执业价值所在。这些关于执业伦理与价值的展示，对一个优秀职业律师来说是独特和永恒的。书中涉及的所有咨询与谈判策略和技巧，只有在这样一种价值观引导下，才具有实践中仿效和被正确验证的意义。我们相信，有志于以执业律师为职业的读者，尤其能在这方面从这两本书中受益。

法律咨询

  再次感谢法律出版社林蕊编辑，感谢中联重庆办公室的小伙伴们付出的心血和时间。职业路上处处有艰辛，大家一起继续努力。

  是为第三版序。

韩德云

2024年7月于重庆

第三版编者说明

本次再版,我们结合这些年的执业经验和行业最新变化,对《法律咨询》《法律谈判》两本书进行了修订。主要修订包括更换案例,重编章节目,在各有关章节中增加部分能体现行业新变化特点的实战内容。

第三版《法律咨询》由韩德云、彭瑶律师主编,其中第一至五课、第十六至二十课由彭瑶律师修订,第五至十课由魏杉杉律师修订,第十一至十五课由秦宏基律师修订,最后由彭瑶律师统稿。

第三版《法律谈判》由韩德云、袁飞律师主编,其中第一至三课由赵阳君律师修订(其中第三课第九节由高攀律师修订),第四至六课由余敏律师修订,第七至九课由高攀律师修订,第十至十二课由袁飞律师修订,全书由袁飞律师统稿。

为让大家了解前两版出书过程,我们保留了第一版编者说明、第二版序言和前言。

第二版序言

我很高兴2015年3月出版的《法律咨询策略与技巧》和《法律谈判策略与技巧》两本书，一再加印仍已售罄。出版社编辑联系我，准备把书名简化为《法律咨询》和《法律谈判》后再版，并希望我利用这个机会对广大年青律师和有志成为职业律师的法学院学生们说几句话。

我1978年懵懵懂懂通过高考被选进西政，当时不知政法为何物，毕业后也未想过做律师，一是因为律师在那个年代并非法律人可以自由选择从事的一门职业，二是因为那时的法律也非法律人可以运用的一门武器。法律学科在中国，从来喜欢专注理论诠释而忽略技能训练，从来热心培养理论学者，而看低实践人才，所谓法律职业技能教育是如何不被重视，此点我在法学院教书期间还真深有体会。直到今天，即使很多法学院的教授们都乐于以兼职律师身份办案，法学院不以职业律师培养为己任，仍是一种普遍让人尴尬的现实。于是，法律技能培训读物，尤其是职业律师技巧训练教材，成为最稀缺、最实用的资源而受人欢迎，自然是最自然不过的事了。

在这样的背景下，我相信，再版的《法律咨询》和《法律谈判》两本书，作为迄今为止把美国职业律师教育理念与中国律师实务紧密结合的唯一课本，一定仍将得到读者们的喜爱。

再次感谢法律出版社戴伟先生及各位编辑，感谢索通小伙伴们付出的心血，感谢邓小平开启的改革开放时代让律师执业空间越来越宽广，法律职业技能有了越来越多的用武之地，感谢广大读者的厚爱！

是为再版序。

韩德云

2018年9月6日于重庆

第二版前言

市场经济就是法治经济，法治经济的关键在于依法治国，法学已日益成为我国的治国之学、强国之学、安邦之学和正义之学，中国法学教育近几十年取得的成就令人瞩目。然而，在法律职业的教育方面，法学教育与法律职业尤其是律师职业需求脱节的矛盾不仅未缩小，反而越来越严重。目前，法学院系开设的课程主要以部门法学科的划分为标准，法律教育仍以传授系统法学理论知识为主，"重理论、轻实践""重学术、轻技能"的烙印依旧。进一步而言，现今的法学教育（包括法学院教育和法律服务职业教育）既缺乏对律师执业技能的实务培训，也缺乏对实践操作的方法研究。律师行业内有识之士对专业技能技巧训练方法虽有关注，但更多的是法律技术层面上的，如文书写作的提炼，很少有人从法律咨询（律师与当事人打交道需要何种技能）、法律谈判（律师与律师作为不同当事人的代理人打交道需要何种技能）的角度，进行较为系统的律师执业技能观察和训练。中国很多律师长期缺乏系统的法律咨询、谈判策略与技巧培训，致使年轻律师面对真实当事人和实战中的谈判往往无所适从，甚至一些从业多年的律师，也会因为没有系统学习过法律咨询与谈判，错失为当事人挽回损失或争取利益的机会，无法确立其应有的职业形象。

索通律师事务所作为西部第一家由归国留学人员为主创办的合伙制律所，虽偏安经济欠发达的西南地区，但20年苦练内功，终于成为一家在重庆具有较高执业水准，在全国独具特色的区域性一流综合大所，培养了一批在金融、房地产、公司法务、知识产权等领域的专业律师。最近10年，索通的合伙律师年人均创收超过200万元，律师年人均创收超过100万元，以较小人员规模实现了最大市场化和专业化发展，在商务法律服务领域独树一帜，在中西部地区影响甚广。究其原因，除了在战略上根据中国和本地法律服务市场的特点和索通律师的实际情况，选择了以公司化为主的经营模式外，对律师执业技能，尤其是法律咨询与法律谈判技能技巧的重视和潜心修炼也功不可没。

索通执行合伙人韩德云律师是国内政法系统享有盛名的"西政七八级"出身的学院派律师之一。他不仅是全国为数不多的律师全国人大代表，从 2003 年起担任第十届、第十一届和第十二届全国人大代表至今，在参政议政和参与立法方面有很大社会影响，而且独创"当事人中心说"和"法律预防说"的律师行为理论，在律所公司化管理和律师执业技能培训方面颇有建树。韩德云律师 1989 年在美国洛杉矶加州大学法学院获得法学硕士并任教一段时间后，曾返回西南政法大学从事律师职业教育，为将美国法学教育中先进的法律实务培训系统引入国内，与同事翻译了包括美国的法律咨询、法律谈判研究在内的大量书籍。1995 年韩德云律师辞去教职投身于社会执业律师行业后，更以其自身的执业实践活动，在索通，在重庆，在国内其他地区亲身参与、见证和推动着中国律师行业的起步与变革，为中西方律师文化的交流和共享，为中国律师行业的发展作出了独特的贡献。

《法律咨询》和《法律谈判》两本书借鉴了美国律师教育的成果，结合中国律师的职业现状、执业环境、商业交易习惯和民族文化特点，从非常具有可操作性的角度，对律师在提供法律咨询与谈判服务中的技能技巧进行了全面梳理、提炼和总结。

我们期望通过这两本书所分享的律师参与咨询和谈判的技能技巧，为众多执业律师在实践中实际选择和运用的咨询和谈判技巧行为提供系统完整的指引，从而提升整个律师行业的专业服务水平。此外，我们也希望借此抛砖引玉，推动业内更多优秀律师和律所一起来分享他们的知识和经验。

借助这两本书的出版，我们总结回顾索通的过去，放眼展望中国律师业的未来，祝愿这两本书能够被更多的年轻律师阅读、思考和实践，让我们一起开创律师行业的新时代。

2018 年 9 月

第一版编者说明

解决当事人的问题是律师的任务，解决当事人的法律问题是律师的首要任务。如何了解当事人的问题？当事人的问题有哪些？怎样才能满足当事人的最终需求？往往要通过律师与当事人面对面的"咨询"才能明确。法律咨询，看似简单，但在律师执业实践中，却往往是判断和检验一个律师是否具备较高素质和能力的起点，也注定成为决定律师代理一个案件或项目能否获得成功的关键。

我们认为，律师为委托人提供服务，应当始终坚持"当事人中心说"，即一个律师不论以何种方式、何种身份、何种内容为当事人服务，当事人的利益应该永远是其维护和保障的核心。一次良好的法律咨询，体现的正是"当事人中心说"倡导的价值，因为从根本上讲，法律服务的质量取决于当事人的满意度。要真正做到让当事人满意，律师首先应当从当事人的角度判断问题，把当事人带入探讨解决问题的方案过程之中，鼓励当事人就那些可能产生实际法律后果和非法律后果的问题作出决定；其次，依据当事人的价值观提出建议，始终理解和尊重当事人的情感并承认这些情感的重要性。高质量的咨询得益于律师与当事人的良性互动，律师应该首先学会与当事人打交道，最优秀的律师永远是最善于同当事人打交道的律师。一位好的律师不仅可以在咨询服务中了解当事人的需求和问题现状，从而作出专业判断，更能据此获得当事人的信任，提高律师的专业服务价值。

本书通过大量的案例，向读者尤其是年轻律师详细诠释了如何对待当事人、与当事人会见时如何倾听的技巧、如何判断当事人面临的问题、如何收集案件信息制定决策的方法和技巧以及如何完整办理一个诉讼案件或者非诉讼项目。

索通律师事务所成立二十年来，正是秉承本书倡导的"当事人中心说"执业理念，遵循职业化、规范化、专业化的发展方向，以本书推荐的方法对年轻律师进行反复训练并付诸实践，才使得索通律师始终能够为客户提供较高专业水准的服务。索通所在本地区执业实践取得的成功经验，证明了这些方法的价值，也促成我们与大家分享这一价值。

编写本书的另一个目的，是希望从律师与当事人的角度来为中国律师的咨询技能技巧训练提供一些思路。我们希望通过对本书的阅读和有意识的训练，能够让中国的律师换一个角度认识自己与当事人之间的职业关系，进而能够亲身体验到自己与当事人愉快相处，又激励当事人解决其所面临问题的成就感。

本书由韩德云、彭瑶律师主编，其中第一至二课由彭瑶编写，第三至十五课由刘兆琼编写，第十六至二十二课由康剑编写，全书由彭瑶统稿。

由于对法律咨询技能的研究在我国尚处于起步阶段，我们在编写过程中也深知由于自身能力不足而难免出现疏漏和错误，望广大读者批评指正。

2015 年 3 月

目录

第一编　如何与当事人相处

第一课　当事人的问题

第一节　律师能为当事人做什么　　005
一、解决法律问题是律师的首要任务　　005
二、律师职业需要的知识结构和技巧　　006
　（一）知识　　006
　（二）咨询技能　　006
三、本书的重点　　007
第二节　当事人的非法律问题　　007
第三节　解决非法律问题的重要性　　013
一、任何解决方案都有利弊和得失　　013
二、当事人总是期待完美结果　　014
三、预测结果是所有当事人的需要　　015
四、当事人可能更加重视他所面临的非法律后果　　015

第二课 "当事人中心说"	第一节　当事人是法律咨询的主角	022
	一、案件的所有后果都由当事人承担	022
	二、理解当事人的情感并承认其情感的重要性	023
	三、尊重当事人的价值观并据此提出建议	023
	四、调动当事人参与咨询的积极性	024
	五、鼓励并协助当事人作出决定	025
	六、及时传达乐意帮助当事人的意愿	025
	第二节　"当事人中心说"的特色	026
	第三节　其他获得当事人信任的重要细节	027
	一、明确收费	027
	二、随时报告事态发展情况	027
	三、及时回答当事人询问	028
第三课 与当事人会面	第一节　律师应有的职业形象	031
	第二节　选择会面地点	032
	第三节　会面后该怎么开启谈话	033
	第四节　初次会面技巧	034
	一、首先了解当事人关心的问题	035
	二、不要匆忙谈论法律问题	037
	三、确认并归纳当事人的具体问题	039
	四、谨慎作出初步判断	041
	五、电话咨询须知	043
	六、实例分析	043

目录

第五节　会面结束前的其他工作　047
一、确定委托—代理关系　047
二、商定律师费　048
三、确定需要继续跟进的事务　049
四、对当事人的问题作出初步判断　050
（一）初次会面不宜对当事人的权利作出评估　051
（二）评估当事人的权利时应该有所保留　052
（三）告诉当事人还有其他可能的选择　053
（四）分析问题要好坏兼顾　054
五、不熟悉的案件该怎么处理　058

第六节　后续会面技巧　058
一、高效完成议定的工作　058
二、告诉当事人你都做了些什么工作　059
三、通报律师掌握的新情况　060
四、关注当事人的想法是否发生变化　060
五、询问有无新的材料和情况　061
六、会谈话题的顺序问题　061

第四课　法律咨询流程概论

第一节　准确判断当事人面临的问题　065
第二节　收集解决问题所需要的信息和证据　066
一、诉讼和非诉讼案件的侧重点有所不同　067
二、收集信息和证据需要大量时间　068

	第三节 思考和比较并提出多种解决方案	069
	第四节 好的解决方案需要打磨	070

第二编　如何与当事人交流　　073

第五课 律师要善于鼓励当事人倾诉	第一节 当事人需要与律师进行充分交流	077
	一、人类的需要	077
	二、当事人的需要很多并且经常相互冲突	078
	三、当事人与律师交谈时可能存在顾虑	079
	第二节 影响当事人畅所欲言的消极因素	080
	一、"自我恐惧"（可能的负面评价）导致当事人隐瞒事实	080
	二、"个案恐惧"可能让当事人隐瞒对自己不利的事实	082
	三、"角色期望"使当事人可能误判重要事实	082
	四、当事人可能有意无意地忌讳某些话题	083
	五、"逃避痛苦"令当事人回避某些话题	084
	六、律师废话太多会妨碍当事人的陈述	085
	七、律师与当事人关心的问题错位	085
	第三节 引导当事人全力投入与律师的对话	086
	一、善意表达对当事人的理解	086
	二、明确告诉当事人他的陈述对律师非常重要	088

三、充分肯定当事人提供的信息对律
师的重要作用　　　　　　　　090
四、赞扬当事人对其他人及社会的帮助　090
五、更大的利益能够驱动当事人敞开
心扉　　　　　　　　　　　　091
第四节　锤炼性格有助于律师适应更多
的当事人　　　　　　　　　　092

第六课
传达律师对当事人的尊重
离不开正确聆听

第一节　分析当事人的谈话构成是聆听
的基本任务　　　　　　　　　098
第二节　不好的聆听习惯　　　　　　　100
一、过分专注于展现自己　　　　　　100
二、注意力分散　　　　　　　　　　100
三、过多关注当事人的个性而非其谈话　100
四、认为小案子不值得花时间　　　　101
第三节　被动的聆听技巧　　　　　　　101
一、会谈中恰当的沉默有助于鼓励当
事人继续倾诉　　　　　　　　102
二、用简短的回应促进当事人的陈述　102
三、开放型的问题可以让当事人自由
表达其想法　　　　　　　　　103
第四节　主动的聆听技巧　　　　　　　104
一、情感认同法　　　　　　　　　　106
二、感同身受法　　　　　　　　　　108
三、行为观察法　　　　　　　　　　109
四、情感回应法　　　　　　　　　　111
五、建设性反馈法　　　　　　　　　112

第五节　突破阻碍，熟练运用聆听技巧　114
　一、律师应该关注伴随当事人问题而产生的情感　114
　二、无法同情当事人时不宜继续代理案件　115
　三、对当事人的抒情给予足够的耐心　116
　四、谈论情感可能浪费时间　116
　五、当事人情感相互矛盾时要灵活应对　118
　六、主动聆听的最终目的是帮助当事人解决法律问题　119

第七课　询问技巧的分类及利弊

第一节　询问是律师的基本功　123
第二节　询问技巧归类　124
　一、开放式询问法　125
　二、封闭式询问法　126
　三、提示型询问法　126
第三节　不同询问法的利弊　127
　一、开放式询问法的利弊　127
　　（一）开放式询问法的利　127
　　（二）开放式询问法的弊　129
　二、封闭式询问法的利弊　130
　　（一）封闭式询问法的利　130
　　（二）封闭式询问法的弊　132
　三、提示型询问法的利弊　134
　　（一）提示型询问法的利　134
　　（二）提示型询问法的弊　135
第四节　灵活运用不同询问方法　136

第三编　案件咨询　　　　　　　　　　139

第八课
诉讼案件咨询流程

第一节　了解诉讼案件的过程　　　　　143
　一、律师办理诉讼案件的逻辑思维　　144
　　（一）充分倾听当事人的陈述　　　144
　　（二）法理构建和证明　　　　　　144
　二、帮助当事人按时间顺序叙述案件情况　145
　三、为什么要按时间顺序了解案件过程　147
　　（一）有助于预见法庭陈述　　　　147
　　（二）案情过程叙述更接近日常生活中的交谈方式　　　　　　147
　　（三）叙述案件过程有助于全面了解案情　　　　　　　　　　148
　　（四）叙述案情过程可以使介绍准确　　　　　　　　　　　　149
　　（五）知晓案情过程有助于推理　　149
　　（六）了解案情过程有助于扩大视野　　　　　　　　　　　　150
　　（七）跟踪案情过程可以发现另外的法律问题　　　　　　　　150
　　（八）了解案情过程有助于提高效率　　　　　　　　　　　　151
第二节　帮助当事人对案件过程进行陈述的技巧　　　　　　　　　　151
　一、告诉当事人应该如何开始　　　151
　二、提示当事人回忆更早发生的事情　155
　三、换一个角度提出律师的要求　　156
第三节　不同询问方法的运用　　　　　157

法律咨询

一、开放式询问法	157
二、封闭式询问法	158
三、归纳询问法	160
四、折中询问法	160
第四节　了解案件的其他方法	161
一、认真阅读分析案件材料	161
二、交谈中适时运用积极聆听法	161
三、尽可能完整记录当事人的陈述	161
第五节　实例分析	162
第六节　几种特殊案件的处理	166
一、史诗般冗长的案件	166
二、多人共同叙述的案件	166
三、复合式案件	166

**第九课
法律适用与证据构成**

第一节　抽丝剥茧：从法律到证据	171
一、辨别案情中的法律理论	171
二、从法理到可能的证据	171
第二节　对诉讼案件进行法律分析的思维过程	172
一、从法律规定中找出法定要件	172
二、法定要件并非案件事实	172
三、将法定要件与事实联系起来	173
四、多角度准备案件事实	174
五、了解原告与被告的异同	175
第三节　寻找和组织证据	176
一、通过案件积累组织证据的经验	176
二、证据分类	178

	（一）直接证据	178
	（二）间接证据	178
	（三）可信证据	178
三、寻找间接证据的方法		178
	（一）重现事实	178
	（二）具体案件具体分析	180
第四节　拟出需要继续搞清楚的问题清单		182

第十课　非诉讼业务

第一节　商务律师	185
一、非诉讼案件	186
二、切忌成为"生意杀手"	186
三、了解当事人的生意	187
第二节　掌握交易情况	188
一、收集交易信息	188
二、交易信息概要	188
第三节　非诉讼案件咨询的一般问题	190
一、为什么会有这单生意	190
二、客户的交易目标	191
三、客户对达成交易的时间要求	191
四、对方当事人的情况	192
五、交易的商业模式	192
六、交易方式和流程	193
七、客户是如何赚钱的	194
第四节　针对具体交易的具体问题	194
第五节　草拟协议	195

第十一课
非诉讼案件咨询的一般技巧

第一节　仔细了解客户的问题　199
第二节　询问　201
　一、客户认为最重要的问题　201
　二、客户最愿意讨论的问题　201
　三、不必拘泥于时间顺序　202
第三节　确定交易过程　202
　一、了解交易流程　202
　二、确定交易条件　203
　三、尝试按时序梳理交易事件　204
　　（一）交易的条款　204
　　（二）交易流程　205
　　（三）时序表　206

第十二课
应对不寻常的当事人

第一节　有些当事人不好打交道　211
第二节　有顾虑的当事人　211
　一、回避态度及其表现　211
　二、应对当事人顾虑的技巧　213
　　（一）诱导性陈述　213
　　（二）保守秘密　215
　　（三）变换询问的方式　216
　三、会见有疑虑的当事人　218
　　（一）诱导型询问及封闭型提问　218
　　（二）促使当事人提出问题　219
第三节　年迈或有生理疾病的当事人　219
第四节　颠三倒四的当事人　220
第五节　脾气不好的当事人　222

	第六节　捏造事实的当事人	224
	一、辨别谎言	224
	二、告诉当事人你知道他没有陈述事实	225
	（一）确信当事人说的不是事实	225
	（二）告诉当事人你知道真相的方法	226

第十三课 **咨询、建议和决策**	第一节　法律咨询的决策者是当事人	233
	第二节　律师应该做什么	234
	一、"咨询"和"建议"	234
	二、把决策权交给当事人	234
	三、律师不是做旁观者	237
	第三节　把握"做"与"不做"的时机	239
	第四节　咨询意见的范围	241
	一、建议可能的解决方案及其后果	241
	（一）了解当事人的想法	242
	（二）向当事人提出建议	242
	二、帮助当事人评估解决方案及后果	243
	三、咨询意见的限度	243
	（一）考虑关键或主要的方案及后果	244
	（二）考虑当事人的实际情况	244
	（三）考虑咨询意见的合理性	244
	四、牢记"当事人中心说"	245
	五、直面当事人的错误决策	246
	（一）当事人错误的估计	247
	（二）当事人违背公序良俗	248
	（三）律师与当事人的其他价值冲突	250

第十四课
案件决策的标准流程

第一节　重申律师应该保持中立者的价值观　256
第二节　标准流程　260
　一、准备　260
　二、弄清当事人的目标　261
　　（一）总体目标与具体目标　262
　　（二）发现目标的妙招　262
　三、确定备选方案　264
　四、确定后果　266
　　（一）预见是律师对客户的最大贡献　266
　　（二）对法律后果的预见　267
　　（三）对非法律后果的预见　267
　　（四）将当事人带入决策的探讨过程　268
　五、让当事人决策　283

第十五课
标准流程的例外运用

第一节　目标不明确的当事人　287
第二节　不知道目标的当事人　288
　一、没有特定目标的当事人　289
　二、无法明确目标的当事人　290
第三节　中途改变目标的当事人　291
第四节　参与当事人的决策执行过程　293

第十六课
提出咨询意见的八个建议

第一节　直接提出能够满足当事人需求的建议　299
第二节　律师应当将提出超越当事人自

　　　　　　身经验的建议作为职业理想　301
　　一、律师要拓展法律知识以外的视野　301
　　二、法律之外的见识能够提升律师的价值　302
　　三、虚心向当事人请教　304
第三节　适当解释当事人不太熟悉的建议　307
第四节　让当事人了解备选方案的法律后果　309
第五节　好的建议应尽量选择不影响当事人倾向的表达方式　310
第六节　律师的建议被当事人否决时如何应对　311
　　一、当事人已经考虑过该方案，并充分了解该方案的后果　311
　　二、当事人错误预见该方案的后果　312
　　三、当事人期待更好的选择　312
第七节　如何反对当事人的决定　313
第八节　耐心对待咨询过程中的反复　315
　　一、"确定后果"时返回并作出另外的选择　315
　　二、因情势变迁返回确定另外的选择　316

第十七课
协助当事人分析决策后果
——第十四课的深化

第一节　对当事人预见的后果进行分析　321
　　一、帮助当事人评估备选方案结果的好坏　321
　　二、帮助当事人判断其预见是否确有支撑　322
第二节　讨论法律之外的问题　325

法律咨询

一、展现律师在客户行业的知识	325
二、展现律师处理类似问题的经验	326
第三节　把律师的预见告知当事人	327
一、从属性法律问题的预见	327
（一）诉讼案件的预见	328
（二）非诉讼交易的后果预见	329
二、预见多种可能性	330
三、明确备选方案的结果对当事人的利弊	331
（一）最好的预见是让当事人自证利弊	331
（二）对不同方案的后果利弊进行比较	333
（三）善用对比图表	334
四、控制预见的风险	335
第四节　避免一厢情愿	336

第十八课　陪伴当事人作出决定

第一节　依当事人的价值观提出建议	339
一、不知道怎么办的当事人	339
二、想知道律师会怎么办的客户	341
第二节　帮助当事人下定决心	343
一、患得患失的当事人	343
（一）无法权衡利弊的当事人	344
（二）乐观的当事人	345
（三）悲观的当事人	346
二、帮助当事人评估得失的技巧	346
三、律师应当给出建议	348

	四、无法给出建议的情形	348
	第三节 当事人预见错误	350
	一、律师有义务提醒当事人	350
	二、律师不应要求当事人做道德圣人	352
	（一）违反公序良俗的不道德	352
	（二）损人利己、损人不利己的不道德	353
	三、带着决定来见律师的当事人	354
	（一）开门见山	354
	（二）犹抱琵琶	355

第十九课 **诉讼案件咨询实例**	第一节 案件基本情况	359
	第二节 起诉	360
	第三节 取证	365
	第四节 和解	368

第二十课 **非诉讼案件咨询实例**	第一节 对法律关系进行细致咨询的实例	375
	一、准备	377
	（一）确定你的工作范围	377
	（二）确定工作范围以外的问题	379
	（三）确定工作顺序	380
	二、如何完成你的工作	380
	（一）解释合同条款的含义	380
	（二）从客户的角度讨论合同约定的适当性	382
	（三）从对方当事人的角度讨论合	

　　　　　　　　　同约定的适当性　　　385
　　　　　（四）在咨询与商议过程中协助当
　　　　　　　　事人作出决策　　　387
　第二节　对总体性决策进行咨询的实例　　395

PART 01

第一编
如何与当事人相处

第一课 LESSON 01

当事人的问题

第一节 律师能为当事人做什么

一、解决法律问题是律师的首要任务

在某个星期的工作中，你都可能会遇到这些形形色色的当事人：

幸福财产保险公司的高总打电话来，兴高采烈地与你讨论了他正在跟踪的一家潜在客户——高山科技股份有限公司。这是一家规模不大的互联网企业，他想请你对这家公司做个尽职调查。

张玲的前夫已经去世两年。最近，前夫的父母对她提起诉讼，要求重新分割前夫的遗产。张玲气得抓狂，她要求你无论如何也要赢得这场争夺遗产的官司。

你的朋友李军因为涉嫌网络诈骗被逮捕。你去会见他时，他很伤心，一再问你自己的工作能不能保住，孩子是否知道他的事。

歌星马林兴奋地打电话告诉你，经纪人已经为他谈好了一桩新的唱片交易，他想请你赶快对唱片公司提出的协议进行修改。

……

在远比上述案例要复杂得多的现实生活中，你的当事人遇到的人和事的范围非常广泛。每当当事人来寻求律师的帮助时，总是为了解决他们自己的问题。这些问题中，有些是因过去的事件而发生的争议，而另一些则可能是他们要完成某个生意。

其实，不管你的当事人是谁，不管他们是要打分割遗产的官司还是涉嫌犯罪被逮捕，也不管他们是想调查交易对手还是审查一份发行唱片的合同，对律师来说——无论他的声望、身份、思考复杂事务的能力及情感需要如何——你们的首要任务总是相同的：那就是卓有成效地帮助当事人解决其面临的问题。律师如何为当事人提供解决问题的服务，就是本书要讨论的重点。

二、律师职业需要的知识结构和技巧

单纯从专业特点来说，律师当然需要懂得并熟练运用法学原理和法律规定，才能具备判断分析当事人的问题并切实解决它们的能力。这些知识中，法学院的课程仅能作为基础，律师在执业过程中还必须随时关注法学研究和法律规定的不断更新，并及时更新其专业知识。

如果你想真正帮助当事人找到满意的解决方案，你还需要了解他们的个人情况。有时候，两个当事人有相同的"法律"问题，但令张总满意的解决方案，未必能够让李董事长也举手赞成而且欣然埋单。优质和高效的法律咨询，需要律师具备理解每一个当事人独特的目标和需要，以及这些目标和需要是怎样与法律问题纠缠在一起的能力。要获得这个理解能力，除了专业知识外，你更需要法律以外的知识和方法。

（一）知识

在法律之外，律师所需要知识主要是涉及与当事人的问题相关的行业知识。例如，解决外科手术医疗事故的律师，需要对医疗诊断技术及其规范、外科治疗程序以及医院治疗实际情况有一定的了解；同样，如果你的当事人打算冒着商业风险在市场上推出新的计算机软件，作为他的顾问律师，你一定需要具有软件产品、市场营销实务及风险投资方面的知识。因此，律师需要具备的第一个"超出法律范围"的领域主要是以知识内容为基础的"行业知识"；这是你在法律专业知识之外应该首先拥有或者需要获得的知识、信息。行业信息不仅有助于你判断为当事人提供法律服务的广度和深度，而且也有助于律师针对每个当事人的具体需要和目的研究并制订可能的解决方案。

（二）咨询技能

咨询技能是我们建议你需要涉足的另一个"超出法律范围"的领域。来找你咨询的当事人来自不同的阶层，他们的文化程度、情感特征及世俗见解等各不相同，其中的一些人你非常了解，另一些人则很陌生；一些人已做好了决策的准备，而另一些人则一直犹豫不决。为了有效地解决当事人的问题，除了法律原则及相关背景知识外，你需要在包括会见、商议和谈判等各种与人打交道的领域里进行学习，并训练一些基本的技能和技巧。

三、本书的重点

我们期望通过对律师与当事人个人交往过程的剖析，总结出一些提供法律咨询的一般性理论，并试图提供一套在面对当事人时所能应用的技能技巧。

本书认为，高效的咨询应该由理解和行动组成。因此，本书将与你一起讨论如何对待当事人的问题：在与当事人会见时，如何倾听当事人谈论其面临的问题并作出反应；律师判断当事人的问题、收集信息以及制定决策的方法。

在律师界，我们身边的好律师仿佛都是天生的而不是训练出来的。写作本书的目的一方面是总结和提升我们多年来的执业经验，另一方面也想为律师咨询技能技巧的训练提供一些素材。律师提供法律咨询服务其实就是与当事人交往，而交往技巧是可以通过训练来获得已没有任何争议。因此，就算你被认为是"天生的社交家"，但要成为一个优秀的律师，也还是有必要从各种观察、练习和接受正确意见中受益。当然，就像制作独家私房菜的诀窍那样，没有哪个当事人或当事人的问题完全一样。而且，律师和当事人一样，在言谈举止、风格以及待人接物的态度方面具有独特性。但我们认为，为当事人提供咨询的一般性技巧和技术还是存在的。

因此，我们希望通过阅读和适当的训练，本书所揭示的规则和技巧能够使你建立起对律师与当事人之间职业关系的观念，能够促使当事人透露重要的与法律有关的以及与法律无关的信息，能够帮助当事人亲身体验到心理满足感，并且激励他在选择中作出最能适合自己需要的决定。

■ 第二节 当事人的非法律问题

场景一

肖总的太太张红来得很准时，她对前台秘书说要找刘律师，随后被安排在接待区等待。一分钟后，刘律师从办公室出来，请她到办公室就座。按照刘律师的建议，

法律咨询

张红坐在一张非常舒服的椅子上，刘律师坐在她对面的高靠背皮革转椅上。两人都坐稳后，刘律师首先问道："肖太太，我能为您做什么？"

刘律师话音刚落，张红的眼圈就红了。她开始沉默，间或很轻地抹去眼角的泪水。

张红今年 48 岁，半年前的一个中午，丈夫突然很平静地提出离婚，更直言不讳打算离婚后与情人同居；情人 28 岁，在丈夫身边工作多年。张红完全被丈夫的行为弄懵了，她不知道该怎么办。一个月前，张红通过朋友介绍认识了刘律师，但对律师是否能帮她，一直持怀疑态度。

面对刘律师，张红内心十分迷茫。她想："她能帮我吗？如果不得不离婚，我想知道我能得到什么？在财产和抚养孩子方面，我可以提出哪些条件？公司和家庭的财产一直由丈夫掌管，我一无所知。我该怎么办呢？我们结婚 20 多年，小儿子不到 10 岁，能说离就离？用家庭破裂来换取财产，对我公平吗？离婚会给孩子带来什么？我的痛苦、伤害和屈辱有人介意吗？我能独自面对生活吗？这些，律师都能帮助我？律师又该如何帮助我？"

看来，在敞开心扉之前，张红还需要更多的准备。

场景二

京阳家具公司的金总一走出电梯，立即就被律师事务所的招牌吸引，"第一律师事务所"几个大大的木制青铜色文字镶嵌在墙上，事务所的接待室很大，装饰质朴、优雅、宁静，显示出非凡的气质。前台接待引导金总来到郑律师办公室。

金总一进办公室，郑律师起身欢迎他："您好，您好，金总。我是郑律师，见到您很高兴。我们到那边会议室去坐？我的办公室又小又乱，您恐怕不方便。"

郑律师把金总带进办公室旁边的会议室，金总坐在一个低靠背安乐椅上，郑律师选择他对面的一个沙发坐下。然后，他们闲聊了一会儿，话题是最近本市的节日庆典、双方共同的熟人老陈和事务所办公大厦停车位拥挤，等等。

聊得差不多了，郑律师首先说道："老金，昨天你在电话里说的那事，你看我能为

第一课
当事人的问题

你做些什么?"

金总的想法很直接:"我想让你帮忙草拟一个买卖合同并与卖家进行签约的商谈。目前,我们和对方已谈成一些基本的条件,这些条件要进入合同。我对这单生意的风险看得不是很清楚,想请你再补充一些条款来帮我防范。但是,现在我老板很需要这笔生意,所以你也不要把律师认为的一切不可预测的事情都写进合同。两个月后公司订单就要交货了,这笔采购原材料的买卖合同要尽可能快地搞定,否则下个月召开的董事会我没法交差。还有,你最好不要按上次那个诉讼案件那样收费,搞得董事会又抱怨我雇用了外聘的律师。"

但是,金总嘴上却说:"我们公司最近在采购一批原料,我想你帮我们做些事情。"

场景三

张律师在鸿发开发公司的接待室里已坐了三刻钟,要是在事务所,这种等待至少已经让她开始忍不住抱怨。作为一个拥有十几年从业经验的律师和合伙人,她很难接受被客户如此对待。但是,如果雷庆想要她等,她也只好等。昨天下午,雷庆的秘书打电话询问张律师今天下午三点是否能准时在雷总的办公室与他见面。雷庆是鸿发公司的老板,鸿发公司今年付给律师事务所的费用几乎有 200 万元,所以张律师只得重新安排她的日程表。

在等待的时候,张律师一直在想:"他为什么要亲自会见我?事务所直接跟雷总打交道的是其他两个男合伙人,他们每一个的资历都比我深。我不过是通过鸿发公司财务部经理小戴,为鸿发公司办了一个建设工程施工合同纠纷的诉讼案件,与雷总或任何其他的公司高层没有任何联系。"

就在张律师等得快要主动告辞时,秘书招呼她走进雷总的办公室。刚进办公室,雷总很热情:"张律师,见到你很高兴。我早听说你为我们办了不少事情。真是该好好谢谢你呀!"雷总背对窗户,从窗口照进的阳光使人很难看清他的脸。

雷总说:"你正在帮我们和霍氏建筑公司打官司吧?这家公司的老板是不是霍三?"张律师点点头,雷总继续讲道:"小戴告诉我,霍氏公司已经起诉了几家开发商,告他

法律咨询

> 们拖欠工程款。我们只是其中之一。我想要知道如果我们坚持诉讼的话，会有什么结果？我们还有其他的出路吗？另外，小戴说我们输官司的可能性很大，你觉得他的判断是否可靠？霍氏公司超出合同的约定提出增加工程价款到底有没有道理？如果输了官司，我们会多付钱吗？会多付多少？起诉以前，霍氏公司已经威胁一旦提起诉讼将会停止施工，真是这样的话，我担心我们项目的进度会受到很大影响。你知道，他们承建的项目很大一部分已经对外销售，停工就意味着不能按期交房，那我们的损失可能会更大。"

像肖太太、金总、雷庆一样，每个人的一生里，总是不断地在出现问题、解决问题。人的问题，归结起来，物质层面不外乎是吃喝拉撒睡，精神层面离不了爱恨情仇怨。一般来说，我们中国人总是在自己遇到麻烦或者解决不了的问题时才想起来要找律师，因而律师的咨询大多也总是从了解当事人的问题开始。

很多律师通常只知道关心当事人问题中的法律争议，对当事人可能更为焦虑的其他非法律问题却视而不见。事实上，对绝大多数当事人来说，不管他所面临的法律问题是什么，这些问题中非法律的一面才是他关注的焦点。因此，有效的法律咨询要求律师不仅仅是援用适当的法律原则来帮助当事人找到解决法律问题的方案，而且要求律师能够引导当事人说出他们在非法律方面的种种考量，并力图提出既解决法律问题，又解决非法律问题的建议。

为便于读者更深刻了解上述观点，在本节的开头，我们描绘了三个场景，想以此说明当事人问题中的非法律内容普遍存在这一现象。现在，你可以回头去再读一遍，读的同时，请思考每个案例中的当事人都有些什么样的非法律问题，为什么这些非法律问题的存在是不可避免的，为什么这些非法律问题是如此频繁地给当事人制造困扰。另外，你还可以考虑意识到这些问题的非法律内容，能否改变你对当事人问题的分析方式，以及你应该怎样来帮助当事人解决问题。

也许，在第一遍阅读时，你的职业感觉已经让你觉察到，张红、金总和雷庆分别面临的是离婚、采购原材料和施工合同纠纷的处理这三个不同类型的法律问题。但是，在读过上述讨论并且再次有意识地思考后，你应该进一步分析出跟张红、金总和雷庆一样，几乎所有故事中的当事人在求助于律师解决问题的同时，都产生了许多法律问题以外的问题。

比如张红，下决心见律师以前，她已经饱受丈夫背叛婚姻的折磨。折磨她的，除了是不是应该离婚、夫妻财产有多少、应该如何分配、孩子的抚养怎么办等法律问题，还有对多年婚姻的不舍、体面和尊严受到挑战时的痛苦、因痛苦而生的自怜以及对未来的担忧、对律师能力的怀疑等情感和情绪，后者对张红的影响甚至已经让她难以平静地对律师说出她的问题。

在金总的故事中，我们遇到一个精明的职业经理。他最担心的并不是原材料买卖合同中应包括增加哪些条款，以使合同在法律风险的防范上无懈可击。相反，他更关心是否能够尽快以某种方式订立合同，让公司的订单能够尽早完成交货。为做成生意，他愿意冒险抛弃某些法律原则。此外，他想要压缩外聘律师的成本以讨好老板。

作为企业的老板，雷庆面临的非法律问题并不比作为自然人的张红少。他不仅关心在与霍氏建筑公司诉讼案件中公司的权利，跟大多数欠钱的被告一样，他对应诉是否有意义同样充满疑虑，其原因在于，尽管霍氏公司的诉讼请求没有合同依据，但是诉讼程序的进行可能拖延工程项目的工期，并给公司带来更大损失。这种商业方面的担忧和利弊权衡，几乎是所有面临诉讼的当事人都会有的问题。

再次回顾上述三个故事以后，我们对当事人纠结于法律问题和非法律问题之间的原因已经不再陌生。法律问题通常带来法律后果，关于各类法律问题所带来的法律后果，你在法学院的老师一定比我们要讲得透彻。所以，我们就只对法律问题可能导致的非法律后果进行一般分类。

1. 经济后果，即解决法律问题在金钱方面对当事人产生的影响。或多或少你的当事人总是在跟"钱"或者能够用"钱"度量的事情打交道。比如，陷入诉讼的原告或者被告，整天被律师费、诉讼费、违约金、损害赔偿金和诉讼程序所牵扯的精力搞得头大；做生意的买方和卖方，需要为谈判准备花费的时间、聘请律师和税务师、支付交易税费。可能正是因为整天总是和"钱"这个说起来铜臭、用起来喜欢的一般等价物联系在一起，笑话故事里的律师形象都比较势利。

2. 社会后果，即法律行为产生的能够影响当事人与其他人关系的那些后果。张红的选择除了会影响她与丈夫的关系外，还会对她和孩子以及她与亲戚朋友之间的关系产生影响；金总的行为将会直接影响他的公司与原材料销售商之间、他本人与公司董事会之间的未来关系。

3. 心理后果，即当事人在作出某种决定的过程中所经历的个人内在心理感受。例如，一些诉讼案件的当事人在案件审理过程中会异常焦虑和担心，总要找律师说会儿话才感到片刻轻松；而另一些诉讼案件的当事人在作出和解或者调解决定后，会痛恨自己的怯懦，感到自己又被对方欺骗。相同的情况在做生意的当事人中也会存在，有些人喜欢占对方的小便宜，一旦得逞就兴高采烈；另一些人则比较关心生意是不是对双方都有利，是不是能够按照预期履行，他们只有在生意达到前述目的的情况下才会觉得相当开心。

4. 道德、政治后果，即当事人的行为也许会产生的另一些结果或者反应，涉及他们的道德、政治价值标准。当事人在道德、政治等方面的价值观念，经常与一个或几个其他非法律问题（如经济的、社会的、心理的）缠绕在一起。比如，一个要求自己父亲分割去世母亲留下遗产的儿子，可能总是难以下定决心提起诉讼，毕竟与父亲打官司分财产总归是令人难堪和难免遭人非议的行为。但是，窘迫的生活又让他很难彻底放弃可以获得巨额财产的希望。

总之，当事人和你一样，是有血有肉的凡人。即使面临相同的法律问题，柔情似水的当事人、血气方刚的当事人、善解人意的当事人、蛮横跋扈的当事人，他们千奇百怪的人生经历，也会带给他们与众不同的其他问题，见多识广的你只有小心留意，才能够让你的咨询更切合不同当事人的需要。

> **小贴士** 当事人的法律问题和非法律问题往往相互纠缠，用心去找到每个当事人所担心的非法律问题，让自己成为别人无法取代的律师。

第一课
当事人的问题

第三节　解决非法律问题的重要性

在读完上一节后，你起码应该学会试着把当事人的问题分为法律问题和非法律问题。

接下来，我要和你讨论第二个可能让你觉得更加奇怪的观点，那就是：当你的当事人在斟酌解决问题的方案时，很多人都会把非法律问题看得比法律问题更为重要。例如，最后张红可能会要求丈夫在财产分割上作出巨大的让步才会同意离婚，原因在于她觉得丈夫很爱财，只有拿走他的钱才能真正惩罚他的出轨行为，才能还给自己和孩子公平；为了加快交易速度，金总最后可能放弃就某些合同条款（如预留质量保证金的比例）进行的谈判；类似地，出于与霍氏公司搞好关系尽快推进项目建设进度的需要，雷总可能会选择放弃诉讼的方案。

为了让读者更好地理解上述观点，让我们一起来探讨为什么主宰当事人思维的往往是非法律问题。

一、任何解决方案都有利弊和得失

在律师所遇到的法律事务里，当事人在获得利益的同时常常还要遭到某些损失，没有哪一种解决问题的方案是只对一方当事人完全有利。

例如，离婚和更多地获得夫妻共同财产当然会给张红带来一定程度的财产独立以及惩罚丈夫后的心理满足，但是获得这些满足也许是以她的孩子在其成长时期不能和父亲朝夕相处作为代价的；诉讼可能给鸿发公司带来确确实实的工程结算价款上的降低，这是让雷总觉得满意的一面，但雷总可能对提起诉讼要花费的法律费用以及鸿发公司投入诉讼的时间成本感到沮丧，甚至会为诉讼耽误项目建设进度付出其他代价。

显然，任何问题的解决都可能会产生消极的非法律后果，所以，当事人在权衡每个决定时，常常花费大量的时间和精力去权衡非法律后果。

在明白了律师所提出的任何法律问题的解决方案都会产生法律利益和非法律利益，并且总是要伴随非法律方面的损失后，你要做的就是将你对前述利益和损

法律咨询

失的评估告诉当事人；如果他还没有意识到即使最晴朗的天空也会有云彩，那么他所作出的任何决定，都有可能在未来使他产生失落感，并归罪于你没有及时提醒他。

二、当事人总是期待完美结果

一个男生打算结婚。在开始的那几年里，他觉得自己可以有许多选择。虽然他有一个经人介绍正在交往的女友，女孩子长相一般但温柔可人，但他总感到这还不是最好的选择。朋友们常常开玩笑说他要娶个美貌智慧财富集于一身的妻子，尽管嘴上不置可否，他内心还是有点向往。公司里有个他暗自钦慕的女同事，各方面都比女朋友要好，可人家好像对他一点意思也没有。他呢，总是在先把女同事追到手再和现女友说拜拜，还是先和现女友说拜拜再去追女同事之间摇摆、痛苦。转眼几年，女友因为他心不在焉另择婚事；女同事也辞职另嫁，音信全无，男生也只得继续在人海中寻觅。

其实，在当事人面对他可能选择的各种解决问题的方案时，他所面临的诱惑和苦恼并不比人们寻找结婚对象要少。在你告诉他各种方案的利弊和不同后果时，他总会既喜欢这种方案所产生的积极的法律后果，也不想放弃其他方案中积极的非法律后果。在当事人意识到自己必须舍弃某个积极后果而去追求另一个时，他们便会进一步把注意力集中在非法律问题上。

与找寻结婚对象不同的是，如果男生选择现女友结婚而引起的内心遗憾尚可以通过未来结束婚姻寻找其他良缘来得到弥补，在处理法律事务时当事人可没有机会过几年再推翻现在的决定。他们总是必须在相对较短的时间内，经历确定一种选择并抛弃其他选择这一残酷的过程。

比如金总，假如他既想要迅速把买卖合同谈定，以便他能把精力放在其他更加重要的事情上，又想要在合同中得到足够的保护，以提高自己在董事会的地位。这两种选择都会导致有利的非法律后果，但是他作出一种选择（比如说选择更为有利的合同条件）时，可能就必须放弃另外一种选择（迅速签约）。由此产生的心理冲突，将促使金总把非法律事务——是把精力放在其他更重要的事情上还是增加自己在董事会的地位——纳入其选择过程中。

如果你的当事人对积极后果的选择如此困难，那你就别指望他们能够更好地取舍消极的后果了。让我们再来看看张红的例子。对张红来说，处理与丈夫的关系，离婚只是一种选择，假设她认为婚姻是神圣的，而且她仍然爱着她的丈夫的话，那么她可能认为离婚是不应该的；她的另一个选择是继续维持婚姻关系，但这也可能会令她感到不快，因为这既没有让丈夫受到应有的惩罚，也可能会限制她所需要的经济独立。跟金总一样，张红也要经历内心的冲突。

三、预测结果是所有当事人的需要

对经济、社会、心理等非法律后果的认识在很大程度上会根据个人的性格、社会和经济条件等情况的不同而不断变化，它不受法律或法院判决的限制。因此，与法律后果的预测相比，对非法律后果进行预测的难度要大得多，这也造成很多当事人普遍把非法律问题放在最重要位置来考虑。

分析前述简单的案例，便可以得知非法律后果很可能是不确定的。在诉讼中，某些被告由于受到压力而寻求和解，而另一些被告则变得更不妥协的例子是经常发生的。比如，鸿发公司如果采取强硬的态度参加诉讼，霍氏公司会不会变得更加强硬？如果霍三表现出不妥协和敌意，雷总又该做何反应？鸿发公司如何才能根据霍三的最初反应，准确地预算出这场官司的法律费用（无论是各执己见还是和解）；类似地，金总提出严格的质量保证条款以及过高的质保金要求是否会引起供应商拖延合同谈判甚至取消合同？

你和当事人可能会经常预测非法律后果，不知你们是不是明显感到非法律后果的不确定性会小于法律后果的确定性，这种不确定带来的压力使当事人经常把相当多的时间和精力放在预测上。

四、当事人可能更加重视他所面临的非法律后果

但凡一个人要起诉某一个人，总有他自己认为不得不走这一步的理由，坚持要当原告的当事人或者甘愿做被告的当事人，他们总是认为自己在法律上是正当的（不然，也不会发生诉讼）。因而，非法律方面的原因就可能成为影响当事人抉择的首要因素，这也进一步招致当事人更多地在意他的决定可能产生的非法律后果。

即使在互相争执的案子中，律师也可能凭借丰富的职业经验来协助当事人预测一些主要的法律后果。比如，张红最终决定通过诉讼来离婚，如果她既想分得

应分的共同财产，又想阻止丈夫获得孩子的共同监护权。你基本上能够给出肯定的预测：她能够分得共同财产（但也许不如她期望的那么多）、较小的孩子法院一般都会判决跟随母亲生活，等等。由于张红的这些法律诉求在判决中是可能得到的，因此诉讼需要花费的费用、诉讼是否能够让自己和丈夫的关系变得更糟等非法律层面的后果，很可能在张红的抉择中占有更大的分量。

法律后果的可预测性也常常存在于非诉讼法律事务的筹划中。例如，老李打算草拟一份遗嘱，安排各个继承人对遗产的权利。他可以考虑平分财产，也可以决定给自己宠爱的小儿子多分一套别墅。这些选择在法律上都是无可挑剔的。因此，老李的决定很可能受以下非法律原因的影响：不同方式的财产分配会在家庭成员中造成什么影响？老李愿不愿发生这样的结果？

总之，上面的种种原因，导致当事人在许多情况下都把非法律问题看得比法律问题更为重要。因此，一个优秀的律师必须帮助当事人制定考虑到这两方面后果的解决方案。

假设在鸿发公司那桩案例中，在张律师的建议下，鸿发公司坚持不与霍氏公司和解，而且还提出了解除施工合同的反诉，最终鸿发公司也赢得了诉讼，不但按照原来合同约定的条款支付工程款，而且终止了与霍氏公司的施工合同。但是，接下来发生的一切，却让鸿发公司陷入了更加为难的境地：霍氏公司要求鸿发公司立刻支付工程款。在支付工程款后，鸿发公司再也联系不上霍三。工地上的工人说他们没有收到工钱，拒不撤离施工现场，雷总不得不再花一笔钱安顿工人。换了一家施工单位后，工程虽然得以继续进行，但由于诉讼期间的停工、霍氏公司拒绝协助办理工程竣工验收手续等，鸿发公司还是没能按期把房屋交付给购房者……张律师的建议也许"在法律上是正确的"，但它却使鸿发公司的处境比以前更糟。如果在决定应诉之前，张律师和雷总对可能产生的非法律后果进行了周密的研究，那么鸿发公司也许至少会避免这些不利后果中的一部分。

所以，我们认为，强调当事人问题的非法律一面，对我们形成独到的咨询理念有非常重要的作用。在某种意义上，这一观念会一直影响律师与当事人从最初的会见到最终的解决这一咨询的全部过程。有效地帮助当事人解决其面临的各种问题的办法之一，是你必须从头到尾考虑并且帮助当事人斟酌他的问题中的法律内容和非法律内容。在和当事人见面时，要收集他们关注的所有信息，而不仅仅是关心能够证明或否认某项法律事实能否成立的证据，或那些你准备在协议中明确的某一条款的材料。在思考解决问题的可能性方案时，要注意在你的建议中既考虑法律问题，又考虑非法律问题。而且，在帮助当事人选择诉讼程序时，要与他们讨论可供选择方案在法律和非法律方面的潜在影响。

如果你想成为一名优秀的律师，在思考问题时，就一定要突破所谓"法律规定"的单纯影响。在法律、法规和法官判决之外，你对经济、社会、心理和道德问题的关注越多，你对当事人问题的解决能力就越强，你成为一个好律师的机会就越大。

> **小贴士** 当事人对非法律问题的关注事出有因。在法律、规章以及判决之外，优秀的律师千万别忽视了当事人在经济、社会、心理、道德问题及其任何非法律方面的担忧。

第二课 LESSON 02

"当事人中心说"

第二课
"当事人中心说"

> 这是一段张律师和当事人的对话：
>
> 律师：王总，跟你通过电话后，我知道你公司正打算与光谷设计公司联合，去参加洪江河水电站设计招标。我已经看过你提出的投标方案，这个方案不仅涉及了交易的操作细节，还提到了交易可能对公司产生的影响。我理解你个人除了关注公司在生意上的营利目标外，还很在意怎样安排交易细节才能使分管这项业务的领导和业务部门感到满意。当然，同时也必须照顾到合作伙伴光谷公司的感受，不能让他们觉得自己在这个业务中只是一个配角而已，要不然，合作中也会遇到想不到的麻烦事儿。不知道我理解得对不对？
>
> 当事人：是的，你说得对。
>
> 律师：那好，很高兴我俩想法一样。从昨天开始，我已经想到了不少问题，现在我想听听你的意见，看看我想到的办法能不能有效地解决现在我们面临的问题，以使公司的上上下下和光谷公司都觉得满意。然后，我们可以再一起把这些想法充实和完善，形成最终的方案，报告给公司，你看如何？

在这一课里，我们想和读者一起来讨论律师和当事人关系中最基础和最核心的伦理问题：谁对问题的解决具有决策权？

法律咨询过程——也就是解决当事人问题的过程——中的主要参与者是律师和当事人。根据对人类相互交往一般经验的总结，恐怕任何需要作出决定的问题一旦有两方（甚至多方）参与，就必然要面对"谁拥有决策权"这个基本的伦理问题。

我们认为，法律咨询过程中的决策者毫无疑问应该是当事人，而不是律师。为了更为简便地传达对上述问题的看法，我斗胆借用法学家做研究的通常做法，将这个观点命名为"当事人中心说"。当然，本书对这个观点的阐释方式，可能会使那些熟悉法学教材理论归纳逻辑的读者觉得不太习惯。

总体上看，"当事人中心说"强调律师应该尊重和信任当事人的自愿、尊严、智慧以及基本价值观和道德观，并以此为出发点来完成委托事务。其具体要求主要包括：

1. 律师要意识到当事人的法律问题和非法律问题（比如，张律师敏锐地发现王总除了关注交易的操作细节外，还要求这些细节要令公司上上下下和合作方都感到满意）；

2. 律师应当理解和尊重当事人的情感（比如，张律师明确把自己对王总情感需要的理解告诉他，并愿意在提供咨询意见时考虑这些情感因素）；

3. 律师所扮演的角色是促使当事人积极参与判断自己的问题、归纳和分析解决方案，以及作出抉择（比如，张律师邀请王总一起讨论自己已经想出来的解决办法、一起完善交易方案）等。

■ 第一节　当事人是法律咨询的主角

我们之所以要提倡以"当事人中心说"来指导律师的执业行为，是基于对以下问题的充分认识。

一、案件的所有后果都由当事人承担

从表面上看，当事人付钱给律师，肯定是指望律师能够给他足够多和足够好的主意，或者帮助他打赢官司，或者搞清楚交易可能面临的风险，甚至谈成一笔大的生意。所以，很多律师为了充分展示自己的专业能力和对当事人的价值，总是喜欢从自己对问题的看法着手，来解决当事人的问题，并且总是乐意代替当事人作出所有决定。

在"当事人中心说"看来，所有当事人需要解决的问题以及这些问题的最终后果，都由当事人承担。对承担后果的当事人来说，律师不过是外部世界的配角，因此律师应该学会把自己的屁股坐在当事人的位置上。

在执业生涯中，你会遇到各种各样的当事人，他们来咨询同样的法律问题，但是他们之间却存在巨大差别：爱面子的大学教授、自认为心慈手软的佛教徒、生意红火的商人、出轨的官员、上当受骗的个体户、丈夫已是三婚的中年家庭主妇……都来找过你咨询离婚的问题。你可以把浪漫的爱情和温情的家庭生活简化为"夫妻间的权利义务",对你来说,他们要解决的法律问题简单到你根本不用再找另外的同事来商量:婚姻关系的解除、共同财产分割和子女抚养。但同时,你也不应该忽略,这些当事人在身份、社会和经济地位、教养、欲望、愤怒,对过往感情的认知,对婚姻的期望、恐惧以及害怕,对未来的打算等方面所具有的特定经验,不可避免地会对其思维、判断以及决策能力产生影响,并使其在前述法律问题的三个方面都产生不同的需求。这些需求,通常是只有站在当事人立场来考虑问题的律师才能敏锐地捕捉。

所以,优秀的你,提出建议前多想一想,这个问题当事人是怎么看的?多问一句:"王总,你是这样想的吗?"这样,你的意见才对当事人更具价值,也更容易被当事人认同。

二、理解当事人的情感并承认其情感的重要性

跟文学、艺术等人文学科相比,人们要么觉得法学神秘莫测,要么认为法学艰深复杂,法律则更是一把高高在上的威严利剑。从事法律咨询工作的律师,一般也愿意以理性、冷静、严谨、庄重的形象来完成他的执业活动,以凸显自身的专业和规范。

上述种种都没有错,但是在坚持"当事人中心说"的律师看来,所有的"法律问题"都是人的问题;是人,就没法斩断与情感的联系。因而,依照"当事人中心说"来进行法律咨询要求律师要充分理解当事人的情感并对此作出反应。

关于当事人的情感,在第一课我们已经给予了充分的关注。我们认为,当事人的情感是其法律问题的内在组成部分,当事人对非法律后果的重视和担忧,是其注意力的中心,正是这些担忧最终促使当事人开始向你寻求帮助,在这种情况下,当事人大多会产生表露自己心理感受的需要。

为了找到对当事人来说最为独特和有价值的解决方案,我们建议你不仅要注重事实、证据的收集和分析,而且要对当事人的情感及其表现给予足够的观察,并据此与当事人建立融洽的互动关系,引导当事人透露出详细和准确的信息,以帮助你高质量地完成咨询服务。

三、尊重当事人的价值观并据此提出建议

刚开始做律师时,我曾经为一个强奸犯辩护。在这个案子中所经历的压力和

法律咨询

煎熬，我相信每个做律师的人都会有类似的经历。赖账的债务人、打伤原告的被告、和业主打官司的开发商、诈骗犯……对律师来说，我们遇到的不少当事人都是前述无法绝对归类为"好人"的人，即便是自己喜欢的当事人，也不可能总是做我们认为"对"的事情。

在我们的伦理中，法律咨询过程中的决策者是当事人，但这并不代表你没有义务对当事人应该决定的问题给出建议。实际情况是，当事人在征求你的意见前，一般不可能自己作出决定。为此，在当事人不能依靠自己独立的判断作出最佳决定时，"当事人中心说"要求你在大多数情况下应该提供建议，并且你的建议一般应以当事人具有的价值观为出发点来提出。当然，有时候你对当事人价值观的理解，可能并非就是当事人的真正需求，于是你也许会提出一个自认为当事人会满意的建议，结果被当事人否定。如果你的建议被当事人否定，原则上，你就不应该再坚持下去。

性急的读者可能会继续追问：如果当事人反对，我就放弃，那我对当事人有什么用呢？我是不是也该坚持点什么呢？别着急，我们会在第十八课告诉你答案。

四、调动当事人参与咨询的积极性

你遇到过这样的律师吗？他们似乎很害怕话说得太少引致当事人对自己的工作感到不满，于是在任何场合都滔滔不绝，根本不给当事人（包括在生意交往中的对方当事人）任何说话的机会。

"当事人中心说"认为上述做法非常不妥，并且建议你要想方设法调动当事人参与法律咨询的过程。实践这个建议的具体做法是：

首先，在第一课我们已经讨论过，一个法律问题的解决，不应该只有唯一的一个方案（你看，案例中的张律师就事先想出了不少主意），而且不同的方案各有利弊。要保证最终的决定能够最大限度地满足当事人的需求，当事人有权利——你也应该努力让当事人实现这个权利——对可能有的选择范围和法律后果评估有更为充分的认识。要达到这个目的，和当事人进行讨论是最为有效的方法之一。也许，通过讨论，你会发现当事人完全有能力对你的意见作出非常意外的完善，又或者当事人还有比你更好的主意。

其次，在讨论的过程中，你还应当注意鼓励当事人去判断目前可能找到的解决方案对当事人可能产生潜在的非法律后果，这样你就能够协助不同的当事人达到他们独一无二的需要和目标。当然，你不要忘记，满足当事人的需要，其实最终是满足了自己的需要。如果你不能以当事人满意的方式帮助他解决问题，就别指望他下次再付律师费给你。

五、鼓励并协助当事人作出决定

假设，有一个被单位开除的当事人李勇，正在考虑要不要以违反劳动合同为由起诉用人单位，以及是否提出继续履行劳动合同的诉讼请求。作为他的律师，你该如何帮助他来作出决定？

一般情况下，如果李勇对上述问题作出肯定的选择，是因为他愿意承担诉讼及付给律师的费用，他既不怕把自己和单位的恩怨公之于众，也不在乎回到不太友好的工作环境并继续忍受不快。换作其他任何一个当事人，在上述情况下，因为在自身性格、经历等方面所具有的不同经历，都有可能会作出与李勇的决定完全相反的选择。

正是基于律师对任何一个案件的当事人所独有的尊重和重视，因此我们建议案件中的关键性和最重要的决定，比如当事人是否愿意付钱、当事人愿意为达到目标冒多大的风险、当事人是否能够承受案件的后果等，最好还是留给当事人自己去决定。

在当事人作出决定的过程中，你当然不应该"事不关己，高高挂起"，你的责任是向当事人评估案件潜在的法律后果和风险，提醒当事人注意他可能还没有想到的非法律后果等。如果是诉讼案件，你需要向当事人解释关于程序推进和举证方面的法律规定，对当事人寻找和组织证据提供建议，甚至你可以在采取何种程序来提出自己的权利主张对当事人最为有利等方面，给出令当事人满意的答案。

记住，在咨询过程中以适当的方式告诉当事人你对诸多问题的看法，是你鼓励和协助当事人作出决定的最佳办法。

六、及时传达乐意帮助当事人的意愿

为了在执业活动中更好地运用"当事人中心说"的上述基本技巧，我们建议你在法律咨询过程中坦率地表达你想帮助当事人的意愿，你可以说："在这个问题上我能给你的帮助是什么？""我非常乐意对你作出这个决定提供任何帮助。""看看我能帮您做什么?"等。这些建议看起来简单,而且有点多余,但你不妨多试试,这有助于缓解当事人的疑虑,并且有效地激发他参与咨询的积极性和主动性。

■ 第二节 "当事人中心说"的特色

目前,中国对律师执业伦理理论的研究还不多见,对律师和当事人的关系问题,除了的职业道德和执业纪律规定外,实务中也鲜有系统讨论。上述我们关于律师和当事人关系的认识以及做法,不仅是借用了一些国外的理论,更多的是我们自己结合执业环境所做的执业经验总结和归纳。

作为一家之言,我们认为,与一般经验主义上的当事人观(姑且称为"传统当事人观")相比,"当事人中心说"的主要特色是:

1. "传统当事人观"中的律师,主要是按照诸如"合同之债"、"侵权行为之债"或"不当得利之债"这样的法学或者法律上的现有分类来观察当事人的问题。因此,律师也主要是从法律的角度来寻求问题的解决方法。"当事人中心说"则愿意把当事人问题分为法律问题和非法律问题,并要求律师给予同样的关注。

2. 现实生活中,知道找律师的当事人,绝大多数都能够很仔细地考虑他们所面临的问题的复杂性,尤其是当问题涉及经济、社会和心理领域时,当事人可能比律师更加内行。因而,与"传统当事人观"相对忽略当事人地位的观念相比,"当事人中心说"坚守律师的"咨询者"和"帮助者"这一角色定位,不断提醒律师不要把自己当成各种问题的专家。

3. 至关重要的一点是,"当事人中心说"认为当事人的情感是其问题无法避免并且自然而然的一部分,律师必须在法律咨询过程中考虑这一因素。相比"传统当事人观"认为当事人缺乏经验、当事人太富于感情色彩、当事人不能充分考虑决策的潜在和长期影响风险,"当事人中心说"并不赞成只有律师才能以独立公正并合乎理性的方式作出决定的看法。

但是,我们要提醒的是,赞成并在执业活动中实践"当事人中心说"所要求的技能,并不是要你忍受每个当事人的任性和要求。如果当事人想寻求法律之外的正义和公正，这就不是你的专业和能力所能到达的要求。这时你再一味地尊重当事人的价值观，就可能会走入另一个对你和当事人都非常危险的境地。

> **小贴士** "当事人中心说"只是一家之言。成功的路不止一条，重要的是在你的执业生涯中不断实践和总结出你自己与当事人的相处之道。

第三节　其他获得当事人信任的重要细节

除了"当事人中心说"提到的几点，在与当事人交往的过程中，你还需要做好以下这些细节。这是一些通行的重要原则，并非"当事人中心说"所独有。

一、明确收费

律师和当事人之间，为律师费引起误解和不满甚至诉讼的事情时有发生。在一般当事人的心态中，律师费总是公认的"高消费"，付费总是一个"坏消息"，这或许是由于律师和当事人双方对律师专业服务价值与律师费的认识存在显著差异。另外，在中国目前的法律服务市场中，找到你的当事人和你可能或多或少都会有些人际联系，这也让不少律师羞于讨论律师费用问题。

但是，我们建议你，除非你根本没打算收费，否则你应该在与当事人接触的开始（主要是第一次接触的当事人）或者适当的时候（主要是老客户）时就明确提出收费问题。关于律师费用的讨论，至少应该明确：第一，计算费用的方法，是按计时收费，还是包干费用；第二，什么时候支付费用；第三，不及时支付费用的后果。另外，当你提供服务的范围和工作时间无法确定时，你可能还需要明确调整费用的办法。

二、随时报告事态发展情况

当事人对律师的不满和误解，还包括当事人普遍都会抱怨律师没有向他们通报事情的进展情况。律师呢，也总有诸如工作太忙、事情太多、您的事情目前没有进展或者进展不大等借口来搪塞当事人。也许在律师看来，张三的案子标的小，胜算大，少花点的精力不碍事；李四的案子收费还不错，法律关系复杂，法律文

法律咨询

件也需要花大量的时间，当然得格外用心。但是，不管是张三还是李四，他们的问题都是自己从未经历过的、不在行的，严重的甚至自己无法亲自处理的。因此，律师及时或者定期向当事人报告有关事态的发展情况是非常必要的。老实说，即使是一些不必要的报告也常常具有安慰的作用。

三、及时回答当事人询问

认真观察，你会发现大律师总有接不完的电话。刚开始做律师的时候，你总会为接不到谈业务的电话而垂头丧气。但是，只要你坚持下去，我保证你有接电话接到崩溃的一天。有时，你在开会，袁总打电话来想问一个问题；有时，你在开庭，康总打电话来问昨天的文件写好没有；有时，你在赶一个紧急的文件，田总打电话请你赶紧去公司处理突发事件；甚至有时，你去上洗手间的一会儿，周总给你打电话，你却没有接到……

很多时候，因为种种原因，你或者不能接当事人的电话，或者错过了当事人打来的电话，当事人对这种事情总会要抱怨。所以，及时对当事人的要求进行答复是你获得他的信任的另外一个重要细节。如果你无法及时回复，也务必请其他人告诉当事人你在干什么，或者何时能够对他的要求作出答复。

> **小贴士** 与人打交道的技巧，是一个无限可能的想象空间。除了上述细节，你还可以创造性地应用和总结获得当事人信任的其他技巧。

第三课 LESSON 03

与当事人会面

> "冒总，很高兴我们又见面了。你和蒲总新开的那家工厂生意还好?"
>
> "非常好，生意好得我都想不到呀！虽然我们的产量比以前增加了50%，但仍然是供不应求。所以，我考虑把蒲总在工厂的股权买下来，昨天打电话给你就想说这事儿。"
>
> "真高兴工厂的效益这么好。听你的语气，这笔新交易对你非常重要也很迫切。那我们就言归正传。你先谈谈你想收购股份的目的及蒲总的态度，好吗?"

会见你的当事人，通常会占用你相当多的工作时间。掌握会见的技巧，对提升你的会见质量和效率大有好处。本课将着重介绍律师与当事人的初次会面、续谈的方法和技巧，这是让自己像个律师的基本规则。不管当事人的问题涉及哪个法律领域，也不管当事人是不是你的老熟人，更不管你需要处理的是诉讼还是非诉讼业务，这些规则均可适用。你要做的，就是在你的职业生涯中去运用它。

■ 第一节　律师应有的职业形象

日常生活经验告诉我们，在人际交往中给对方的"第一印象"十分重要，"开始"经常会对"结果"起着举足轻重的影响，有时"开始"甚至会决定事情的发展前景。无论是一般人之间的口水话"请走好"，还是当事人请律师"您一定要帮我打赢官司"，这些温情的对话都是想寻求一个好结果的开始。良好的人际交往对律师的事业发展有着非常重要的作用，因此律师也逃不出"第一印象定律"。鉴于此，作为律师的你，必须仔细考虑怎样开始与当事人的见面和会谈，考虑如何让当事人认为自己像个律师。

塑造良好职业形象的第一件事是检讨着装。

当事人带着问题和希望来找律师，他可不愿意看到一个衣冠不整、态度随便、举止浮躁的人。律师要向当事人展示自己的自信、专业、神采奕奕、老练、严谨、

法律咨询

细致、整洁。为了扮演好这个角色，不管男女律师，职业正装是你会见当事人的首要和唯一选择。

关于职业正装，我想不用我多说吧。喜欢看书的，书店里各种关于礼仪的书籍数不胜数；喜欢上网的，百度图文；再不济，看几部美式律政肥皂剧或者港片吧！

第二节　选择会面地点

照过镜子整理好领带以后，你应该考虑的是在何处与当事人见面。

通常，我们建议在事务所接待你的当事人，以展示你以及你所在的事务所与别的律师的不同之处。事务所内，可选择的见面场所不是办公室，就是接待室。

许多律师喜欢在接待室与当事人碰面，然后，再陪伴当事人进入办公室。在接待室碰面，可以立即表现出你对当事人的关心。而当你与当事人边走边谈进入你的办公室时，你也可以通过交谈或是请他们用一点饮料来使当事人平静下来。这样，你可以避免一些令人尴尬的场面，如当事人进来时你恰好还在打电话或是匆匆地绕过办公桌与当事人握手。你亲自到接待室去等候当事人，可能会让许多当事人觉得你对他们格外的重视，会给当事人留下非常好的第一印象。

也有些律师更愿意在自己的办公室里与当事人会面。习惯于这样做的律师们可能是相信这样安排能够显示出律师的勤奋和派头，从而增强当事人对自己的信心。在这种情况下，你应该安排接待员或你的秘书将当事人引到你的办公室。不过，这种做法的负面影响是可能缺乏亲自迎接所能带给当事人的特殊感受，并且，一般来说，律师迎接当事人的表现比他所选择的地点更能显示律师和事务所的实力。

另外，律师到当事人的办公地点或其他当事人确定的处所与当事人会见的情况也是常态。这时，你需要遵循的基本规则是不要迟到。如果因为堵车等迫不得已的原因导致可能迟到，你应该及时通知当事人，并且立即请求当事人的谅解。

总之，无论采取任何做法、在何种场合迎接或者与当事人见面，都应注意遵循适当的习俗礼节。对于初次打交道的当事人，在迎接时即报上你的姓名，礼貌地递上名片，这对给当事人留下一个深刻的印象也非常重要。

■ 第三节 会面后该怎么开启谈话

> "李经理，我们在这儿坐会儿，你可以把咖啡放在茶几上。"
>
> "谢谢。哎呀，你的办公室真不错，从这里往外看的景色确实很漂亮。"
>
> "是呀，工作太忙的时候，我喜欢停下来花几分钟欣赏一下窗外的风景，这十分有利于休息。对了，你停车顺利吗？"
>
> "没什么问题，挺顺利的。"
>
> "你运气真好。这幢大楼的停车场有时候相当拥挤，上次我的一个当事人就因此耽误了时间，我感到非常的抱歉。今天我忘记提醒你停车可能是个问题，刚刚正在担心呢。你没有遇到问题我很高兴。"

英国人之喜欢谈论天气，几乎就是寒暄和闲聊的典范。在两个人见面总是通过闲聊、寒暄开始相互交流这一点上，不管是英国还是其他国家，也不论是律师还是一般人，应该没什么不同。闲聊会让对话者能够比较轻松和毫无戒备地进入交谈状态，这对初次见面的双方来说，是很好也是很实用的给彼此留下好印象的办法。

大都市里，人们寒暄的话题很多，比如上例，律师和当事人的会谈从办公室的风景和停车开始。推而广之，根据不同的地点、你与当事人是否相识，或者你与当事人的相似之处等，你们的聊天内容也可涉及地方新闻、体育新闻、先前的合同以及当事人的推荐人等。

但是，在此后的阶段——从聊天转入正题这一问题上，律师们的做法却很少一致。一些律师喜欢适当地聊天，他们认为聊天有助于使当事人放松情绪并增强对律师的信任感。相反，有些律师则认为当事人会厌烦这种闲聊俗套，所以他们喜欢直截了当地切入正题，迅速讨论和解决当事人的问题。

以上两类律师的见解都没错。过多的闲聊明显浪费时间，并且也许会降低当事人对你的信任感；而太少的交谈，又可能使你给人一种冷淡、呆板和仅注意法律问题而缺乏人情味的不良印象。唯一难办的是，培养判断你的当事人适应哪种方式的能力。

解决这个问题的合理方法是：根据当事人的需要和愿望来确定闲聊的长短。会谈前的寒暄是一种很常见也符合人性的做法，即使很短暂的接触，你也可以对当事人的心绪作出准确的判断。但是，接下来的问题是：如果你与一位新当事人只是刚碰面，或是仅在电话上做过短暂的交谈，你怎样才能正确把握聊天的长短呢？此时，你可以根据你当事人的行为举止来进行调整，如果当事人比较压抑和紧张，你可以再多说几句以缓解他的不安；如果当事人表现平静，那你就可以开始进入正题了。

比如，你的朋友介绍给你一个当事人，见面后，你问他"你怎么样"或"你到这儿来有什么问题呀"；如果他说："不，没什么问题。其实，我早就到了，以便我能够再仔细熟悉和思考一下我需要解决的主要问题，并确信我的文件是否准备齐全"，或者"是的，到这儿来挺费劲。我被堵了几乎一小时的车。我真是不愿意到市区来"，这样的回答明显表明当事人还是显得相当压抑或紧张，那么你就应当再和他闲聊一阵，以便他有时间平复紧张、压抑的心情，而后再进入正题。

> **小贴士** 律师也是人，礼多人不怪。掌握必要的社交礼仪，给自己的职业生涯加分。

第四节　初次会面技巧

如果把与当事人的初次会见比喻成一次"相亲"的话，你一定要利用一切机会尽可能多地了解当事人的情况，这样才能帮助你更好地从当事人的角度来思考问题，并提出解决问题的方案。

一、首先了解当事人关心的问题

> "李太太，很久没跟你见面了。你有什么需要我做的？"
>
> "最近真是不消停。我们家买了一套顶楼的花园洋房，正在装修。我们在露台上建了一个花园，但楼下的杨先生坚决反对。他要求我们停止施工，否则就要到法院去告我们。"
>
> "可以理解，你们一定非常担心此事。我很愿意给你一些意见。不过，楼下住户的意见你还能谈得再具体点吗？"
>
> "嗯。杨先生是我家楼下的房主。他说屋顶是全体业主的共有部分，我们没有权利搭建自己的花园，而且这么做是侵权行为。但是，我们买房子的时候，开发商是连同露台一起卖的，我们和开发商有约定，房价也包括了购买露台的钱。"
>
> "在住宅小区，你碰到的这种问题现在还比较多，前段时间我也处理过几宗类似的案件。除了你已经谈到的情况外，还有其他细节吗？"

> "胡先生，请先谈谈你的想法好吗？"
>
> "我一直在与高地房产公司的老板冒总谈一笔生意。高地公司是一家中型的互联网企业，我十分看好它的发展前途，所以准备收购10%的股权。你知道，以前我没有做过类似的生意，不太了解转让股权将涉及哪些税费。所以，我想了解一些有关股权交易税费的问题。"
>
> "这正好是我熟悉的领域。为了确定交易可能涉及的税种，我想简单了解一下你的股权收购计划。另外，除了交易税费外，你还有其他的问题吗？"

"当事人中心说"强调从当事人的角度看问题，你在考虑应该怎样从当事人的立场看待一个新问题时，首先应从了解当事人所想所思开始。

如果是一个陷入诉讼而求助于你的当事人,他想谈的情况通常包括以下内容。

第一,诉讼通常是基于已经发生的事件而产生的争议,因此当事人一般会陈述引起争议的缘由。

第二,当事人也有可能谈及他或她所希望达到的诉讼目的或目标。例如,从李太太的陈述中,你应该能够感知她的主要目标就是想排除杨先生的干扰而完成花园的修建。

第三,有些当事人甚至会提出一些如何实现其目的的办法。例如,在与你交谈之前,李太太可能就已考虑不去理会杨先生的干扰。如果在初次见面时当事人就已有了明确打算,那么他极有可能把他的想法告诉你并征询你的建议。

第四,同时,当事人很希望也愿意和律师讨论一些法律或非法律问题。例如,与李太太继续谈下去,可能就会谈及她能否把花园建成、律师费用、工程迟延的可能性以及她是否能在争议解决之前继续修建等问题。

和诉讼案件一样,那些因为交易等非诉讼事务来找你的当事人,他们同样也会谈及这四类问题。

首先,尽管与诉讼问题相比较而言,当事人的非诉讼事务受到先前已经发生事件的影响可能较少,但当事人也会需要向你咨询一些与该事务相关的已经发生的情况。比如,一个当事人正在和合伙人商谈准备进行一项新的投资,他或者会与你谈及对方已经谈定的商务条件,或者会谈及自己在这项投资上的想法;一个想与兄弟分家析产的当事人或许会谈到其家庭成员在过去的所作所为,以及这些作为对他产生了何种影响或者看法。

其次,同诉讼中的当事人相似,非诉讼事务的当事人当然也要谈到他们所希望达到的结果,在某种意义上,他们对结果的期待,比诉讼案件的当事人更为强烈。他们中的某些人对其目标会有非常独特的见解;而另一些人则可能会提出一些模棱两可的目标。在前面的实例中,胡先生显然属于第一种情况:他的目标非常明确,就是希望收购高地公司的股权。

再次,一般情况下,非诉讼事务的当事人也有解决问题的设想。例如,许多不愿做婚前财产公证的新婚夫妇可能会听说过"律师见证"这种可以证明婚前财产归属的方式,但又对其具体操作方式不了解,所以可能找律师咨询相关问题。

最后，非诉讼事务也一样会涉及各种各样的法律或非法律问题。例如，胡先生在谈完股权交易的税费问题后，可能还会谈到一旦交易成功后他应该与冒总保持什么样的关系、律师参与这件交易的费用等。

总结起来，在当事人走进办公室后，无论他是遇到诉讼案件还是正在进行一桩交易，一般他都会谈及以下四类话题：（1）事情的起因；（2）当事人的目的；（3）当事人对实现其目的的想法；（4）其他各种各样的法律或非法律问题。

一旦你从当事人那里知道了上述四类话题的情况，你就该思考怎样从当事人的角度来理解这些问题。当然，如果当事人的谈话偏离了这些话题，你也要想办法把会谈的范围尽可能集中在这些问题上。这样，一方面你与当事人的会谈会比较有效率，另一方面你能获得对提出解决方案更为有价值的情况。

> **小贴士** 帮助当事人从事情的起因、目的、手段、问题四个方面对案件情况进行全面陈述，是你从当事人处了解情况的主要任务。

二、不要匆忙谈论法律问题

寒暄完天气、风景、停车这些话题后，你可以开始和当事人谈正事儿啦。正事通常可以从"我能为你做些什么"这样的问题开始。在你提出"我能为你做些什么"后，可能会得到如下的回答：

> "我在一次车祸中受了伤，我想让开车的那个家伙赔偿我。"
> "我妻子最近去世了，我想另外立一个遗嘱。"
> "我和姨妹准备开一家旅行社，我们想签订一个合伙协议或合作协议。"

一般的律师接下来可能就会着手询问当事人他们认为有法律意义的问题：

法律咨询

> "能告诉我车祸的具体情况吗?"
>
> "能给我一张你的亲属及财产的清单吗?"
>
> "到目前为止,你与你姨妹就合作事宜已经谈得如何了?"

我们认为,像以上这样仓促地把当事人带入法律问题的做法是不恰当的。优秀的律师的恰当反应应该是用提出假定问题的方式开始全面地收集情况。在会谈中全面了解当事人的看法,对你从当事人的角度来思考问题非常重要,其原因如下。

第一,全面了解当事人的想法,有助于你确定哪些情况需要深入掌握。

有时候,与当事人初次会见时,他们所介绍的情况通常有混淆不清的地方。这种混淆不清有以下几种表现。

(1) 当事人可能未能正确地表述他的目的,发生这种情况既浪费你的时间又耽误当事人事务的处理。例如,上述因车祸受伤的当事人,你以为他希望提起诉讼并立即采取行动,而如果他的真正打算做的却是要求加害人赔偿的话,那么,你贸然提出的许多问题都可能与本案极不相关。

(2) 当事人可能会错误地使用术语。比如,上述那位欲立遗嘱的当事人,他的真实意图是要订立一个赠与合同,但他却不知道这个术语。

(3) 当事人可能会错误地选择适用的法律。例如,上述那位因开办旅行社而请求订立"合伙协议"的当事人,可能采取有限公司的形式对经营业务更为有利。

第二,全面了解情况可以避免"误诊"。

切实可行的解决方案,应该以全面了解当事人的情况作为其制定的基础,否则可能因为你的草率而误诊了当事人的病情。为了避免在会谈中被一两个不确切的细节左右而浪费过多的时间在解决错误的问题上,你应该在了解情况这个环节尽量听取当事人的陈述,获得他对整个问题的看法。

第三,当事人在阐明了他的问题之后更容易回答你的询问。

联想一下你在医院门诊室的经历吧。假如医生在你介绍完你的病情之前就问你一大堆的问题，你可能想得更多的是怎样说明你的病情而不是逐一回答医生的问题。同样地，如果你在了解到李太太非常关心律师费用之前就开始向她询问杨先生威吓要求她停止施工的情况，李太太可能会不太情愿回答，因为此时她正在考虑的可能是你的律师费是否合理、是否要请你作为代理人。

第四，可以表现出你对当事人的尊重，从而与当事人建立融洽的关系。

大多数当事人都喜欢和信赖他们认为富有助人精神的专业人员，并且会毫不遮掩地将自己所知道的一切情况告诉你。而尽可能全面地了解当事人的问题，对尽早建立双方的和谐关系很有意义。

第五，全面听取介绍可以使你对问题了如指掌。

另外，你必须一直记住，来求助于你的当事人不仅仅是需要专业技术性的法律咨询，而且也想从你这里寻找到解决其特定的法律和非法律问题的具体方案。所以，你要鼓励当事人全面介绍其问题，以便你能够很快地抓住问题的重点，把握当事人对委托事务的整体想法。

> **小贴士** 初次会见当事人首要技巧是给当事人机会，充分听取当事人对情况的全面介绍。

三、确认并归纳当事人的具体问题

> "我能帮你什么忙呢？"
>
> "今天是什么风把您吹到这儿来了？"
>
> "我能为你做点什么吗？"

上述种种提问完全可以作为启动谈话的典型问题，你只要根据与当事人之间的亲疏关系来选择即可。当然，作为一个有独特见解和性格特征的律师，如果你的当事人接受，你就应该不断寻求自己所独有的方式。

一般来说，那些常见的开放式问法，完全能够促使当事人用他们感觉最舒服、最恰当和最能说清问题的方式向你介绍情况。开放式的询问既可以使当事人避开不愉快的话题，又可以使他明白哪些是必须介绍的重要问题，因而更有助于融洽关系的建立。当然，当事人在介绍时，你可以积极插话或对听话内容作出积极反应，这样有助于更快地融洽交流。

对于开放式询问，如果当事人的回答相当简洁，如"我在一次车祸中受了伤，我想让开车的那个家伙赔偿我"，你也千万别认为已经完全了解了当事人的问题，就匆忙进入下一个对话环节。这时，你该做的是使用另外的试探性方法鼓励当事人继续叙说。例如，你可以说"你可以再给我说一下细节吗？"或者你可以积极插话，又或者你可以既插话又提问："看起来你对那场事故仍然心有余悸，你还能给我谈谈事故的具体情况吗？"引导当事人继续介绍案件的情况。

如果在谈话中你的发问并未明显大致限制当事人的陈述范围，或者引入前面所提到的四个方面，你可以给当事人一些短短的提示：

> "请简单谈谈你的问题，它是怎样发生的，你希望达到何种目的？"
>
> "请先谈谈。怎么想就怎么谈。你想得到什么样的结果？"
>
> "请你告诉我你有什么问题，它是怎样发生的，你想怎样解决它？"

有时候，对于当事人那些目的很明确的问题，你会觉得再进行发问会显得傻乎乎，或者有些啰唆、无知。例如，你的当事人已被债权人起诉了，他所希望达到的目标无非是一分钱不给并且尽快了结此案。这时他来征求你的意见，你可能会很担心追问他"你希望怎样了结此案"类似的问题显得很无知。

但是，我们的看法是，你认为自己的问题显得很无知的假设可能是错误的。经验告诉我们，在诉讼案件中，并不是每一个被告都会对原告的诉讼请求作出完全不承担任何责任的抗辩，有些被告基于自身的特殊情况，愿意考虑部分甚至大部分接受原告的请求并承担相应责任；同样地，也不是每一个非诉讼案件的当事人都希望获得对自己最为有利的交易条件，有时为了保持与对方的长期合作关系、节省律师费用或其他一些原因，当事人经常愿意接受比最初坚持的要差一些的交易条件。

第三课
与当事人会面

所以，即使当事人对自己的目的已经表达得很明显了，你也应该全面把握一下他的想法，至少你可以检查一下你的假定是否正确，这时，你可以这样说：

> "这么说，你是不想向原告支付任何款项的，是吗？"
> "照我的判断，你不愿意在租赁合同中约定租金变动条款，是不是？"

总之，在初步了解情况的整个过程中，你可以用提问、插话和提示等方式来鼓励当事人叙述问题，直到你认为完全了解了当事人的看法为止。

在了解初步情况后，你就应该想办法结束这一阶段，而比较有用的方法就是通过插话对当事人的问题作简要归纳。这种归纳可以简要地核实一下你所听取的情况，同时也要涉及需要继续的话题。这种简要归纳有利于感情交流。它可使当事人感到你已经听取并理解了整个问题。另外，归纳也标志着你完成了你在初步情况了解阶段所做的基础工作。

> **小贴士** 阶段性地归纳当事人陈述的情况，有助于与当事人顺利沟通，了解情况。

四、谨慎作出初步判断

> 康军起诉白丽在经营广告业务时违背了双方订立的《股权转让协议》中的反竞争条款而侵权。你的朋友介绍白丽来找你，白丽同意委托你代理前述案件。你了解到，康军和白丽曾经是同一家广告公司的股东，《股权转让协议》是康军受让白丽在该广告公司的股份时签订的。白丽说她很担心诉讼一事一旦张扬开来，她的商业信誉会受到损害，并失去客户。所以，她打算尽可能快地结束诉讼，为此不惜向康军支付赔偿金。但是，几天之后，白丽给你打来电话，说周围很多朋友和客户都已经知道了诉讼的事，

法律咨询

> 并且，多数人都认为康军为了挽救濒临倒闭的广告公司提起诉讼是愚蠢之举。所以，她现在希望能够在诉讼中提出新的抗辩，要求法院驳回康军的诉讼请求。
>
> 如果你做律师够成功，那么像白丽这样中途改变主意的当事人在你一生中可以说数不胜数。当事人所面临的环境的变化（与广告业有关的人开始注意本案并站在白丽一边）影响当事人对诉讼的整个态度。这些影响足以让她在诉讼目的、解决方案及其顾虑等各方面发生你事先无法预料的改变。因此，仅仅基于当事人对初步情况的陈述而作出的任何判断都具有相当大的不确定性。

作为律师，你应该知道，几乎在所有问题的处理过程中，当事人的目的和打算都会发生变化。当事人的心思就好比海绵，可以收缩，也可以扩张。你要密切关注当事人的这些变化。

有些当事人（特别是新当事人）不太愿意在初次会见时就谈出个人的顾虑。那么，你要尽快让他们与你的关系融洽起来，这样他们才会坦诚地向你谈及敏感的问题。

有些当事人可能过度纠缠感情问题，或者问题发生得太突然使当事人来不及整理自己的想法，这都可能导致他们对问题的叙述是片面的或不清楚的。这时，你要有足够的耐心和技巧来帮助当事人从颠来倒去的陈述中脱离出来，协助他搞清楚自己所面临的问题是什么。

有的时候，当事人会对事情的起因作出错误的判断。比如，一个车祸受害者可能把车祸视为自己身体不能痊愈的原因，但是他的身体不能痊愈的真正原因却可能是事故发生后为他治疗的医生所犯的医疗事故。同样地，财务状况恶化的当事人可能会把客户不能按期支付款项视为财务恶化的原因，而不去理会其真正的原因可能是上游供应商大幅提高原材料的价格。

基于上述的种种原因，我们建议你不要在初步了解情况阶段就向当事人作出确定的判断，也最好不要和当事人讨论可能的解决方案。如果不得不这么做，你也应该对你的判断和方案有所保留。

> **小贴士** 鉴于法律问题和与其相关的事实及证据情况的复杂性，建议你在初次会见当事人时不要草率作出法律判断。

五、电话咨询须知

在现代社会，与当事人见面前，你们一定会先通一番电话。如果你与当事人很熟悉，你可以通过电话来了解当事人的想法。在此种情形下，你可以使用上述与当事人会谈的技巧和方法。

但是，如果对方是一位新当事人，那么，我们建议你最好不要奢望通过电话来了解当事人的想法。在电话中，你最好是仅仅谈几个最一般的问题，诸如"你的问题大概是怎样的"或者"你怎样想的"等。这样，你既能立即满足对方欲做倾诉的愿望，也能满足你确定是否能胜任此事的需要。然后，你可以与当事人约定其他时间见面来商谈他的问题，你可以请他在会面时将有关文件或证据带来。

改天你与新当事人会面时，可以简要地提及你们所通的电话。其他的，你就按第一次与当事人交谈那样来把握初次会谈吧。考虑到当事人的想法和情绪可能完全与通电话时不同，你可以再要求当事人将电话中已经谈及的情况，如事因、顾虑、解决方案等介绍一下。

> **小贴士** 初次见面前，如有可能，新律师应该对会见将要涉及的问题进行了解，以对相关知识事前做些准备。

六、实例分析

为了帮助读者进一步掌握向当事人了解初步情况的原则，我们编写了以下这几组对话，每组对话都在寒暄问候之后进行。你在阅读每组对话时，请思考一下哪些谈话使你印象深刻或哪些谈话给你印象一般。

法律咨询

实例一

律师：王先生，请你先简单谈谈你的想法，好吗？

当事人：4个月前我母亲去世。生前她和继父欠我一些钱，但是现在我继父却不愿把钱还给我。

律师：他欠你多少钱？

当事人：嗯，我想大概有8万元。

律师：他向你签过书面字据吗？

当事人：没有。

律师：你最近一次是什么时候向他要钱的？

当事人：大约1个月以前。

律师：他是怎么说的呢？

当事人：他说他一有了钱就给我。

律师：照你所谈的这些情况，你是希望知道你能否通过诉讼让他把钱还你，是吗？

当事人：嗯，是的。

律师：除了你要求他还钱这一问题之外，你还有其他顾虑吗？

当事人：没有。

律师：是这样吗？

当事人：是的。

律师：你不担心提起诉讼要求你继父还钱可能导致家庭不和吗？

……

实例二

律师：老张，好久不见。我能为你做点什么吗？

当事人：谢谢。哎呀，我还从没碰到过这种事情……

律师：这件事情看起来还很麻烦，我很愿意帮助你。不过你得把你知道的事情都告诉我，我才能够帮助你分析分析。到底发生了什么事？

当事人：嗯……有人指控我犯了盗窃罪。

律师：真的？你能谈得更具体点吗？

当事人：事情是这样的，那天中午，我在商店挑了个计算器。当我走到商店出口时，保安拦住了我搜查了我的夹克，他们发现了我打算买的计算器后就报了警，说我盗窃。我根本就没打算偷计算器，我是要付款的。

律师：哦，是这样的。我还真的要花点时间再了解了解情况。你的想法呢？你肯定想要撤销商场对你的指控，对不对？

当事人：正是这样。

律师：除此之外，你还有其他要求吗？

当事人：我能要求他们赔偿我的损失吗？

律师：法律上我们当然有权做这样的打算。但是，我需要更多地了解些情况才能给你准确的结论。你还有其他的担心吗？

当事人：是的，还有。我很担心这件事情对我工作的影响。

律师：我很理解你的担心。其他顾虑呢？还有吗？

当事人：没有，真的没有了。

律师：好的，现在我归纳一下目前的情况。由于被一家商场指控盗窃，你很烦恼。你希望对方撤销对你的指控，并且获得应有的赔偿，同时，你也担心所有的这些都可能影响到你的工作。

当事人：是的，就是这些。你归纳得相当好。

律师：好吧。在我回答你的问题之前，我需要向你了解更多的情况……

实例三

律师：罗小姐，你好。今天你来是想讨论什么呢？

当事人：是这样，我有一家金店。我想为店里的长期雇员投一份养老保险。

法律咨询

> 律师：你想知道这些事情该怎么做吧？
>
> 当事人：正是这样。
>
> 律师：你店里有多少工人？
>
> 当事人：我一共雇有 20 个人，但我只想给五六个买保险。
>
> 律师：这几个人跟你有多久了？
>
> 当事人：他们都跟我至少有 6 年了。
>
> 律师：其他人呢，他们为你工作有多久了？
>
> 当事人：时间长短不一，但最长都没有超过 3 年。
>
> 律师：能谈谈你为什么想这么做吗？
>
> 当事人：嗯，主要有两方面的原因：一方面是我正在考虑自己的退休安排；另一方面是因为最近店里一个非常优秀的雇员，但我们没有为他提供好的养老保障而被竞争对手挖走了。我不希望其他几个优秀雇员再发生这样的事情。
>
> 律师：那你对设立养老保险有什么担心呢？
>
> 当事人：我听一个朋友说费用很高，所以我非常关心我们在财务上是否能够承受，其他倒也没有太多的顾虑。
>
> 律师：好的，按你的说法，只要财务上可行，你就愿意为你的几位优秀雇员投养老保险，是吧？

读者可以自行对上述实例从以下几个方面展开分析。

1. 律师应该采取什么方式开始和当事人的谈话？上面这些对话里的律师做得怎样？

2. 如果当事人对你第一个问题的反馈没有达到你的期望，你该如何开始接下来的问题？

3. 你的提问方式对当事人的回答会产生什么影响？

4. 如何提高了解情况的效率？

5. 怎样探寻当事人的担心或者顾虑？上述对话中的提问有无不妥？

6. 如何进行谈话中的阶段小结？

7. 在初步情况了解阶段，你还有其他话题与当事人进行交谈吗？

第五节　会面结束前的其他工作

> "胡总,今天我们就谈到这里。正如我们所讨论的,通过收购高地公司股权的方式获得该公司的业务能够以最小的代价尽快地占领市场。从你的目标和目前的情况来看,这应该是最为理想的方案。你认为呢?如果你打算实施这个交易的话,我们完全有能力为你提供专项的法律服务。"
>
> "你说得很有道理。我想再问一个问题,如果委托你们来代理这个事情,律师费怎么收呢?"
>
> "哦,按事务所的规定,像这样的非诉讼专项收费标准是×万元。我们提供的服务包括股权收购的尽职调查、参加你和高地公司股东的谈判、草拟修改股权转让协议及其他法律文件、协助办理股权转让的工商变更登记等。如果你觉得这笔费用可以接受的话,我们可以马上开始工作,委托手续稍后办理也行。"
>
> "律师费可比我想象的要高一点,不过这件事情是需要有个律师……这样吧,我再考虑考虑。下午给你答复。"
>
> "好的,我等你的电话。希望我们合作愉快!"

与当事人就一个具体的案件初次见面时,一般还应该与当事人讨论以下问题。

一、确定委托—代理关系

律师代理当事人事务起始于当事人和律师关系的正式建立。因此,在结束初次会见之前,律师必须确定当事人是否委托律师进行代理工作。原则上,我们认为律师事务所应该要求当事人以书面形式对律师的代理行为进行授权,并签订委托代理合同。当然,如果当事人已经决定委托你代理他的案件,你也不必立即就把委托合同打印出来要求当事人签署。你可以在初次会见结束之前告诉当事人委托代理合同你将稍后呈送给他,并在此后将委托代理合同以邮寄、传真、专人派

法律咨询

送等方式送达给当事人。

记住，如果你和当事人之间没有事先通气，就把委托合同以上述方式提交给当事人，当事人会非常意外而且感到诧异。另外，如果当事人是你的老客户，贸然要求签署书面协议不仅没有必要，而且还可能冒犯了当事人。为了避免由此给你和当事人的相处带来不愉快，你可以向当事人解释说律师行业的惯例、法律法规规定以及事务所要求律师必须签订书面委托代理合同。

在委托代理合同中，你应该要求当事人明确他对你的授权。我们想要提醒的是：无论当事人对你的委托权限是一般代理还是全权代理，尤其全权代理的案件，在代表当事人作出任何一个对当事人的利益会发生影响的决定时，你都应该事先获得当事人的同意。确认当事人同意的方式也非常重要，对于那些你非常信任、诚实的当事人，你可以打个电话给他；初次打交道的当事人，最好还是书面确认。当然，从保护自身的角度来看，书面确认是唯一可靠的办法。

二、商定律师费

律师费的数额是委托代理合同的核心内容，也是一个比较复杂的问题。其复杂性一是源于律师在确切了解其工作范围和时间之前对律师费数额的估计可能并不准确；二是不同的律师、不同的事务所的收费情况各不相同。所以，关于律师费的讨论通常都发生在初次会面快要结束之时。有时候，我们会觉得初次见面就与当事人讨论费用问题显得不合时宜。那么，该如何处理呢？但愿以下对话对你说明律师费的收费情况有所帮助：

> 律师：我们首先要进行答辩，然后再全力争取胜诉，是这样吗？
>
> 当事人：一点不错。
>
> 律师：我想我最少还得再见你一次，以便详细商量下一步我们该怎么走。但你昨天曾询问过律师收费的问题，现在我就给你一个估算。我们事务所通常按件收取基本费用，再按照案件的争议标的额计提一定比例的律师费。按件收费的标准是 6000～8000 元一个案件，你的案件中对方当事人提出的诉讼请求为 120 万元，按照比例计提

> 下来大概是9万元，那么总的律师费是9.6万元左右。你可以开始先支付××元的律师费，剩余费用在本案一审宣判后××日内支付。
>
> 当事人：这当然比一次缴清要好些。但是，如果我与对方当事人在法院判决前和解了，律师费还是按这个数额支付吗？
>
> 律师：那得视情况而定，我们可以再商量。你看呢？
>
> 当事人：好吧。你安排先把委托合同给我一份。
>
> 律师：好的。你回去赶快准备材料，我们再碰头研究。

上述简单的对话说明了你将要做的具体工作，这些工作的收费标准。虽然这种讨论可能使你显得"庸俗"，但作为专业化的律师你首先应当向当事人明确说明应收的费用构成及数额。

三、确定需要继续跟进的事务

日常生活中的应酬结束时，朋友们往往会相互说些"下周某个时候我再给你打电话"，或者"我问问李丽，然后再告诉你结果"等语义含糊的话。一般情况下，没有人会在意这些模糊的许诺，许诺者不履行诺言通常也不至于招致严重的后果。但是，律师行业却并非如此，律师是否能够适时及时采取适当的行动为当事人找到解决问题的合理方法十分重要。因此，在结束与当事人的会面之前，你应该就以下三个问题对当事人加以明确说明：

1. 你将要采取什么行动，何时采取；
2. 当事人将要采取什么步骤，何时采取；
3. 当事人还有哪些问题。

在上述问题中，确定律师将要采取什么行为非常重要，它可以使当事人意识到律师准备充分而且能够及时行动，并因此增强当事人对律师的信心。对这个问题的说明，你只需用简单和直率的语言就可以了，比如你可以这样说："在我完成对高地公司的尽职调查后一周内，我会起草一份《尽职调查报告》。根据这个报告，我们要讨论你收购该公司股权可能涉及的问题和风险。如果你在明确这些问题和风险后仍然愿意实施收购的话，我立刻就开始起草《股权转让协议》。"

其次，说明当事人的义务也很重要。除当事人在会谈中能给你提供的信息外，你可能还需要了解其他一些信息材料。在不同的案件中，你需要掌握的材料是不一样的，你要根据你的专业水准来判断并向当事人提出要求。在胡总咨询的问题中，律师所需的是高地公司的股份构成情况、资产负债表、房地产权证及有关的资料、与核心业务相关的文件合同等。也许在与当事人的会面过程中，你已经要求当事人向你提供包括财务凭证、合同副本等材料。在会谈结束时，你仍然有必要重复提醒当事人记住应该完成的有关资料的收集工作，如果当事人需要完成的工作繁多而复杂，你应该给当事人整理一份清单让他带回家去处理。当事人离开后的几天中，你最好打电话提醒当事人不要忘记他应该完成的事情。

记住，仔细说明当事人的任务并适时提醒当事人完成他的任务，不但可以增强当事人的参与意识，从而更增强了他们对律师的信任感，而且可以避免交流中可能出现的问题，也有助于咨询业务健康顺利的发展。

最后，建议你养成一个习惯：在完成上述说明后，给当事人最后提问的机会。也许，你还未回答当事人最初所提的问题，或者当事人对答复的内容已经记不清了，再或者你在说明当事人所应完成的工作时又引出了新问题。基于以上原因，在结束与当事人会见之前，律师要尽量询问当事人还有没有其他问题。

> **小贴士** 建立委托关系、费用和后续工作是初次会见结束时需要确定的三大事项，任何时候都不要忘记与当事人进行确认。

四、对当事人的问题作出初步判断

很多时候，在初次会见之后，由于对案件所掌握的信息材料并不充分，你可能无法对当事人的处境作出全面的估计，或者为其提供周详的咨询意见。你能做的也只是对当事人的问题进行初步的判断，以帮助当事人决定他是否有必要获得律师的帮助和服务。

但不幸的是，心急的当事人在初次会见结束时，一般都会要求律师给他一个确定的答复，特别是那些没有经验的当事人，总认为法律已经提供了现成的答案，或者你作为律师，应该知道这些法律究竟在哪本书里。即便是那些相对老练的当事人，也对初次会见抱有一种不切实际的期望，以为初次会谈律师就应该拟订一份向对方当事人发起进攻的有效方案或者计划。

我们的经验是，如果当事人对律师的期望过于天真，你必须要作出反应。对这种期望视而不见在未来将损害当事人对你的信任，其原因是你的默认将使当事人产生你能够达到他的期望的幻觉；一旦幻觉破裂，他就会把责任推脱给你。

那么，如果当事人在初次你见面时就要求你对他的案件给予一个确定的答复，你该做何反应呢？以下建议可能对你有所帮助。

（一）初次会面不宜对当事人的权利作出评估

诉讼案件的当事人肯定都极力想知道他们究竟能否"胜诉"。所以，他们会问"我的案子有希望吗""我能使对方当事人拆除在屋顶上搭的阳光房吗"等问题。非诉讼案件中的当事人也有他们自己的考虑。他们的问题会是："这笔交易是否能免税""你认为环保局会批准我们的申请吗"之类的。

如果你对案件事实缺乏足够的了解，对涉及的法律问题也没有周密研究，你肯定无法对案件进行初步评估。在此情形下，你既不能向当事人保证说案件大有希望，也不能向当事人说案件毫无希望。此时你应提出有关当事人问题的法律问题，并明确表达愿意帮助当事人，而无须过多地说明自己对案件的分析，这样就可以维系当事人对律师的信任感。

请看以下例证：

> 你的当事人张晓鸣先生从崔俊蓉女士手里买了一套二手住宅。数月之后，住宅的墙壁开始出现裂缝，很明显是由地基倾斜所引起。张先生不曾记得崔女士在房屋出售时提到过墙壁或者地基的问题。你初步判断，张先生能否要求崔女士赔偿损失取决于他能否证明卖方是否实际上知道或者可能已经注意到了墙壁或地基的问题，并加以隐瞒未曾提及。然而，张先生并未向你提供足够的资料，以便你能够对崔女士是否知道这些问题作出判断。你可以这样来结束你与当事人的初次会见：
>
> "我认为，像你这样的情况可以适用民法的关于欺诈行为效力的规定要求赔偿，而证明存在欺诈行为的方法之一是证明卖方崔女士做了不真实的陈述。据我了解，卖方在卖房时并未提及有关地基或者墙有裂缝的问题。因此，你能否获得损害赔偿将取决于我们能否证明卖主知晓该房屋存在瑕疵。关于这一点，我们还没有掌握足够的材料。"

> 刚才我们已讨论过请一个鉴定机构对整个房屋进行一番彻底的检查，并由你向邻居打听卖方以前是否说起过房屋的问题或者是否对房间进行过修缮。如果我们获得这些材料，我便能够更有把握地告诉你案子胜诉的可能性。如果我们找不到那些材料，我们也可以进一步讨论是否有其他途径来获得补偿。我想，你肯定希望尽快有一个说法，所以我准备先请我熟悉的鉴定机构对你的房屋进行检查。如果别人能够安排时间，也许我明天会给你打电话的。同时，在本周之内你要去和邻居李云谈一谈，看能不能找到些对我们有利的情况。你认为怎么样？"

在上述说明中，虽然律师未对事实调查的结果作出预测，但已对法律规定做了足够的描述，并可以使张先生确信其有了可能找到解决问题方法的途径。此外，上述发言还表明通过某种形式的调查（房屋鉴定、与邻居交谈），律师可以向当事人提供更为具体的咨询意见。上述说明不仅体现了律师的坦诚——它暗示了这一信息："我知道某些情况，但我还愿意搞清那些我还不知道的问题。"——而且还可以进一步使当事人确信你是在真心帮助他。

（二）评估当事人的权利时应该有所保留

尽管我们对初次见面就对当事人的权利作出评估持否定态度，但是律师毕竟身处服务行业，当事人的需求你也得考虑。在初次会见中，往往会存在两个极端的矛盾，一方面当事人期望律师提供一个牢靠的攻击计划，另一方面你的专业水准又要求你不应该冒险对案件的前景作出过于确定的评估。在矛盾中，如果你完全回避或者一再坚持不对当事人的权利作出评估，也许当事人会质疑你的专业能力。

因此，你必须在上述两个极端之间，发现一些你可以作出初步判断的问题。在此情形下，我们建议你在陈述判断的同时，强调这些判断可能需要更多的事实以及做进一步的法律研究来支撑和验证。我们可以回到张先生的地基问题上来。假定张先生向你提供了证明卖方作出欺诈性陈述的事实成立的信息。你可以这样来结束你们的初次会见：

> "张先生,根据你和崔女士邻居的谈话内容,以及你的朋友曾注意到地基的问题,我认为你很有可能从卖主那里追回部分房款。但我必须提醒你,在我最终确定采取行动之前,我们还得请鉴定机构对你的住宅进行一番检查。此外,你还曾询问过是否可能从房屋中介那里追回部分中介费。根据现行法律,房地产经纪人如果未能披露某个他所知悉的重大缺陷,他应当承担责任。但目前我们不知道房地产经纪人是否知悉此缺陷,因而我吃不准法院对上述请求是否支持。在我们下次碰头之前,我需要做一些核查工作,然后再告诉你中介公司是否可能负有一定的责任。我将尽力帮助你。等我们对整个情况有了充分的了解以后,我们再来谈以后的步骤。"

在上述谈话中,你告诉了当事人他的案子很有希望,即当事人可以从卖主那里获得损害赔偿。但是,请注意,你的推测是有限制的,因为你提醒当事人你还需要更进一步的信息材料,以便作出更为稳妥的估计。这一陈述显然与先前的陈述有别,它并未全面地说明民法关于欺诈行为的规定。既然你说明了当事人可能享有的权利,放弃更为抽象的讨论或许是明智之举。你对当事人对中介公司可以主张某种权利并未做初步的估量。总之,你既简明扼要地说明了相关主要问题,也表明了你愿意协助当事人的意向。

(三) 告诉当事人还有其他可能的选择

除了要求你对其权利作出了确定的评估外,有些很有主见和经验的当事人在初次见面时会征求你对他选择的解决方案有何意见或者建议,甚至会要求你就解决方案提出意见。基于你的职业素养,你可能已经知道当事人存在其他某些选择;但囿于你所掌握的情况有限,你可能很难帮助当事人估量哪种选择可能更好,这时我们建议你不要急于和当事人探讨解决问题的可能途径。

法律咨询

> 刘敏和常东方前来咨询有关其合资开设演艺经纪公司的事宜。他们想知道能否以公司的形式来经营演艺经纪业务。经过讨论和询问，你认为由刘、常二人作为股东开办公司是完全可能的，但同时你也知道他们还存在其他选择，而且从长远来看，这种选择对当事人而言更为适宜。例如，采取合伙方式或者由法人作为股东设立子公司来营业将更为有利。无疑，这些选择都是合法而有效的选择，但你的最终目标是要帮助当事人确定哪项选择最为有利，而要作出这种判断，你还需要获得更多的信息材料。所以，在你掌握到更多的信息材料前，你不妨暂时中止考虑如何对当事人的选择给出建议。

你可以这样表明你的立场：

> "对于你们是否可以合开一家公司，我认为在法律上是可行的。但是，在你们作出合伙开设一家有限公司的决定之前，我建议你们再考虑一下是否还有其他选择，比如开办合伙企业、由你们两人的公司设立子公司等。在这件事情上，我很愿意帮助你们。不过我有一个要求：为了使你们能够作出更为明智的决策，我想再收集更多的资料。明天我们再碰一次头，你们可以把这些材料带来，我再帮你们仔细斟酌，好吧？"

在上面的陈述中，虽然你还缺乏足够的信息材料来帮助当事人作出最后的选择，但是你明确告诉了当事人你极其乐意帮助他们，这对建立起当事人的自信心很有益处。

（四）分析问题要好坏兼顾

不管是权利评估还是对选择的决策提供建议，你给当事人的意见既可能包括好消息，如"我认为你的案子大有希望"或者"我的确认为接受这个和解建议对你大有好处"等，也可能包括坏消息。但是，无论在何种情形之下，你都需要谨小慎微地向当事人陈述你的想法，以免当事人误解你所作出的初步估计。

首先，我们来讨论一下怎样传递好消息。

有些当事人只愿意听顺耳的话，他们不愿意听到诸如"我还得做些研究，之后才能和你商定下一步该怎么办"等不顺耳的答案。好消息的传递当然会令当事人愉快，但如果你经过研究后又改变了最初的估计，那么当事人就会大呼上当，而且气愤不已。鉴于此，除非你对好消息的判断有相当可靠的把握，否则你应该尽可能避免作出肯定的答复。但是，你要注意的另一点是，你这种小心翼翼的方法可能会无意识地挫伤当事人的热情。

如何解决律师在好消息面前进退两难的困境？我们的建议是对好消息也要有所保留。你可以参考如下实例。

周勤想要对康天矿机公司提起诉讼，他认为康天公司未能在合同约定的时间将货物交付给自己，想要求康天公司支付违约金。律师做了如下的说明：

> （1）律师：周先生，根据你与康天公司签订买卖合同及相关法律法规的规定，康天公司延期交付货物已经违反了买卖合同的约定，应该承担违约责任。但是，关于你是否能够同时主张在延期交付期间的损失及其他买卖合同的定金损失，我还得详细进行论证。
>
> （2）当事人：这样看来我要求康天公司支付逾期交货违约金是很有可能的?
>
> （3）律师：我认为证据对你有利，判决会倾向于你，我也会尽力帮助你。但是，法院对其他损失和定金损失认定的可能性究竟有多大，现在我还没法准确判断。

在上述对话中，对话（1）既传述了好消息又有所保留，能够使当事人意识到消息的有利性，也表明了律师案子持乐观的态度。但是，当事人在对话（2）中的回答表明他可能只注意了乐观的一方面，却忽视了律师有所保留的部分。因此，律师在对话（3）中的陈述可以防止当事人对自己的案件持过于乐观的态度。

其次，我们来讨论如何陈述包含坏消息的令人不太愉快的问题。

对于满怀希望来与你见面的当事人，你的任何否定的回答都会让他沮丧不堪。为了避免过早地毁灭当事人的希望，你应该考虑采取一种比较极端的立场，那就是在对自己作出的判断的准确性有十二分的把握之前，不要对当事人作出完全否定的陈述。采取这样的技巧并不是教唆你对当事人隐瞒情况，而是告诫你不要为

法律咨询

了维护当事人的情绪而掩饰坏消息。

一般来说,当事人不会因为你作出否定的初步估计就忽视了律师的工作成果。所以在考虑当事人情绪的同时,如果某个当事人对坏消息有相当的承受能力,那你最好还是直言相告。不过,尽管在交谈过程中强调对当事人不利的方面有助于保证当事人不致误解了你的意思,但是直率和同情是可以兼而有之的,你在宣布坏消息时也很有必要对当事人的失望情绪表达同情之心。

例如,你是徐仁仁先生的代理人。他认为某咨询公司解雇他违反了《劳动法》的规定。在和当事人进行了一个小时的交谈之后,你的初步估计是当事人重新回到公司工作或者获得经济补偿金的可能性微乎其微,这时,你有以下两种方式向他陈述你的判断:

陈述一

"徐先生,你认为某咨询公司非法开除了你,所以你想提出劳动仲裁,要求回到公司工作或者让公司支付补偿金,我已经非常清楚了。在我的经验里,非法解除劳动合同涉及的法律领域变化很多,而且劳动仲裁机构的裁决又常常互相冲突或者令人迷惑。这种情况搞得我们有时很难确定某个案件可能会有怎样的结果。就你的案子而言,确实存在很多对你有利的因素。比如,公司对你的考核很不错,在试用期获得晋升。但你在公司只工作了 4 个月,并且是试用期。虽然你的工作记录还不坏,但这些还不足以成为公司不能在试用期满后终止与你的劳动合同的理由。此外,公司也从来没有承诺过如果你工作良好,你就不用担心你的将来。你的案子我会对劳动仲裁机构最近作出的相关裁决进行一些研究,以便对你更有帮助。如果你愿意委托我代理案件,我们会按件收取总计××元的律师费。但我想你在采取进一步的行动之前,应该再考虑一下我提到的那些不利因素,并考虑是将仲裁进行到底还是撤回仲裁申请。"

陈述二

"徐先生，听过你的叙述后，我的态度并不乐观。事情看起来还不错，但事实上却很糟糕。从目前情况来看，我觉得你的案子很难打得赢。有两个因素对你很不利：一是你在某咨询公司只干了4个月，并且是试用期，根据规定在试用期内用人单位可解除劳动合同；二是公司并未对你表示过只要你工作良好，你就不用担心你的将来。

我知道，我的判断可能出乎你的意料。在你工作做得很好的时候被公司解雇是非常令你难过的事情。但我认为最好还是直截了当地告诉你为好，这样不会导致你有不切实际的期望。当然，我也可以代表你与公司进行商谈，能够协商解决这些问题最好。如果委托我的话，律师费将按件收取××元。总之，我希望能帮到你。"

以上两种陈述的出发点可能是一致的，但是陈述一似乎掩饰了坏消息，而陈述二则没有；陈述一将坏消息夹在有利因素和律师愿意再做进一步研究的意愿之间，这样就有可能不适当地弱化了不利的因素。相比之下，陈述二将不利因素放在头等地位，使当事人难以产生误解。此外，陈述一以含糊其词的方式说明了案件很有希望，而陈述二则直截了当地告诉当事人他的案子希望渺茫。同时，陈述二并没有因直截了当而忽视当事人的心情；相反，它却明确地表示出了律师对当事人可能感受的同情心理。

在消除坏消息影响的时候又不会使当事人产生误解的另一种方法是：律师与当事人进行进一步的商讨，看能否找到其他的有利选择。如果初步估计当事人希望的备选方案不大可能达到效果，你就应当继续寻找能够部分解决当事人问题的法律和实际途径。例如，在徐仁仁的案件讨论中，你发现当事人有可能因某咨询公司未与他签订劳动合同事宜得到补偿。你可以提出如下咨询意见：

"徐先生，除思考是否继续进行上述裁决外，我觉得你应同时考虑另一种能使你得到补偿的方式。某咨询公司未与你签订劳动合同是违反法律规定的。我想……"

常言道"糠中有米"。虽然某些消息从整体上看是坏消息,但坏消息中也可能有好的因素。在看不见米的时候,当事人可能将律师的初步估计看作最终的估计,并进一步产生取消委托律师的念头。因此,在当事人作出最终决定前,律师帮助他进行更进一步思考是颇为必要的。

五、不熟悉的案件该怎么处理

对当事人的问题作出初步估计或者答复,要求律师熟悉与当事人的案件有关的法律原则和实务操作。理想的工作模式是在与当事人初次见面前,对涉及他需要解决的问题的法律规定和行业有所了解。然而,实际工作中你可能没有时间,也可能当事人根本就不给你这个机会。遇到这样的事情,你该如何跟当事人说,这句话可能很难说出口:"理论上看起来对你有利,但我对此领域还很陌生,你不能指望我对所有法律规定都了如指掌。"但是,坦率承认你对某些领域的陌生,比你胡乱对当事人解释一通要好很多。

> **小贴士** 记住,上述对当事人问题进行初步判断的五大技巧是原则性的归纳,其具体运用需要结合案件和当事人的实际情况灵活处理。

第六节 后续会面技巧

律师与当事人的交往不仅仅限于初次见面,很多情况下你虽然通过初次会谈了解到当事人的问题,但对于问题的深入理解及问题的解决都需要你与当事人进行必要的后续会见。由于不同的案件不同的当事人会使深入交谈呈现异彩纷呈的情况,因此续谈其实也谈不上什么必须遵循的标准模式。但是,在本节中我们仍然希望能够提出一些意见,这些意见或许有助于你正确地进行后续会谈。

一、高效完成议定的工作

在初次见面结束时,你与当事人通常都确定了一些需要进行的工作。会谈结束后,你应该尽快完成分配给你的工作,比如做一些法律研究、会见证人或者第三人、走访相关行政部门等。当事人可能也要准备一些提交给你的文件,向你提供你需要接触的有关人员的名单等。所以,在准备进行后续会见之前,你应总结一下在初谈结束时已经明确的主要问题。通过你的调查可能会发现一些影响案件的材料或者法律规定,当事人也可能获得一些改变问题性质的新材料,所以你要对当事人的问题是否已经发生变化作出判断。当然,在此期间,当事人原有的一些顾虑可能消失,而新的担心又可能出现。

你与当事人的续谈内容可以包括:(1)律师、当事人各自汇报自己的工作进展情况;(2)律师和当事人讨论已发生变化的问题。一般来说,我们认为这两个问题应先于其他方面的问题,成为后续会谈中应首先讨论的内容。

二、告诉当事人你都做了些什么工作

社会上到处充斥着对法律纠纷似是而非的报道,从流言蜚语到每天的短视频、电视新闻、网络新闻,纷乱和各执一词的说法使人们在面对法律问题时有种似乎漫无休止的苦恼和忧虑。如果在与当事人初次见面后他对你的工作没有得到任何通报,可能给当事人一种你在拖延时间的印象。所以,你应该在续谈之前就告诉当事人你已经采取了哪些行动、已经完成了哪些工作,以便增强当事人的信心,也会使你显得服务热情、周到和称职。

如果你在两次会见期间什么都没干,或者收获无几甚至毫无收获,你应该怎样做呢?一般情况下,当事人在续谈前都会迫切希望他们的律师与其互通情况,所以如果你上次会谈以后没有采取行动,你应该如实地告诉对方并且说明在什么时候会有新的进展。比如,你可以这样说:

> "我还没有机会与某咨询公司的律师碰面,因为他到北京出差了。但是,我已和他联系并确定在下周三会见,我会在会见后通过电话向你通报我们的会谈情况。"

长期以来,律师们都没有充分地认识到与当事人保持密切联系所带给你的重要影响。所以,你应当牢记,你有义务向当事人通报信息,并且深入会谈开始前是你扼要向对方通报工作进展的极好机会。告诉你一个向当事人通报工作情况的唯一技巧,那就是只要你的工作取得了一点进展,就向当事人通报。

三、通报律师掌握的新情况

在续谈开始的时候，就向当事人通报在上次会见后你所掌握的新情况，是赢得当事人信任的又一技巧。通过向当事人通报情况，表明你已经在着手解决问题，这样既可以增强当事人的信心，又可以鼓励当事人更加密切地与你配合以取得满意的结果。另外，如果你通报的是好消息，这可能减轻当事人原有的一些顾虑，而坏消息则可以使当事人重新考虑其主张是否合理或者具有可操作性。

向当事人通报新情况的方式，首选仍是直截了当地陈述，你可以这样说：

> "我给你带来了一些好消息。自从上次我们会谈之后，我与软件商的销售经理白云小姐做了商谈。她告诉我如果你们在 30 日内仍然无法支付剩余款项，软件商将起诉解除买卖合同。"

有些时候，如果你不太愿意一开始就通报情况。比如，你可能已取得了一些证明材料，但这些材料就是你此次续谈的主要内容。此时，你可以在开始时告知当事人你已掌握了新情况，同时表明你拟在其他一些问题先解决后再来讨论它们，你可以这样说：

> "李云小姐，自从上次会面之后，我已经取得了交易所及规划局提供的证明材料。我想稍后就与你讨论他们提供的情况。在这之前，我想知道你的案子最近有什么新情况没有？"

四、关注当事人的想法是否发生变化

关于当事人在案件处理过程中的想法、顾虑和期望的变化，此前本书已有所讨论。引起当事人顾虑和目的发生变化的原因不外乎是：第一，当事人的经济状况或社会境遇的改变可能导致新的忧虑；第二，当事人周围人群的反响，比如单位上的闲谈都可能引起当事人新的烦恼。因此，律师必须随时关注当事人的心思是否发生变化。

不管是因什么而起，新的忧虑一方面可能取代已经讨论过的忧虑，另一方面可能会加重之前的忧虑。所以，与初次会面时你应了解对方的顾虑一样，在开始续谈时，你通常可以询问一下当事人是否有新的担心。

如果当事人确实又有了新的想法，那么这些想法完全可能导致他产生新的要求或者改变原有的要求。因而，当当事人对你透露出与此前不同的忧虑时，你就应该立即分析、判断这种忧虑是否会导致其目的的改变。此时，直截了当地询问可以帮助当事人整理其思绪，以帮助你分析、判断这种忧虑是否会或者已经导致当事人的目的改变。

五、询问有无新的材料和情况

通常，在两次会见期间当事人会取得一些新的材料，而新的事实材料可以改变当事人在诉讼中的法律权利，也可以改变非诉讼事务的处理结果以及当事人的顾虑。所以，在开始续谈时询问一下当事人有没有发现新的材料或者是否发生了新的情况可以使你避免草率行事。

请注意，询问新情况不同于询问顾虑。当事人可能掌握新情况但没有新顾虑；反之亦然。所以，最好不要向当事人提出这样笼统、含糊和显得不合时宜的问题，如"自从我们上次会面后，有什么新情况发生吗，或者你有什么新的顾虑吗？"为了让当事人认真考虑每一项问题，你应该分别提问。

六、会谈话题的顺序问题

在此之前，本节一直所谈论的是你可以通过询问当事人了解的新材料和产生的新顾虑，介绍你掌握的新材料和所做的工作等方式来开始进行续谈。对于这些内容，建议你不要随心所欲地与当事人毫无头绪地讨论一气，而应该有意识地确定交谈顺序。

你对讨论步骤的选择应根据具体问题及问题之间的逻辑关系确定。在向当事人通报你掌握的新情况之前，先问问对方是否有新的顾虑或掌握新的材料是首先应进行的步骤。因为这样做可以让当事人立即说出自己的顾虑，并且如果当事人急于倾诉自己的担心的话，他或许会表露出不太注意你的言谈的神情来。

法律咨询

另外，让当事人先说，可以使其及时诉说急于表达的心情，从而使其情绪稳定下来。

| 小贴士 | 随时让当事人知道你在为他干什么，是令当事人对你增加信心的一大法宝。 |

第四课 LESSON 04

法律咨询流程概论

第四课
法律咨询流程概论

我们在前三课中着重探讨、研究了"当事人中心说"中的核心问题——如何看待当事人所咨询问题中的法律内容与非法律内容，以及与当事人进行初次会面的技巧。为帮助你把握整个法律咨询过程、有效管理你的工作，本课拟对法律咨询的流程进行概括性梳理，以帮助你提高工作效率。

总体上看，我们认为可以把法律咨询抽象为一个从判断问题→收集信息和证据→提出解决方案→实施解决方案的复杂过程，在解决一些简单和单一的法律问题时，它可能是单向的；对那些涉及众多法律关系和当事人的法律问题来说，也可能是一个不断循环后通向成功的过程。

不管怎样，我们愿意试着对上述流程中的每一环节以及其可能涉及的基本技巧进行归纳；你的任务，就是在工作中不断地印证和创造，进一步发展和丰富律师的执业技巧。

第一节 准确判断当事人面临的问题

我们先来看几段简短的对话：

> "浦总，有什么我可以帮到你吗？"
> "你知道，我在天骄花园租了一套房屋，每个月我都按时支付了房租和水电气费用。但是今天房东通知我说他要把房子卖了，要求我在后天前搬走。这么短的时间，我搬到哪里去？我不知道现在该怎么办？"

> "冒总，你有什么问题要咨询吗？"
> "是这样，我在银川已经拥有一家不错的食品加工企业。在当地有另一家食品加工企业发展也不错。为扩大公司规模，我想兼并这家企业，把两家企业合并成一家新的

法律咨询

> 食品加工企业。但我现在不知道怎么做才能顺利且低成本地进行兼并，而且如果兼并不成功的话，我想尽可能地减少我的支出。"

以上是两个当事人与律师之间就某个咨询问题的初次对话。初次对话的开始也意味着法律咨询的开始。在法律咨询中，挖掘当事人找你的原因应该是我们首先应进行的工作；换句话说，你首先要试着了解当事人所面临的是什么问题。

了解当事人所面临的问题，需要我们高度关注当事人的最初陈述，从当事人的最初陈述中寻找重要线索，比如当事人寻求解决的是什么问题、该问题的哪些方面是当事人最关心的、当事人对该问题的重视程度及感情投入、当事人可以承担的解决方案以及当事人可以承担的费用范围。

在寻找到重要线索后，通过概括、提炼，我们就能够了解当事人所面临的问题。有时你会发现你所提炼的问题与当事人最初的表述有很大不同，或者当事人讲述的一个问题牵连出其他几个问题，这些都无足轻重，重要的是这时你已成功完成了法律咨询的首个阶段——准确判断当事人面临的问题。

■ 第二节 收集解决问题所需要的信息和证据

> "浦总，从你谈到的情况来看，我认为对你来说比较重要的是两个问题：其一，明确是否能继续保留你与房主的租赁关系；其二，如果你想采用诉讼的方式解决这个纠纷，你可能承担的律师费、诉讼费等费用。在我提出建议前，我还想了解更多的情况及资料，因此我希望你多花点时间将你租赁房屋前后的情况介绍得更全面一点，可以吗？"
>
> "我需要从哪开始讲起，从我与房东签订租赁合同开始吗？"
>
> "对，你是什么时候与房东签订的租赁合同？合同约定的租赁期限是多久？"

> "去年3月1日签的，租期为3年。"
>
> "好的，那你知道你需要搬离该房屋是什么时候？"
>
> "我第一次听到这个消息是上周房东李哲海打电话来谈近期应该支付房租时。"
>
> "好的，就从这里接着说下去。"
>
> ……

> "冒先生，你刚刚已经很集中地聊到了你主要关心的问题，包括：第一，尽快完成企业兼并，且尽可能降低成本，同时，你想确保在兼并失败时能全身而退；第二，兼并后的企业继续使用原公司名称；第三，在兼并后的企业中你应拥有绝对控股地位。在跟你更深入讨论如何进行兼并，且制定较为合理、完善的兼并方案前，我需要从你那里了解更多的情况，此前你是否与该企业进行过商谈，具体情况如何？"
>
> "上个月我曾与该企业接触过，只是表达了有兼并的想法，该企业原则上同意，并且双方……"

一、诉讼和非诉讼案件的侧重点有所不同

在完成了法律咨询的首个阶段——准确判断当事人面临的问题后，我们就可以开始着手考虑与当事人简单探讨可能的解决方案，但在此之前还需经过一个阶段，即收集解决问题所需要的信息和证据，这个工作一般我们会根据不同的情况进行。

对于诉讼事务，需要收集的信息和证据一般存在于当事人所咨询问题的产生、发展的全过程。那么如何进行收集呢？

首先，你要准确判断当事人是否存在合法的租赁权，就必须要求他提供过去发生的事实情况。例如，在浦先生咨询的问题中，就是请他从签订房屋租赁合同开始讲起。

其次，由于当事人的合法权利一般会极大地影响当事人的选择，因此你亦必

须要求他提供过去发生的事实情况。例如，你在向浦先生建议如何启动诉讼程序维护其合法权益之前，他可能不现实地认为某一解决方案最令人满意。

因此，对于诉讼事务，收集解决问题所需要的信息和证据几乎应集中在构成当事人问题的基础、贯穿于当事人问题发展、变化全过程的历史性事件。

对于非诉讼事务，也就是我们通常所说的交易性事务，它一般不像诉讼事务那样与过去的事情联系得那么紧密。交易的双方当事人已经达成的交易条件一般不会受过去发生事情的制约。就像冒先生的公司与其拟兼并公司过去的营业情况尽管与最终的交易形式有密切联系，但亦无法阻止他们达成兼并共识。

在非诉讼事务中，收集解决问题所需要的信息和证据的注意力应集中在与当事人拟进行的交易种类有关的事项上，如在冒先生的交易中，你应把注意力集中在与企业兼并有关的事项上，如各企业的经营范围、经营状况、公司结构以及目前的资金状况等。

二、收集信息和证据需要大量时间

在诉讼和非诉讼案件中，不要奢望在一次会谈后就完成收集解决问题所需要的信息和证据的工作，你应当做好长期战斗的准备。

在诉讼案件中，首先，你应该按时间顺序排列出可能引起当事人问题的情况，并制作成表格或者清单，且其中应包含各种情况的具体细节。其次，按你所掌握的有关法律理论和事实来研究你排列出来的这些情况，包括各种情况的众多细节。此时你使用的法律理论可能很少，你会发现几个理论可能适用于大多数情况的分析。最后，你会发现由于各种各样的原因，完成收集解决问题所需要的信息和证据的工作耗费了你大量的时间。

在非诉讼案件中，收集解决问题所需要的信息和证据工作所花费的时间常常也是由特定交易的复杂性所决定的。通常你需要准备大量、涵盖面广泛的文书，此时你亦需要按照非诉讼案件中的方法对你准备的资料及文书进行研究，并作出各种分析，以确保你的准备物尽其用。最后你会发现，非诉讼案件也不是一块乐土，收集解决问题所需要的信息和证据亦耗费了你大量的时间。

■ 第三节　思考和比较并提出多种解决方案

"浦总，此前我们已经讨论了房东在下个星期二要求你搬离租赁房屋并准备将该房屋出售的情况，现在我们应该考虑的是你该如何应对这件事情。经过仔细的思考，我总结出几种合适的方案，我想先把我考虑的意见告诉你，然后我们从正反两方面对这些方案的利弊进行通盘考虑，你可以提出你的意见。"

"你认为我能够继续租赁房屋吗？"

"是的，根据法律及租赁合同的约定，你有这样的权利。你可以向法院提起诉讼要求房东继续履行合同，如果你决定起诉，我想法院会作出对你有利的判决。除此之外，你还有其他选择，比如与房东进行谈判、解除租赁合同并要房东赔偿损失等，关于这些选择我还需要跟你进行深入的讨论。"

"冒先生，关于你的企业的经营状况、你的下一步打算以及你与该企业已经达成的初步共识等情况，你已经向我做了详细的介绍。通过你的介绍，我已经很清楚地了解了你兼并该企业的迫切要求。我想现在我们应该开始考虑一下可以完成这种兼并的不同方案，并通盘论证这些方案的利弊。在此期间，如果你有更好的方案或其他合理化建议可以随时提出。在我们开始考虑兼并方案前，你是否还有其他情况需要进行补充？"

"没有。我认为，我们已经掌握了我所想到的所有情况，我很想马上讨论有关兼并的事，因为我的一些朋友告诉我兼并是可行的。"

"是的，兼并肯定是一种选择，而且我们可以首先讨论这种选择。但是，我认为，考虑到你想要在其他区域成立新的食品企业，也许与该企业投资设立新的食品企业也是一个更为简单、可行的方案。我们是否也可以考虑一下这种方案？好吧，我们继续吧……"

解决问题所需要的信息和证据收集完成后,你的注意力应转向考虑、形成解决当事人问题的方案,同时,你和当事人需要对每个解决方案进行判断,并且研究每一种方案可能产生的法律后果和非法律后果。

例如,你可能建议浦总考虑的潜在解决方案分别是"向法院起诉要求房东继续履行合同"和"与房东进行谈判",在提出上述建议方案并进行充分讨论后,受益于你的建议和激烈的讨论,当事人可能已确定其将要选择的方案。

■ 第四节 好的解决方案需要打磨

法律咨询的过程——从准确判断当事人面临的问题开始,然后收集解决问题所需要的信息和证据,再思考和比较你能提出的多种解决方案,可能给你一种单一笔直的印象,但是此后的工作却异常的复杂、曲折——帮助当事人确定方案并实施。

提出多种解决方案之前的工作再怎么一帆风顺,此后的咨询都需要你花费更多的心血。很多因素的存在导致好方案的形成及确定需要你多次重复此前工作。

首先,论证不同选择可能产生的问题、风险时,你会发现常常需要补充更多的材料才能加以判断。

举例来说,假如你和冒先生正在讨论这种选择——"收购该公司的股权",你提出这一选择可能存在的风险是该企业可能存在未披露的债务,因此在最后评价这一方案之前,你也许会请冒先生去收集与该企业财务状况及债权债务有关的材料。

其次,"好方案的形成"可能听起来是法律咨询过程的结束,但事实并非如此:好方案的形成可能意味着新的法律咨询程序的开始。

在好方案的形成过程中,诸多情况的出现,包括但不限于环境变化、当事人意愿的改变、某些不可预见因素出现等都可能导致解决方案的修改甚至是放弃。此时你需要另外进行情况收集,并把它作为探索新的解决方案工作的一部分,实际上就是新的法律咨询活动的开始。

例如，假设冒先生和该企业决定投资成立新的食品加工企业吸引外界投资，在他们能够全面实施这一方案之前，银行贷款利率下降了，结果两企业决定选择向银行贷款而不再考虑通过投资成立新食品加工企业并引入新股东的方式解决资金问题。这一决定使得你与冒先生会见的次数增多，在会见中你要进一步收集情况，以寻求兼并的其他好方案。

同样，假设浦总最初的决定是起诉，以要求房东继续履行租赁合同，并且他对诉讼十分自信。但此后不久，他打电话告诉你他和他夫人打算出国，他不想再花金钱或精力去打此官司。这一情况可能导致你重新联系浦总，并可能修改他最初的决定。

最后，由于当事人提出问题一般会要求你形成多个解决方案，因此法律咨询的过程常常不是直线性的，而是非常曲折的。

在最初的问题判断期间，当事人的叙述一般都会围绕他关心的主要问题，如"我发现我买的房屋承重墙开裂，为修缮它我花了3.7万元，这些费用我们向开发商追偿吗？""我来这里是想了解遗产继承的问题，你有什么好的建议吗？"而且当事人选择的最终方案几乎总是要求最能解决其主要问题，如"我想起诉开发商""我要立遗嘱处分财产"。

但是，不可避免的是，与主要问题缠绕在一起的次要问题也需要当事人加以说明并解决。例如，在决定起诉开发商以后，那座缺陷房屋的买主也许不得不决定是否请一个鉴定机构对房屋质量进行鉴定。同样，选择立遗嘱处分财产的当事人也必须决定由哪个继承人来继承，以及是否应让其他家庭成员知道这一遗嘱的内容。

总之，上述问题中任何一个的出现，都需要你重新经历准确判断当事人面临的问题、收集解决问题所需要的信息和证据、思考和比较你能提出的多种解决方案这一"单一笔直"的过程。

PART 02

第二编
如何与当事人交流

第五课 LESSON 05

律师要善于鼓励当事人倾诉

第五课
律师要善于鼓励当事人倾诉

一个律师写过一本律师题材的小说。她在书中有点偏执地总结道：律师的眼睛里，只有两种人：一种是当事人，另一种是可能成为当事人的人。毫无疑问，作为一名专业律师，就职业道德和基本素质要求来看，不管你喜欢还是厌烦，你都必须花费大量的时间和精力去面对形形色色的当事人。在这个意思上，学会如何与各色人等顺利沟通是成为一名优秀律师的必修课。

一名成功的律师应当时刻铭记以当事人为中心，在与当事人会谈时，要鼓励当事人主动叙述与其问题有关的情况，并使之积极参与问题的解决过程，这样你才能知道当事人的真正需求并为他们提供最恰当的服务。在法律咨询过程中，如果听任当事人自行其是，你会发现有相当多的当事人可能就完全不参与互动，因为他们普遍认为，"既然我付了律师费，律师就有义务全部解决我的问题"。因此，为了最大限度地令当事人满意，了解阻碍当事人积极参与问题解决的原因及克服这些障碍便是一个杰出律师的职责所在。当然，你完全能够通过你的言语、你的举止鼓励当事人积极参与问题的解决过程，但前提是你认识到当事人参与的重要性并掌握适当的技巧。

本课将主要从当事人的需求、当事人与律师沟通的障碍、鼓励当事人倾诉等几个层次进行分析。通过本课的学习，你将了解如何让当事人从不会、不敢、不愿到愿意、敢于、乐于向律师倾诉，并配合律师一步一步将问题解决的全过程。

■ 第一节　当事人需要与律师进行充分交流

一、人类的需要

大千世界，人们各取所需。个人的需要各不相同，对需要的定义和要求各异，且因个人对需要的性质、定义、数量的不一样，也导致人们对需要作出不同的描述。但一般来说，人的需要可分成两大类：一是生理需要，二是精神需要。马斯洛把人的需要分为五个层次：其中生理需要是维持人类自身生存的基本需要，是人类最原始、最基本的需要；在生理需要得到满足之后，人就会产生安全需要，如避免疾病及伤亡事故，摆脱失业威胁及某些参与社会保障的需要；接着是社交的需要，如追求归属感的满足，希望得到关爱等；再上一层的尊重需要可分为内部尊重与外部尊重，前者指希望自己有实力，后者指对地位、威望和权力等软性硬性强大标志的渴望；自我实现的需要是人类最高的需要，要求通过施展才华来实现个人抱负并达到出人头地甚至是光宗耀祖的目的。马斯洛认为，上述五种需要是按次序逐级上升的，当下一级需要获得满足之后，追求上一级的需要就成为行动的动力。需要指出的是，虽然"需要"可以用来激发和引导人们的行为或为人们的行为提供动力，但人们很少自觉地意识到"需要"的存在以及"需要"所表现出来的巨大影响。日常生活中，"需要"常常以"情感"的形式表现出来，同时这些情感往往夹杂着寻求消除某种不安以获得解脱的气息。

一般生理需要常常被称为基本需要，它包括衣、食、住、行等方面，满足这些需要对所有的人来说是与生俱来的本能和普遍存在的追逐行为，尽管需要得以满足的具体方式是后天学来的，并且满足后的结果上也表现出极大不同。精神需要常常被看成第二层次的，这些需要是通过每个人与具体的家庭文化和社会文化相联系或从属而后天形成的，它们包括爱、尊严、社会承认等方面的内容。如果试图枚举所有的精神需要并按其重要性分等排列成一个体系，那么很难会有一致的结论。因为第二层次的这些需要在不同的社会和人群中存在极大的差异，而且精神需要的结构和认识也是因人而异的。虽然在精神需要的准确性上很少达成一致，但却有一点共识，那就是与生理需要息息相关的精神需要深深地影响人们的思想、态度和行为模式。通常情况下，人们进行某种活动（或不进行某种活动）必须至少满足一个需要，这个需要不是生理需要，就是精神需要。换言之，行为的动因主要产生于人们认识到（不管是有意识还是凭直觉）他们的行为将至少满足自己的一项需要。

二、当事人的需要很多并且经常相互冲突

现实中，面对法律问题的当事人通常存在多种需要，并且这些需要在某些情况下会不自然地发生冲突。例如，李铭与你商议有关他可能发生的离婚和财务危机。他曾经是一名风光的外企高管，经济危机使他于6个月前丢掉了自己的工作并一直处于失业状态。他通过银行贷款买来的房子和汽车面临因无法偿还贷款而被拍卖的风险。由于他的窘迫处境，妻子也威胁他要离婚。当地的另一家外企已经答应给他提供一份销售员的工作,这份工作的报酬也相当不错。但李铭对是否接受这份工作仍犹豫不决,因为他的自尊需要以及社会对他个人的评价让他很难接受一份"销售员"的工作,虽然这份工作的收入足以使他解决目前的财务危机并可能挽救他的婚姻。

所以,在不同的需要发生冲突时,当事人更倾向于选择将至少满足一项需要并且没有过分地损害其他需要的行为方式。关于李铭的假设,揭示了我们有必要明确强调的一点是:当事人的某些最强烈的需要与自尊及自我关心的关系非常紧密。所以,在许多情况下,他们将选择可能没有物质利益或只能获得很少物质利益的行为方式,一个人的自尊需要常常远远超过他对物质的需要。

三、当事人与律师交谈时可能存在顾虑

当事人来找律师显然不是要与律师进行思想上的深层次交流,他们的目的非常明显,那就是需要律师帮助他们解决问题,这也当事人为什么愿意花钱和花时间与律师交谈的直接原因。

那么,作为律师是不是有必要或者又该如何与当事人进行深层次的交谈呢?如果当事人大体上是为了满足他们的需要而行事(或拒绝行事),那么律师首先要思考的问题是:是什么因素促使当事人积极参与或退出与律师的会见和磋商?当事人毕竟是由于相信律师能帮助他或她解决问题才开始和律师接触,因此他们的内心常常受到参加会见的自我驱动和鼓励。但是,这并不表明律师与当事人会见和磋商的过程会一路阳光灿烂。我们经常会遇到担心透露有关情况导致自己的利益受到损害而对情况进行保密的当事人,这样的当事人对解决自己的问题虽然全身心投入,但与律师要求的结果或者满足他自己的需要却是南辕北辙。

例如,基于自尊需要,某个当事人可能隐瞒其"在犯罪现场"的事实,以避免暴露该当事人正与外人私通的事实从而影响其社会地位和正常的生活。同样地,认为有些情况无关紧要的想法,也可能阻碍当事人全力搜索记忆以回忆出更多的事实。

因此,研究影响当事人与律师进行语言交流时有哪些普遍存在的心理因素,具有重大科研和社会意义。这些因素中的绝大多因素都可以归入下列两组中的其中一组。"妨碍"或"抑制"因素常常阻碍当事人全力参与对话,"积极"或"促进"因素常常促使当事人全力参与对话。如果想要当事人积极参与其问题的说明和解决，那么必须熟练地把可能阻碍当事人交流的因素带来的影响降至最低程度，而把可能促使当事人交流的因素带来的影响提高到最高限度。

> **小贴士** 没有律师的鼓励，当事人不会"知无不言、言无不尽"，所以你需要学习让当事人尽情倾诉的技巧。

■ 第二节 影响当事人畅所欲言的消极因素

我们建议你在与当事人会谈时，注意归纳影响当事人谈话质量的基本心理因素，并非强迫自己探索每个当事人各自的特点且异常复杂的需要并据此给他们提供心理咨询，而是为了培养你帮助当事人解决其面临的法律问题的能力。因此，除非你是一个训练有素的心理专家，否则你最好不要期望自己能准确判断和消除深层次地阻碍当事人全力参与与你交谈的心理需要。

但是，作为律师，你完全可以通过以下讨论，来认识到那些可能导致当事人与律师的沟通出现障碍的基本因素，以便找到隐藏在当事人心中的"魔鬼"，帮助当事人克服和战胜它，让当事人更加愿意对你敞开心扉。只有这样，你才能真正成为一名优秀的法律工作者、一名卓越的执业律师。

一、"自我恐惧"（可能的负面评价）导致当事人隐瞒事实

虽然我不是很优秀，但我绝对不想成为一个坏人：这是大多数奉公守法的人都会有的心理暗示，当然你的绝大多数当事人也毫无例外。因此，如果当事人意识到他的自尊受到威胁，自己的某种行为将会让别人对他的人格产生负面评价时，他往往会选择隐瞒事实。

在案件中，律师需要了解的事实可能与过去的行为有关，也可能与未来的行为有关。律师询问的问题所引发的当事人的情感既包括轻微的窘迫感，也包括强烈的内疚或羞愧等感觉。如果当事人认为如实回答会使律师对他本人产生消极评价，比如回答伤害当事人的自尊，那么这种反应便会形成"自我恐惧"，导致当事

第五课
律师要善于鼓励当事人倾诉

人宁愿做虚假回答或勉强参与对话，也不愿冒险得到律师对其给予的否定评价。这就是为什么律师从当事人口中听到的都是对他有利的证据，而在法庭中却可能又不得不面临突如其来的变数，以至于对案件的事实需要予以重新考量。

让我们通过下面两个例子看看在会见期间"自我恐惧"是如何产生的。

> 假设你与一个德高望重的生意人王总进行磋商。王总声称他由于受骗而进行了风险很大的新能源企业投资。尽管王总在商场摸爬滚打数十载，但他还是出现了疏漏，仅仅依靠片面和简单的投资风险调查，便轻易地相信与其商谈投资交易的合作者的花言巧语，调出数千万元的投资。当你问及王总有关投资的风险知识时，事实上他很难承认他一无所知，尽管他内心里也认为自己既愚蠢又幼稚，同时他也担心如果承认在投资前对风险没有预料，你就会认为他是一个笨拙和差劲的生意人。显然，由于询问所引起的"自我恐惧"将阻碍王总坦率地参与全程对话。那么这就要求律师具备高明的询问技巧和对当事人良好的洞察力，这些我们都将在后续的文章中一一提到。

> 在一起离婚诉讼中，如果询问当事人李某提起诉讼有什么好处，李某也许很难透露她提起诉讼的一个主要原因是——它将造成对方经济拮据和情感伤害。李某羞于承认复仇是她的一个主要动机，因为她认为透露自己真正的动机，会使律师认为她没有最起码的良心和最基本的道德，从而降低周围的人们对她的人格评价。

"自我恐惧"不仅在当事人担心律师会对他作出消极评价时产生，而且也会在害怕某一情况被公之于众后众人对其进行贬低议论时产生。换句话说，当事人可能担心情况泄露会使朋友、亲属或其他人讨厌、看不起、鄙视自己。在这种情况下，只有当事人深信律师确实能为其保守秘密，才会愿意道出对其不利的事实。因此，律师职业的特性要求律师天生就是一个保密者——获得当事人信任的关键钥匙就是严守当事人的秘密。

二、"个案恐惧"可能让当事人隐瞒对自己不利的事实

当事人普遍都会认识到将案件的一切情况和盘托出，无疑会使律师能够全面分析利弊，但如果案件中存在对自己不利的情况，当事人反而会认为即使毫无保留地实话实说肯定对自我不利，也无法让律师最大限度地保护自己的利益。因此，在这种心理的驱使下就出现了阻碍当事人与律师交流的第二个主要因素，即透露真实情况会损害自我利益的"个案恐惧"。

例如，一个清白的刑事被告可能不愿对你讲她曾在犯罪现场附近出现过，因为她一方面担心法官在得知这一情节后，她会被牵连；另一方面又担心说明这一情况将使你认为案子必输无疑，从而不再为她积极辩护。

在一桩民事案件中，律师向当事人询问一份商业文件的下落，如果这份文件中包含对其不利的内容，那么"个案恐惧"可能促使当事人隐瞒文件。

"个案恐惧"也可能对进行商业交易的当事人产生抑制作用。假设张某向律师请教有关写字楼租约的事宜。在讨论谈判策略中，当律师问起张某能够接受的最长租期，如果她能接受10年租期，她也未必会如实相告，而可能会透露出只同意5年租期的信号，因为她担心一旦让律师知道了她的"底牌"，律师将不会为达成一个较短期限的租约而尽力工作。

三、"角色期望"使当事人可能误判重要事实

人们也许由于经历的不同而各自秉承不同的观念，但很多人的确都是按预先确定好的期望来处理各种关系的。因此，人人心里都有一套关于在特定场合下应该怎样做才合适的标准，比如大多数人认为应该尊重父母而不能直呼他们的名字，雇员应该对雇主表现出恭敬和顺从。期望是促成人们作出适当行为的信念，由于我们讨论的期望仅仅涉及一个人在特定关系中表现出适当行为的现象，因此我们把它称为"角色期望"。在一个人与另一个具有预先确定好关系的人交往时，"角色期望"形成并发展于多样丰富的人生经历。这些经历包括人亲身的直接经历和从他人处获得的间接经历，其作用是（即使是无意识地）使这个人作出与其信念相吻合的行为。家庭、朋友、同事、新闻媒介、文化等多重外部环境源源不断地向人们提供在特定情况下应该怎样做才算得体、有分寸的信息。

第五课
律师要善于鼓励当事人倾诉

"角色期望"常常影响当事人与律师的交流。究竟该以一个怎样的形象去面对律师？律师会给我一个什么评价？对于这些问题，每个当事人都会根据内心的"角色期望"进行不同的选择。一般来说，当事人常常抱有表现出适当的"当事人行为"的期望走进律师的办公室。这些期望虽然在当事人之间有所不同，但并非所有的当事人都是从同样的地方学习并获得他们的期望，所以通常当事人把他们的律师看成居于支配地位的人，这就使当事人在交流时显得有些勉强拘束。如果提出的问题在当事人看来并不重要，那么当事人很可能假定（有意识地或本能地）这个话题没有意义。

有趣的是，还是有许多当事人秉持一套与之相反的信条——他们习惯于认为律师的作用被限制在实现当事人愿望的范围之内，而且坚信说出自己对于任何话题的所有看法是当事人的特权。总之，这种类型的当事人认为与律师相比，自己才是居于支配地位的，同时他们常常对回答自己认为不重要的问题不感兴趣且反应冷淡。

我们认为，即使是最优秀的律师也无法把解决问题的最佳方案的一切细节都考虑得细致完美，所以律师要尽量减少在充分获取完整信息的过程中可预见的困难以便更周全地考虑细节。在当事人的期望越是接近"支配"和"被支配"范围的两极，律师与之沟通可能遇到的困难就越大，如认为自己处于被支配地位的当事人必须受到激励才能自由地交谈，而对于"支配型"当事人必须尽力引导他谈论律师认为重要的话题。

四、当事人可能有意无意地忌讳某些话题

不知你有没有注意到，有时候律师很希望当事人关注问题的重点突出并且紧紧围绕案件真相，但当事人却死死抓住那些无关紧要的情节而纠缠不休。这就是阻碍律师与当事人进行沟通的第四个抑制因素——"行规障碍"。

一个人往往愿意坦率地把情况告诉一些人而不愿意告诉另一些人。例如，有些事女人只对女人讲而不对男人讲，小孩只对同学讲而不对父母讲。一句话，把情况告诉同类或同样角色的人而不告诉处于圈子以外的人，在日常生活中屡见不鲜。"行规障碍"产生于人们期望避免震扰、难堪、冒犯或不安的欲望。它反映了说话者有害怕所述情况会对听者有什么消极影响的忧虑，而无关乎听者会如何评价他（她）的忧虑。

假设你是一位被控犯有故意杀人罪的未成年人的代理人，当事人坚持说对方团伙中的另一个成员才是真正的罪犯，而且当事人还听到此人咒骂并威胁过受害者。但当你问及那个真正的杀人者有关骂人的内容时，当事人便变得犹豫起来。"行规障碍"也许是其为难的真正原因所在。当事人对同伙讲或重复亵渎性语言可能没有多大问题，但要他与律师谈话时重述脏话他便会感到踟蹰不适。

因此，如果你察觉到当事人对某个话题存在"忌讳"，你应该直接向其说明这些话题是可以公开讨论的，而且要让当事人了解该话题对于全面把握案件具有重大意义。如果律师不主动表示讨论该话题的必要性，那么受"行规障碍"的影响，当事人往往会继续对情况保密选择沉默。这只会给律师的工作带来极大的不便，使律师无法对案件的事实予以充分掌握。

五、"逃避痛苦"令当事人回避某些话题

有个笑话：一个人问："你觉得病生在什么地方对你最好？"另一个人思索片刻后答道："我想还是生在别人身上对我最好。"可见每个人都希望远离痛苦。不幸的是，当事人往往是带着痛苦来见他的律师的。作为律师，为了更好地了解案件发生的情况，不得不请当事人回忆起一段不愉快的经历从而将当事人再次推入痛苦的深渊。尤其是在纠纷或者争议中，许多过往的事情常常会使人产生如害怕、气愤、屈辱和悲哀等消极情感。当你请当事人回想这些往事时，他们可能会再次面对这样的负面情感，进而从内心感到必须要避免再想起和再讨论这些难堪的往事。例如，一个家长在被问及一起对其孩子造成严重伤害的事故时，常常会不愿意谈论它，他其实是想逃避再次经历这一事故所引起的愤怒、挫折和悲伤等情感。再如，一个打算安排遗产分配方案的当事人，正考虑剥夺大儿子的继承权，基于同样的原因他（她）也不愿说出为什么要剥夺这个近亲属的继承权。

残忍的事莫过于让一个人在痛苦的记忆中不断徘徊，让他一遍遍忍受不堪记忆的煎熬，而律师的工作不可避免地使当事人重复着以上的行为。这无疑给律师的工作带来了极大的挑战——律师要引导当事人积极陈述事实哪怕是痛苦的事实，但更关键的是要消除当事人痛苦产生的原因，这样才能使痛苦真正远离当事人。

六、律师废话太多会妨碍当事人的陈述

律师能说、律师会说，这是大家对律师的普遍印象，但同样律师要学会少说。因为律师的工作最忌讳说废话——废话不仅浪费了律师自己的时间，更浪费了当事人的时间。在会见当事人的时候我们必须要避免废话不断地出现，因为废话是阻碍律师与当事人交流的又一重要因素。这种抑制因素常常是很难认识到的，因为它并没有引起任何不安或恐惧的感觉。这里涉及的感觉是当事人觉得回答律师提出的问题没有任何实质意义，因此不愿意提供有关该问题的情况。

与一个被控虐待孩子的家长会见便是这样一种实例。据从事虐待儿童问题研究的专家观察，殴打孩子的家长往往是那些只有很少社会交往的人。因此，律师为被控虐待孩子的家长辩护时，极希望知道有关当事人社会交往特点和内容方面的相关情况。但对于虐待孩子的家长来说，其很可能认为关于自己社会活动一般情形的询问即使不是琐屑的，似乎也是与案件毫无牵连的。当事人认为律师的问题与家长孩子之间的关系无关，并且从表面上看确实也与案件无关，结果很可能是当事人认为没有必要提供详细情况。

"不相关感"在进行某一商业活动时也可能产生。假设你是一家合伙企业的代理人，这家企业聘请你去谈判购买一栋房屋，你可能问合伙人有关房主想卖房屋的原因，以便在确定解决问题的方案时能选择当事人与房主都满意的方案来促成交易。但当事人或许觉得分析房主为什么要卖房并不重要，因此多半只会提供一些敷衍塞责的情况。

七、律师与当事人关心的问题错位

每个人都会有更加迫切关注自己事情的需要，特别是当现实生活中遇到困难去找律师寻求法律援助的时候，当事人往往会从自身利益出发寻找"更大需要"。而"更大需要"同样也是一种抑制律师与当事人进行沟通的因素。"更大需要"的特征是当事人需要或意欲谈论的某个话题，并不能立即引起律师的兴趣；而同时律师准备的话题也不能唤起当事人足够的兴趣，结果造成当事人不能集中精力回答律师的询问，因此无法得知全面准确的情况。

在这种情况下，律师提出的问题并不是不相关的或令人恐惧的，而是当事人与律师的想法在一定程度上产生了分歧——当事人关注的问题在他（她）看来是最重要的，但在律师看来或许是次要的。例如，一个被拘禁的被告主要关心的是现阶段能否取保候审以及警方对案件的看法，而通常不会把全部注意力都集中到潜在的指控上。但律师知道潜在的指控决定了当事人是否构成犯罪或者构成何种犯罪，这些都关系证据的收集和对案件发展的掌控。同样一个遭到搬迁威胁的房主可能更关心他什么时候该往什么地方迁移，而不是关注"居住权抗辩"是否存在的问题。这些实例在律师会见当事人的时候都可能遇到，希望律师们在读完本书后能从实践中揣摩分析出应该怎样将利弊分轻重缓急地向当事人进行说明，才能达到最好的效果。

> **小贴士** 在与当事人交谈时，稍微用点心来揣摩当事人的期望和顾忌，会使你尽快拉近与当事人的距离，并了解更多对你处理案件有帮助的情况。

■ 第三节　引导当事人全力投入与律师的对话

在这一节，我们将谈谈是什么因素促使当事人全力投入与律师的商议和对话。我们将在本节简要描述这些因素并在后文中详细讨论有关运用它们的技巧，你可以运用这些技巧来帮助当事人战胜隐藏在他们心中的"魔鬼"。但请注意，律师不必等到当事人出现为难情绪后才运用这些技巧，无论当事人是积极的还是勉强的参与者，你都应该把它们运用于全部对话过程之中。

一、善意表达对当事人的理解

"理解万岁"是一句用得有点泛滥的话，但说到搭建人与人之间良好沟通的桥梁，很重要的一点确实在于相互理解。在你与当事人的交往中，不时表达出你对当事人的理解，一般都起到增强当事人的自信和提高当事人对律师的信赖的作用，并能够鼓励当事人全面参与到对话中。我们中国人普遍都有不善于甚至讨厌向人倾诉的心理倾向，所以很多当事人都有面对难以忍受之事而满腹委屈时却无法有效倾诉宣泄的经历。这时，律师表示出对当事人遭遇的同情就显得极为重要了，因为这是双方相互理解的基石。尽管同情在律师与当事人对话和交往过程中起着至关重要的作用，但很多律师在与当事人交谈时并没有充分地利用这一点。

也许人们对同情的概念有不同的理解和表述。在本书中，我们却愿意赋予同情这样的面貌：同情意味着理解他人有过的经历、行为和情感；意味着律师必须尽最大努力摆脱自己的偏见、成见和已有的观点，尽可能清楚地理解我们的当事人的观点；意味着律师要走进当事人的世界之中，去获知他们的内心感受以及他们是如何看待自己和周围的人与事。

在我们的社会里，人们只有有限的机会来表达自己的思想和情感，因此他们更想和那些愿意聆听、理解，同时又不做判断的人来表达自己。试着想想：一个显得太过忙碌的律师，能不能真正地倾听当事人的心声；一个常常只对自己的思想感兴趣的律师，是否不可避免地会对当事人的想法提出"意见"。这种"意见"会以不同形式出现，它包括：（1）如何处理有些情况的忠告："别着急，过了一段时间以后，你就会觉得不那么生气了。"（2）分析情感产生原因："你之所以感到气愤，可能是由于你觉得本应该看穿那个骗局。"

律师给当事人提出忠告或分析，虽然是从提供帮助的真诚愿望出发，但却可能发生令人啼笑皆非的结果，因为这常常只能向当事人提供很小的动力来更深入地探索主题。如果你从律师那里得到的所有心理分析或忠告只是告诉你，你要改变或不要在意自己的情感，你是不是会觉得向你的律师表达思想或感受没有多大的意义呢？

相反，如果律师是一个非常善于流露出同情反应的听众，则大多数当事人会情不自禁地受到明显的鼓励并愿意继续交谈下去，以至于源源不断地向你提供大量信息。律师运用表达同情的机会很多，因为当事人总是在其问题中掺入情感因素，并且反复表达对已经发生或可能发生的事情的感受。他们对情况的叙述可能伴随并掺杂了如下的感受：（1）事件发生时他们有何感受；（2）他们对卷入自己的问题的人或机构有什么看法；（3）事情为什么被披露，为什么人们会那样做；（4）他们如何看待目前发生的事情；（5）他们如何看待未来可能发生的事情。

请看以下例子：

> "当警察告诉我她已经死了的时候，我惊呆了。这个星期之前，她告诉我她已经写了新的遗嘱，但是我不认为它有什么重要性。现在那些邪恶的人想对遗嘱的有效性提出异议，他们肯定是疯了。"

> "现在我必须决定是否接受那 3.5 万元。如果我不接受它，我也许会在很长一段时间内对作出这个决定后悔；但如果我不提起诉讼，那么我也许永远不会知道是否可以得到更多的东西。"

> "当我和我的合伙人听说那幢房子要出售时，我们简直不敢相信自己的耳朵，因为我们在那个地区寻找办公场地已经好几年了。"

只要律师能意识到与上述描写相关的真实情感，就可以向当事人表达同情。当律师对当事人的处境表示同情并使用安慰性语言鼓励其倾诉时，应该耐心倾听并保守敏感性话题的秘密，只有这样才能获得在其他情况下当事人有可能不会透露的信息，并加强当事人对你的信任，激励当事人积极参与对自己的问题的解决。

毋庸置疑，适当地表达同情将非常有利于和当事人建立良性互动的关系以及解决问题。

二、明确告诉当事人他的陈述对律师非常重要

每个人都希望自己能够被重视，自己的决定能够对事情的发展起到积极的推

动作用。因此在与当事人接触时，作为一名优秀的律师，请将"你的话对我很重要"挂在嘴边。这种技巧的总结是得益于社会交往中"实现期望"现象的启发。在社会交往中，人们普遍的习惯是与同样的人打交道并且顺从社会地位更高的人的建议，这就是为什么有些当事人更愿意接受具有专业权威的律师的意见。此外，在一般的交流中，人们习惯于满足与其交往的人所表达出的期望，因此，无论是口头的还是书面的，律师的期望常常是促使当事人进行具体讨论的催化剂。所以，你要时常向当事人表达你的期望，同时对当事人的回复表示认可和肯定。

在运用这一技巧时，你还要注意两点：第一，向当事人表达你的期望有助于帮助他克服内心那些抑制他们倾诉欲望的因素，也有助于帮助他克服记忆困难，回忆起过往之事；第二，不适当地表达期望可能对当事人产生没必要披露曾经知道的情况的印象。

下面的例子将有助于更好地理解这两种观点。

假设你的当事人已经认为，她完全不能回忆起两年前公司举行的董事会上所发生的很多事情，但她作为董事会秘书，她的回忆可能对问题的解决非常重要。这时，你应该表达希望她能进一步回忆的期待，来帮助和鼓励她回想起当时更多的情况。你可以这样说：

> "我很理解回忆有多么的艰难，我自己也常常遇到这个困难。但是，我常常发现如果我集中精力想一会儿，往事就会开始重现。请你再多想一会儿吧。"

这段话利用了两个促进因素：首先表达了同情——明确有力地表达了对回忆很困难的理解；其次表达了经过更多努力当事人将能够提供更多情况的期望。你发出的信息是："尽管工作是困难的，但我仍希望你试着去完成它。"

不幸的是，你也可能会无意表达出当事人不必做进一步的努力去回忆发生过的情况的期待。还是在上面的例子中，假设你说：

> "我明白要回忆很久以前发生的事情的详细情况是很困难的。"

这句话最多只表达了你对当事人回忆细节困难的同情，而且仅仅简单持有这种同情的态度可能会产生相反的效果。因为在表达对当事人窘境理解的同时也表达了并未期望得到答案的信息。

因此，运用"实现期望"技巧的关键是你得琢磨说话的方式，也许轻微的改变就能使你得到很多信息。

三、充分肯定当事人提供的信息对律师的重要作用

除希望自己被重视以外，人们还都希望自己提供的信息能够帮助别人，所以请你记住将这句话挂在嘴边："太感谢你对我工作的配合，你提供的信息非常有用，对案件的发展起着决定性的作用。"也许就是因为这句简单的话将给你的工作带来意想不到的效果。

作为社会中的普通人，我们常常需要得到家庭和朋友这个小圈子之外的人的注意和认可。我们喜欢被重视，也寻求外人的关注和尊重，特别是如果受到有地位有名望的人的重视，我们将得到额外的喜悦、满足和虚荣。因此给来访者以"认可"，会促使他们变得更加合作和坦率，这样将大大简化律师的工作。

假使当事人不是你的好朋友或亲戚，你就可以通过简单地称赞当事人的合作或协助的方式来表达认可："你给我提供的情况非常有用""你刚刚给我讲的情况太重要了，谢谢你""能够指出现在无须改变决定，您做得的确很好"。一些鼓励性的话语将大大激发当事人说话的勇气和冲动，使他们能够将自己的真实想法更好地向律师表述。

当你发现某些抑制因素使当事人难以提供信息时，运用"表达认可"这一促进因素的效果会特别明显。在意识到当事人的为难情绪时，律师至少要口头表达希望当事人透露所知情况的强烈期望，这样才能使当事人顺从律师期望的需要战胜难以回答问题的需要。在这种情况下，抑制因素将被克服，情况将被披露。当然，你要不停地对当事人作出的积极回应予以肯定和鼓励。

四、赞扬当事人对其他人及社会的帮助

印度有一句古谚："赠人玫瑰之手，经久犹有余香。"无论是接受玫瑰之人，还是赠予玫瑰之人，幸福而温馨的花香都会在彼此的手中留存。一个人所表现出来的利他行为通常都会美化他的社会形象，因此人们在放弃自己唾手可得的私利

时总是将得到较高评价作为自己作出该行为的理由。作为律师，如果让当事人意识到他们的行为具有利他意义，他们可能会受到内心鼓励而全力参与。

在前来进行咨询的当事人中，律师将有许多机会"投其所好"，也许简单的几句话就可以让被动的当事人变得主动，以激起他们作出利他行为的欲望，下面的表达就是好的例子：

> "我知道董事会打算减少计划中的建筑密度。虽然这降低了最初的利润指标，但你早先曾提及你们对环境的关注，所以此举将使你们为社会贡献一些公共用地。"

> "在你最后拒绝起诉之前，也许我们可以花一些时间讨论一下你的选择。我知道对你来说，以个人的能力去承受诉讼的时间和花费是不公平的。但是，如果你赢了，随后而来的其他人以及那些可能请不起律师的人，可以不必经过像你这样不得不全部经历的过程就能获得赔偿。你帮助自己的同时也帮助了他人。这样看来，难道你仍旧不愿再次考虑一下你的决定吗？"

五、更大的利益能够驱动当事人敞开心扉

有时候当事人提交给律师的方案在他看来已经可以使其利益最大化，但身为专业人士的你通过多年来对法律实务处理的经验，可以得出另一套法律风险更小、利益更大的新方案。如果在适当的时间，你用合理的方式向当事人提及你的新方案，毫无悬念的，这将使当事人对你的印象大大改观、提升。

人们在意识到某一行为符合自己的利益时，通常会积极地实施该行为。一个对"我能从中得到什么"很重视的人认为他不能从中获利，便往往不愿提供更多的情况。在这种情况下，律师可以借助说明为什么提供情况可以帮助当事人解决问题，来促成这些似乎不愿参与讨论的当事人敞开心扉，从而指出提供情况可以使当事人的利益最大化。

这个促进当事人参与的因素可以命名为"利益驱动",它在某些方面与以前讨论的促进因素有所不同。早先提到的那些促进因素认为当事人的积极性与满足他们在咨询相互作用范围内的心理需要有关。而"利益驱动"中,当事人获得的动力来自其意识到如何参与对话才能满足对话以外的需要(比如获得更好地解决当事人问题的方案)。

> **小贴士** 理解、期望、认可、利他、利益,掌握好这五把利剑,你就能直击当事人的内心,令他知无不言、言无不尽。

第四节　锤炼性格有助于律师适应更多的当事人

尽管本课已经描述了一些律师与当事人会谈极有可能出现的现象,但你或许意识到有一个所有人都认为重要的因素还未被提及,即对任何两人交往都重要的因素——双方的性格。大家都有这种感觉,自己总是愿与某些人交往,而不愿与另一些人交往,原因在于自己可以与前者和谐相处。

有时律师与当事人的交往在一定程度上受到性格冲突的抑制,如果当事人由于这样或那样的原因,认为律师与他(她)不能和谐相处或者过分积极(消极)地处理事务,那么该当事人便很难全力参与与律师的交流;同样律师也许由于这样或那样的原因,认定当事人过于积极、消极、肆无忌惮或无条理,这也将抑制其与当事人的交往。

具备理想性格的律师并不存在,适应一个当事人的性格对另一个当事人有可能显得生硬粗暴。借助自我检讨和专门训练,律师可以学会如何使自己的性格恰当地适应大多数当事人,如何更有效地与当事人交往。因此,自我检验和专门训练可以帮助一些律师更有效地与当事人交往。但事实上,集中训练并不适合大多数法律专业的学生和律师,而且无论怎样重塑性格和锻炼自我意识也不能使你或任何其他律师做到有效地与每一个当事人交往。

当然，即使缺乏专门训练，你也能通过积极学习与当事人打交道的知识来成功地与大多数当事人交往。无论你的个性如何，你都可以利用前面描述的基本促进因素并借助这些促进因素以及综合运用技巧，获得与大多数当事人建立和谐关系所必需的灵敏性和能力。

第六课　LESSON 06

传达律师对当事人的尊重离不开正确聆听

第六课
传达律师对当事人的尊重离不开正确聆听

俗话说得好："懂得尊重，方能得到尊重。"

作为一名律师，务必要尊重自己的当事人，并且要通过语言、行为、态度将尊重之情诚挚地表达出来。由内至外地表达尊重之情并不是一朝一夕就能办到的事，而是需要在职业生涯中与不同当事人进行磨合的过程中，逐渐形成的一种职业素养。

聆听，是一个律师对当事人表示尊重的非常重要的技巧，可是只有少数律师能够成功地掌握并运用它。大多数律师往往将自己的判断凌驾于当事人之上，他们习惯于向当事人发问及提供建议，而不是把时间花在聆听上。我们的看法是，如果想要站在当事人的角度看问题，鼓励当事人完全融入决策过程，以便更好地对案件的全部情况予以了解，那么律师就必须成为一个好的听众。

成为一个好的听众，收获远比想象的要多。一个好的听众能听到案情的详细陈述，也会随时发现当事人的感情波动。也许在回顾某一重要事件时，当事人除了讲述已经发生的事情经过外，还会因回忆此事而产生剧烈的情感冲动。这些都会给律师把握案情、判断信息的真实性带来诸多益处，当然它也会最终决定律师的解决方案可能引起当事人情感反应的激烈程度。例如，当事人说："合同中的费用支付方式是太不容易发生变化了，我很不放心，这样会不会给我带来巨大风险？"聪明的听众据此可以了解到事件的内容和当事人现在及过去的心理感受，并由此注意在解决方案中强调费用支付方式的确定性，以解决困扰当事人的问题。

有人可能认为做一个好的听众是一项非常简单并且容易完成的任务："只不过是需要安静地坐下并且集中注意力而已。"但事实上，律师的聆听需要高度集中的注意力和主动有效的行动，它并不是人们所认为的一种直觉，而更像是一种技巧，并且是一种必须通过特殊的技能训练并且在实践中不断摸索才能掌握的特殊技巧。

在第五课中，我们强调了表达理解是实现律师与当事人完美交流的重要因素，并赞成给当事人以被同情、被尊重、被鼓励的感觉常常能够促使当事人全力参与律师的交流，而主动的聆听方法是能够最真实、最直接地表达同情和理解的技巧。本课，我们要讨论的主题就是律师如何学会运用聆听技巧，它除了保证律师听懂和理解当事人的言行外，对促使当事人全力参与交流也尤为关键。

法律咨询

■ 第一节　分析当事人的谈话构成是聆听的基本任务

在与当事人谈话过程中，一个好的律师应该首先学会分析当事人的谈话构成。一般来说，当事人的表达包括事实内容和情感两个部分。作为律师一定要分清哪些是当事人对案情的陈述（也就是事实内容），哪些是当事人情感的流露。"事实内容"是客观的，是当事人对具体案情的一种回忆，并不包括当事人的主观感受。而"情感"是主观的，是当事人在案情描述过程中的情感表达。常用于描述情感的词有：幸福的、愉快的、兴奋的、悲哀的、愤怒的、忧虑的、失望的、吃惊的、恼怒的以及困惑的，等等。

从法律的角度看，毫无疑问"事实内容"将引起律师更大的兴趣，因为当事人对案情的陈述直接关系律师对案件的初步分析以及证据的收集，而证据决定案件的处理结果，进而影响律师对案件走向的判断。但通常只有当律师同时体会到当事人的情感，才能表达同情并根据当事人情感变化更好地进行事实内容方面的引导，对谈话内容进行分析。

为了提高识别"内容"和"情感"的技能，请看以下事例：

例一

当事人甲："我在经销商那里买了20箱茅台酒，还是花高价买的，专门接待重要客户，结果现在喝了快一半了，发现居然是假酒！给那么多客户喝过，不可能有人喝不出来是假的，只是人家也不好说，指不定还以为老李我日子过不下去了，搞假酒充门面的。我一想到就气不打一处来。这让我的面子往哪里搁！敢糊弄我，我一定要让他付出代价！"

例二

当事人乙："我的人生梦想就是能开一家属于自己的店。这么多年，我努力工作，租下一处庭院，用了大半的积蓄装修了半年多，终于开了一家民宿。这里的一砖一瓦一草一木都是我亲自选装、亲自种的。一开始，生意是很好的，毕竟我的民宿开在山上，空气好风景也好，又凉快，很多本地人都来过周末。但是自从疫情发生，旅游业遇到寒冬，一直勉力维系，早已入不敷出，房子租期还没到，租金都几个月没付了，民宿却要开不下去了，成本也没有收回来。"

例三

当事人丙："我和前夫结婚了快二十年，我们一起创业，他搞技术，我负责管理，终于生意走上了正轨，他跟我说我可以歇歇了，在家多陪陪孩子，我相信了。结果我回家不到一年，他就任命了一个没有任何管理经验的总经理，做了很多的错误决策。我给他说了很多次，他完全不听我的，最终公司全部亏完了，家里的钱也被拿去还公司的债。他哄骗我办理了离婚，说是可以让我和孩子全身而退。我现在才知道，他是在伙同外人转移我们的婚内资产。他怎么做得出来这种事？现在孩子的所有费用都需要我来承担，根本联系不上他了。"

什么是有关当事人处境的事实内容？

什么是当事人过去和现在的情感？

下面是应该得出的结论：

在例一中，就当事人甲而言，其表达的内容是：当事人高价购买假酒后，损失了钱财又失了面子。情感是：愤怒、失望、报复。

在例二中，就当事人乙而言，其表达的内容是：当事人是一个普通的打工者，他开的民宿一开始生意尚好，但遇到疫情，开始经营亏损，拖欠租金。情感是：

法律咨询

不抱幻想、悲观、焦虑。

在例三中，就当事人丙而言，其表达的内容是：前夫转移婚内财产，从所谓的假离婚变为真离婚，家中的存蓄被掏空，自己还需要承担抚养孩子的重任。情感是：悲伤、不知所措、担心、惊讶。

> **小贴士** 注意识别当事人谈话中的"内容"和"情感"，有助于你了解案情，以及从何处着手来表达对当事人的尊重。

■ 第二节 不好的聆听习惯

怎样才能养成聆听的好习惯？又有哪些习惯会阻碍你的聆听？

有效聆听需要一些技巧。这些技巧中最难掌握的莫过于聚精会神，也就是需要摒弃头脑中常出现的杂念，避免分心。人们很容易被自己的感觉和外界因素扰乱心智，因此也许只有"一半的注意力"集中在聆听当事人的述说方面。

下面将简单分析几个可能分散律师对当事人注意力的因素。

一、过分专注于展现自己

人们往往很热衷于展示自己的能力，律师在当事人面前尤为如此，想要通过展现自己让当事人觉得律师服务物超所值。所以，律师常把注意力集中在"自己"将要说的事情上，而不是集中在当事人正在说或准备说的事情上。有时候，我们还会由于过分担心不知道自己接下来应该说什么才好，所以很难把注意力集中在当事人着重表达或关注的事情上。

二、注意力分散

律师有时由于没有很好地调整工作状态，过分地全神贯注于个人的担忧，而忽略了正在会见的当事人；这是律师工作的一个大忌。如果不能很好地将心态调整，一个进行再审的案子、一个忘记了的最后期限或者和女朋友的一场争吵，这些都将减少律师对当事人的关注。

三、过多关注当事人的个性而非其谈话

律师需要关注当事人，但律师也要知道关注的重点。律师遇到个性十分鲜明

的当事人时，往往会把注意力更多地放在分析当事人是哪种人上，而不是放在当事人正在说些什么上。也许律师会因当事人在某些方面异常小气而耿耿于怀以致忽视了与当事人谈话的内容，进而影响了对案情的把握，致使错过某些重要环节并导致最终败诉。又或者由于律师所关心的是当事人的目标是否与律师本人的价值观一致，所以变得注意力不集中。当律师发现当事人很吸引人时，他会尽最大努力来实现当事人的诉求；而当他遇到很不受欢迎的当事人时，他的工作热情大大降低、效率急速下降。因此，律师在与当事人沟通时要注意把注意力更多地放在当事人的谈话内容上，而不是过多地注意当事人个性是否与律师匹配。

四、认为小案子不值得花时间

虽然收入对一个律师来说非常重要，但仍然要切记，一旦接受了当事人的委托，就应该把注意力全部集中在当事人身上，而不是忙于在心里计算这个案子大概要花费多少时间、考虑当事人能否负担有关费用自己才想继续为之工作。虽然任何案子对律师来说都只是一个工作、一份生活收入的来源，办案律师可以因争议标的额的大小来对案件予以划分，但务必记住对当事人来说，他自己的案子从来都不是小案子，因为每一个案子都关系其切身利益。

上面所说的这些因素都极易造成律师在会见当事人的时候"三心二意"，即便一个训练有素的律师，在讨论初期能排除大脑中分心因素的干扰，但随着沟通内容的深入，这些分心因素也常常会"卷土重来"。因此，必须全力集中精力用理智去消灭分心因素才能保持大脑的清醒，提炼重要的事实内容。

> **小贴士** 过于关注自我、只想与志趣相投的当事人打交道、轻视小案子等不好的习惯，会影响律师与当事人的关系，作为律师要尽量避免受到坏习惯的影响。

■ 第三节 被动的聆听技巧

聆听的姿态可以通过不同的技巧来表现，其中之一是被动的聆听技巧。这种技巧是指在与当事人进行会谈时，律师鼓励及引导当事人尽情阐述，只做少量回应的一种方法。例如，当事人正在声泪俱下叙述案情时，律师让当事人继续讲下去，不要打断当事人述说的思路，这就是一种典型的消极聆听。以下是几种比较常用的被动聆听技巧。

一、会谈中恰当的沉默有助于鼓励当事人继续倾诉

拥有伶俐高超的口才对律师固然非常重要，但有时沉默可能会起到更大的作用。与当事人进行会谈时，恰当地使用"沉默"的技巧，能让双方更加顺利地沟通。此处的"沉默"并非一味地保持沉默，而是指在会谈中，律师有意地制造短暂的时间停顿，在当事人暂停叙述时，保持一个短时间的安静，目的是让当事人不被打断地继续讲下去，由此进一步促使当事人全力参与，获取更多的信息。

不过许多律师会对会谈中些许的沉默感到不适，他们似乎天生就有说话的欲望并认为有效果的会见必须建立在不停顿的语言交流之上，甚至认为当事人会把律师的沉默看成心不在焉或不能胜任此项工作或不知道正确意见。因此，为了让自己在心理上感到舒适，常常在当事人每次停顿时便提出一系列问题，这些问题并不一定与案件密切相关，也不见得能有效地揭示当事人问题的全部情况。反之，律师过多地提出问题有可能分散了当事人的注意力，扰乱了当事人的思路。

当事人叙述一些情况后停顿下来，律师并不一定要马上提问。你可以先保持沉默，同时继续把注意力集中在当事人身上，也可以使用肢体语言进行暗示（比如身体前倾、保持目光接触或点一下头），表示希望当事人继续下去。一般来说，当事人在2~5秒之内又会继续开口讲述；如果一段较长时间过去后，当事人还未启齿，那么律师可以考虑采用其他聆听技巧。

二、用简短的回应促进当事人的陈述

有效的沉默，有利于当事人的陈述，但请记住不要长时间或反复沉默，沉默有时会对当事人的叙述产生抑制作用。因为缺乏有声的沟通，当事人不能肯定律师是否已经听清楚或听明白自己所讲的事情，有些甚至还会对律师是否对他们的谈话给予了足够的注意表示怀疑。所以，一些当事人会在不知不觉中流露担心和困惑，结果出现当事人"不再讲话"的尴尬局面。为了使当事人相信律师正在认真倾听并且领会到了自己正在讲的事情，律师可用简短的表述作为回应，这种表述可称为"适当激励"。这些表述包括以下短语："嗯""明白""就是""有意

思""就这样""很好""对""你做了，嗯"。

下面是会见中运用这一技巧的事例：

> 当事人：我觉得这个合同有许多问题。
> 律师：的确。
> 当事人：我真的被整整瞒了5年，我就像个白痴一样，我真的不能肯定我想做那件事。
> 律师：我明白。

适当激励也可以是无言的。请看如下事例：

> 当事人：我的老板很守旧，他反对信息化办公，反对每项使用科技化手段提高工作效率的提议。（停顿）
> 律师：（点点头）
> 当事人：也许与其说他固执守旧，不如说是他害怕，他害怕我们会没有必要地提高设备费用，并且，因为他对科技化的办公不是很了解，事情会脱离他的掌控，也给公司造成不必要的负担。
> 律师：嗯，明白。

综上所述，"适当激励"是一种律师对当事人的描述不明确表态的聆听技巧。它没有传递律师是如何评价当事人的信息，它只是让当事人知道律师在关注他们谈话的内容。适当激励的卓有成效之处在于不明确的反应不会打断当事人的思路，它们常常作为一种强化刺激去促使当事人做进一步的详细阐述。因此在默不作声的情况下，用肢体语言比如点头、眼神接触表示律师对当事人所说事情的兴趣和关注也很重要。

三、开放型的问题可以让当事人自由表达其想法

有时律师让当事人畅所欲言，让他将所要表述的东西完整地表达出来，可能

法律咨询

会起到意想不到的效果。"开放型询问"是让当事人在律师的提示及引导下广泛讨论问题的一种方法和技巧，律师可以直截了当地告诉当事人应该继续谈论及深入的题目。开放型询问的运用技巧甚至包括允许律师冒着打断当事人思路的少许风险，从而使之与当事人的谈话始终处于正确的轨道上。开放型询问的例子包括：

> "还发生了什么呢？"
>
> "还有什么其他原因吗？"
>
> "关于那件事你能告诉我更多的情况吗？"
>
> "请继续。"

沉默、最低限度激励以及开放型询问都属于被动和消极的聆听技巧，它们的主要功能是为会见中的当事人自由表达他（她）的思想和情感提供机会。但如果律师需要表达同情，并对话题的争议点继续展开讨论，则必须运用主动聆听技巧。

小贴士 如果需要鼓励当事人畅所欲言，你可以更多地运用沉默、适当激励、开放型询问等技巧。

■ 第四节　主动的聆听技巧

和上一节不同，在这一节，我们一起来了解什么是主动和主动的聆听技巧并学习如何掌握这些技巧。主动聆听，是指律师在与当事人会谈时，除了鼓励当事人进行阐述外，还要对拟收集的信息以反应性陈述的方式进行反馈，其主要功能在于表示同情、正确引导、减少误解。

例如：

第六课
传达律师对当事人的尊重离不开正确聆听

> 当事人："我要求他付款时，他居然厚着脸皮告诉我不要着急。"
>
> 律师："看起来他并没有直接说不付款，感觉是只是想晚付几天。然后你生气了？"

这正是典型的主动聆听式回答，一方面它表明了律师对当事人所说内容的理解，另一方面表达了律师对当事人的处境表示同情，这个回答也将律师对当事人倾注在事件中的情感的理解反馈给了当事人。更准确地讲，这个回答仅仅是对当事人陈述的反应，它不包括任何形式的"评判"。此外，尽管律师的回答反映了当事人的情感，但也只是简单地表明律师意识到当事人生气了，却并没有请当事人详细地阐述这种情感。

但务必注意的是，律师需要向当事人明确表达对其的理解和同情时，断不能"鹦鹉学舌般"地将当事人说过的话再简单重复一遍。而应该根据当事人的内容陈述和情感的表达来发表看法。这需要从当事人的陈述中提炼事实内容和情感的精华，然后再把所听到的内容及律师对此的理解反馈回去——这就是"主动聆听"的含义。

"主动聆听"与"被动聆听"有某些相似之处，运用这两种技巧的时候都应该尽量避免打断当事人的思路，或者让当事人的话题发生转移。两者最主要的区别在于前者明确告诉当事人律师已经听清楚的情况以及律师的理解和同情，同时引导当事人继续叙述其想讲述的问题的任何情况。而后者的回答（诸如"嗯嗯"或"关于那件事你能告诉我更多的情况吗"）仅能暗示律师已经听见并接收信息。

由于主动聆听可以同时反映"内容"和"情感"，因此有必要先强调利用这一技巧去反映"情感"的两个重要理由：

第一，一般情况下，律师对当事人情感上的关注太少。受职业因素的影响，律师思考问题会更理性而很少将情感因素考虑到问题的解决过程中来。例如，在一起名誉权侵权案件中，律师考虑得更多的是怎样使当事人获得更多的赔偿金，从利益的角度评判代理结果的成功与否，而很少去关注怎么更好地抚平当事人的心灵创伤。

律师总是过分自信地认为自己是英明理智的事实收集者和决策者，因此有意

法律咨询

或无意间，律师要么认为情感与案情无关，要么将情感看成理性决策过程中不受欢迎的来客。

如果一个律师对当事人情感的重要性持上述这种态度，那么他至少存在两个方面的误区。首先，他没有很好地理解并掌握律师与当事人会面的重要意义。对当事人处境和遭遇表示同情并且找到一种方式把这种同情与理解恰当地传达给当事人，是一个律师和一个当事人（确切地说，是任何律师和任何当事人）融洽关系的最佳黏合剂。同理心产生于聆听、理解和接受当事人的情感。其次，正如本书第一课和第二课所指出的那样，当事人的问题不是只有优美的、精致的和理性的包装而没有情感的内容。问题引发情感，情感反过来又形成问题。倘若律师无视情感的存在，那么他们既不能与其当事人进行充分的交流，更不能制定令当事人满意的解决方案，进而取得令当事人满意的处理结果。

第二，日常生活以及学校教育已经让我们大多数人掌握了基本的理解内容和反馈的技巧。例如，在中学关于世界大战的课程中，我们更多的是学习战略意义还是理解参战者的情感呢？毫无疑问，我们更加关注的是战略意义，而很少从参战者情感角度去解读。大多数人对耐心聆听的技巧、通过事件和规划未来等来把握他人情感确实缺少正规的训练，而且又有大多数人都不愿与他人、与不亲近的人自发地谈论情感，因为情感问题毕竟涉及个人隐私。律师这个特殊行业，不得不面对形形色色的当事人，知道并保守他们各种各样的秘密。当事人出于对律师职业的天然信任，往往会将自己的情感对律师毫无保留地表达，因此律师很可能需要付出加倍的努力去学习如何对情感作出恰当的反应，与客户产生共鸣，而不仅仅是去学习如何对内容作出反应。

当然，律师也不要期望当事人的情感会紧紧地集合在一起，等着律师对之作出反应。当事人表达情感的方式决定了律师作出反应的方式，所以下面我们不但要研究当事人表达情感的不同方式，还要研究律师应如何自如地对之作出反应。

一、情感认同法

在会见中，用既不连贯又相当含糊的词语来表达情感，是大多数当事人不自觉的选择。在这种情况下，律师可以用主动的回答来精确表达你对当事人情感的认同，即同理心。将律师对当事人情感的认同通过适当的方式表达出来，既能让

第六课
传达律师对当事人的尊重离不开正确聆听

当事人明白律师认同他的想法，明确说明情感能帮助当事人理解自己的情绪，同时有助于将情感公开并将情感因素考虑在处理方案中。对情感的具象化有助于帮助当事人理解自己的情绪。这种做法本身也有助于情感的公开化，在后来的磋商过程中律师可明确无误地将情感因素考虑在内，进而制定令人满意的处理方案。关于在当事人用含糊、抽象或一般的方式表达其情感时，律师应怎样识别和说明这些情感并作出相应的回答，下面有几个场景可以帮助读者进行理解。

下面研究几个实例，看看在当事人用含糊、抽象或一般的方式表达其情感时，律师应怎样识别和说明这些情感并作出相应的回答。

当事人："当我发现他其实在骗我去离婚时，我感到非常沮丧。我一直认为我们的婚姻值得被重视。我们还有两个可爱的孩子，还是在他的信誓旦旦中我才高龄生了二胎。"

律师："我知道当你听说那件事后，你觉得受到了伤害并且很失望。"

当事人："自从发生疫情以来，我已经非常明确意识到一点，实体经济会受到非常大的影响，我的收入也会变得非常不稳定。"

律师："确实，很多做实体的客户也都反映过这种情况，疫情之下经济受了较大影响。"

当事人："入职以后，老总非常信任我，很多事情都是给予我直接处理的权利。"

律师："遇到这样的伯乐，你肯定很愉快和自信。"

在以上例子中，律师试着用更准确的语言重述每个当事人含糊表达的情感。

注意主动式回答可以采用"那肯定使你非常……"或"听起来你好像感到……"的词句开头,但是以上三个例子所示的简单和直接的回答也是有效的。

二、感同身受法

"你的感受我太清楚了。""我也有同感。"简简单单的一句话就能大大拉近律师与当事人之间的距离。经常出现这种情况:当事人没有明确表露情感,但他与律师讨论的情况根据律师的日常经历来看是充满感情色彩的。在这种情况下,律师的注意力不能仅仅集中在内容上,当事人情感表达的空白容易使律师忽视当事人实际存在而又没有陈述的情感。

假设你作为一名家长的代理人,他的孩子在自己家里育儿嫂的看护下受到了伤害。他正向律师回忆被告知孩子受伤时发生的事情:

当事人:"我们平时要上班要工作,通过中介找了一个育儿嫂,才来家里两个星期。我们的孩子才两岁,为了让她轻松一点,我们置办了很多的东西,减轻她的家务压力。结果她竟然让孩子受了那么重的伤,还在监控的死角里面,我们现在都不知道到底发生了什么,孩子究竟怎么受的伤。"

律师:"然后发生了什么事?"

在这段描述中,当事人似乎并没有使用任何有关情感方面的用语,或许律师也仅仅注意到当事人叙述的内容,没有从当事人的表情和语气中读出隐藏在话语深处的内心感受,所以回应的也不过是一句干巴巴的"然后发生了什么事"。这种问话方式完全不能向当事人表达同情和理解之情,反而引起当事人的反感情绪。在这段对话中,当事人讲述的情况可能是极其愤慨及伤心的,所以主动聆听式的回答肯定会起到更好的效果。律师可以对当事人直接用言语表达或通过表情和形体动作表露无遗的情感作出如下的反应:"我曾有过同样的处境,我非常理解你的心情但我们都知道心急是解决不了问题的,让我们静下心来一起想想接下来该怎么做。"

如果律师遇见了那种既非直接又非间接表达任何情绪的当事人,律师对他们的遭遇表示理解和同情时可以进行以下两个步骤:第一步,一旦从当事人的表情

第六课
传达律师对当事人的尊重离不开正确聆听

或语气上感觉到他所讲的情况有可能充满情感,应该对该情感予以识别并加以说明;第二步,试探性地用主动式回答对情感作出反应,再针对当事人的回答进行下一步工作。

对于当事人没有陈述的情感,律师又该怎么进行识别呢?这时律师要像演员一样,开始"扮演当事人的角色"。如果当事人所处的境地发生在律师身上,可能产生什么情感呢?即使从未经历过当事人当时的处境,律师还是能基于经验尝试着揣度当事人会产生怎样的情感,通过各种各样的情感获取途径(电影、书籍、朋友的故事)和类似的经验,律师一般会对当事人正经历的情感有一个大致准确的认识。然后律师应在主动式回答中把这些情感具体反映出来。

有时律师能肯定某一情况是带有情感的,但却不能确定到底是什么情感。如果这样,律师可能会怀疑主动方式识别的情感是否完全准确。当当事人没有首先用言辞描述其情感,律师也许同样会避免这样做。但是,一个主动式回答不一定要求必须"准确"地表达同情。如果回答的内容是正确的,当事人可以证实回答的准确性;即使律师的回答有点离题,通常当事人最多也只是澄清不够准确之处,但这并不会严重影响双方的交谈,因为这种回答表明了律师对当事人的理解,并且有助于双方直接明确地谈论事实情况。

三、行为观察法

人们除了用语言来陈述自己的情感之外,还可以通过非语言暗示来表达情感。非语言暗示一般有两种类型。第一种是听觉造成的非语言暗示,包括声音的语调、高低,说话的频率及会谈中的停顿。第二种是视觉造成的非语言暗示包括姿态、手势、面部表情、摆弄手指和连续改变坐姿之类的身体动作以及出汗和脸红之类的自身生理反应。如果非语言暗示能证实某种特定情感的存在,通常运用主动聆听法予以反应会比较适当。

尽管使用文字形式来描述非语言行为极为困难,我们同样可以在与当事人的日常交往中总结一些经验。例如,在一次商务谈判中,当事人在叙述商议中的合伙协议时声音突然变粗,面部出现怒气,同时表达的语速开始加快。这时律师就应该注意,当事人正在以非语言的形式暗示其对签订合伙协议存在一定的担心。律师这时就要考虑该合伙协议的风险是否过大,当事人担心的潜在原因何在。在

法律咨询

这种情况下，律师可以运用主动聆听法作出以下回答："您是否对这项协议的达成有所担心？目前的协议内容您认为有哪些难处？"

当然，有时候律师会有这样的担心："我是否会因为自己的主观判断而对非语言暗示所证实的情感作出不准确的解释。"毫无疑问，每个人在表达自己情感的方式上都存在个性和文化的差异，而这种差异常常使律师对当事人非语言行为的判断存在不确定性。例如，发呆表达的是当事人愉快的还是焦虑的心理状况呢？抑或是其仅仅代表了当事人的一般面部表情？眼泪就一定代表着悲伤，还是对忧虑的缓解？也许有可能仅仅是刚才正在切洋葱。如果律师无法肯定自己已经正确地判断当事人的非语言行为，那么可以借助缄默方式对当事人某种行为作出反馈。

随着与同一个当事人接触的时间越来越长，律师会可以慢慢熟悉其某种特定的行为所表达的具体感情。对于陌生的当事人，律师可以用理解性的缄默方式对其行为给出回答。同时律师还可以逐步了解哪种非语言行为是"习惯性的"。虽然习惯性行为不表示明显的情感特征，但它的改变可能是情感的线索。

假设一位当事人习惯于紧握双手，这一动作可能并不代表任何意义或发出何种信息。但如果律师遇到一个并不习惯于握紧双手的当事人在回答律师问题或表述自己的观点的时候突然作出这种动作，律师大体上可以推论当事人已经产生了某种情感。

人们能够很好地控制自己的语言，但非语言暗示一般是自发地出现的，它与语言表达相比更少受意识的控制。因此，它们通常"泄露"的是人们内心活动的信息。当事人很难试图靠"保持镇静"的方法来掩饰非语言暗示，大多数人没有能力压抑所有的非语言暗示，除非他们曾获得金鸡奖最佳演员奖。例如，一名当事人可以避免在面部表情上泄露其内心的焦虑，但他不能凭借诸如用手指有节奏地拍击或迅速移动坐姿等这类非语言暗示的身体动作来掩饰感情，所以如果仔细观察，律师就可以探究到当事人想隐藏的秘密并给予同情性的回应。

但更困难的一个问题是：当律师透过当事人小心翼翼的言行意识到他是故意封闭其情感时，律师是否应该作出主动式回答呢？如果当事人不愿意暴露问题的情感方面，律师应该催促当事人透露吗？

这类问题或许与技术无关。提醒当事人时，主动式询问并不能使当事人谈论他（她）的感觉；相反，它只是以同情方式保证当事人不离主题的一种方法。在主动式回答之后，作为回报，当事人一般会继续讲述他们认为适合讨论的情况。

若当事人刻意掩饰被律师看穿的情感，这表明他（她）也许察觉了那些试图探明情感的主动式问话背后的真正意图。例如，当你注意到当事人紧皱眉头时，你说："这个结果似乎令你很不满意。"如果当事人试图掩饰你看出来的那种情感，这表明当事人或许已经察觉在你的主动式回答中所包含的探明他（她）的情感的意图。

如果当事人仅仅察觉到主动式回答是一个闯入情感世界的楔子，那么"当事人中心说"建议律师应尽量尊重当事人的愿望，避免把情感问题引入讨论。原因有以下两个方面。

首先，"当事人中心说"所谓的只有在问题的所有方面都被研究后才能提出解决方案的假设可能并不适用于某些当事人。打个比方，如果过多的问题被摆到了桌面上，当事人很可能会泄气从而无法选择有效的解决办法。在这种情况下，当事人对其情感的掩饰有助于简化并解决问题。因此"当事人中心说"建议律师认可当事人不暴露其情感的做法。

其次，作为独立自主的个体，当事人拥有隐私权，他们有权决定自己的情感和如何透露自己的想法。倘若只有在问题的所有可能方面都被考虑到后才能得出解决方案的话，那么与解决方案相比，某些当事人可能更看重他们的隐私。所以，需要再次重申的是："当事人中心说"建议律师充分尊重当事人的意愿。

四、情感回应法

人们有时会有这样一种刻板印象，即在与律师讨论时当事人特别不愿流露情感。可实际上许多当事人确切地表达了情感，并渴望得到律师主动的回应。这时律师的任务是给予共情的回应，而不是简单地"鹦鹉学舌"般重复当事人的话语。

在对当事人的情感流露予以主动式回应时，应对当事人陈述的实质内容作出回答。如果当事人明确地陈述他（她）的情感，而律师仅仅反馈同样的信息，这将对当事人产生负效应。当事人描述了她的境遇并且提到她对其合伙人的行为很失望，假设律师对这些话的回答是："你感到失望了。"那么当事人内心的反应可能是这样："对,那是我说过的,你模仿我,我感到失望。"所以,"鹦鹉学舌"的回答是最无效的,它的作用不过是让当事人知晓律师听到了他(她)的话而已。

当然如果当事人的确真实地表述其情感,那么律师仍然可以提供共情式回答。有时当事人叙述的情况非常普通,以至于他(她)相信律师可能也曾有过同样或类似的经历。此时律师可以用直接表达与当事人有同感的方式来显示同情:

> 当事人:当他再次拒绝支付第二笔货款时,我差不多被气疯了。
> 律师:我太懂了。这和有些客户在案子胜诉后拒绝支付律师费时我的感受是一样的。

用语言来表达理解常常可以避免出现"鹦鹉学舌"那令人不快的一面,同时又向当事人表示了充分的同情。

但是,如果当事人意识到他(她)的情况对你来说或许相当陌生,那么作出这种回应时便应小心谨慎。当律师对明显超出其经验和见识范围的问题贸然地作出肯定和直接的同情式回答,当事人多半会认为律师并不诚恳或是屈尊俯就。例如,一位处于被辞退并且因离婚纠纷无家可归境况的当事人陈述道:"遇到这种无良老板和这么让人憎恶的出轨前夫,我很愤怒;当我在街边因为付不起饭钱被混混搭讪,说要收留我时,我感到非常羞耻。"该当事人不会从律师的下述回答中感受到同情:"我知道那是多么令人羞辱的。"可是如果律师说,"我知道你是多么憎恨这种情况",那么当事人极可能相信律师已经很好地理解了他(她),同时这个传递了理解的信息并没有暗示律师对这种境况的感同身受。可见此刻消极式回答或许更能促使当事人继续讲下去。

五、建设性反馈法

常常见到律师对带有情感的陈述作出回答,但却没有按照主动聆听法所要求的那样表达同情。一般而言,不表示同情是由于律师想提供直接解决问题的建议或想判断当事人行为的适当性。请看如下这些例子中的回答:

第六课
传达律师对当事人的尊重离不开正确聆听

> 当事人：在晋升名单公布以后，我发现自己不在上面。有人告诉我知道自己曾在先前的名单上。当时我简直觉得不可思议，难道仅仅就因为我是一名女士，公司就取消了我升职的决定？我感觉受到了莫大的歧视。我觉得自己应该做点什么。
>
> 律师1：我知道你现在心情极度痛苦。
>
> 律师2：但我猜过一段时间后，你会平静下来的。
>
> 律师3：你可能认为你成为性别歧视的牺牲品，认为这种情况还可能继续发生，你该采取适当的措施来维护你的权益和尊严。

三位律师分别从不同的角度表达了对当事人情感的理解，第一位律师对当事人现在情感反应的正当性作出了判断。第二位律师对一段时间后发生的状况作出了猜测，认为当事人作为一个理性人在一段时间的平复后心态会逐渐冷静下来。第三位律师扮演了一名业余心理学家的角色，试图分析产生这种情感反应的原因。但没有人简单地对当事人可能产生的情感作出如下反应——"你的确非常气愤"，或"你感到受了冤屈，并想采取行动"，而是从执业律师的角度向当事人征求是否采取必要措施维护自身权益的意见。

律师只有通过重复多次的反应性练习才能很好地以非判断方式对情感作出反应，并且对当事人提出建设性反馈。但是，律师往往更习惯于提供建议或通过谈话方式寻找隐藏在当事人心中的情感秘密，而不是明确地对当事人的情感作出回应。现实中判断性回答在某种程度上反映了人们不会恰当地处理情感问题，以上三位律师中竟然没有一位鼓励当事人继续谈论他（她）的情感问题，而是使当事人的注意力离开了原有的情感轨道。基于此可得出结论：判断性回答并不能显示同情。

> **小贴士** 表达同情的方式很多，但最为重要的是一切都发自内心。这需要律师对自己职业持久执着的爱。

第五节　突破阻碍，熟练运用聆听技巧

毫无疑问，掌握一门新技巧需要相当长的时间和足够的精力。例如，许多律师和法学院的学生发现要很快适应并熟练运用主动聆听法是很困难的。开始时的不适也许会成为放弃改进聆听技巧努力的借口，但实际上大多数人掌握主动聆听方法并非需要克服非常多的困难。如果在主动聆听过程中最初的反应是不适应的话，那么请锲而不舍地坚持下去，律师将因其学习的耐力和意志而收获颇丰。

掌握一门技巧最好的方法就是积极发掘遇到的困难并一一突破他们。因此，分析并研究如何克服主动聆听法的阻碍因素，有助于律师将潜在的个人反应纳入观察问题的过程中从而使律师能熟练运用主动聆听法。这些阻碍因素包括以下几方面。

一、律师应该关注伴随当事人问题而产生的情感

对某些人来说，法律服务工作应注重理性和客观，律师更要以冷静沉稳的方式完成工作，而"情感"一词代表非理性和主观，因此律师需要回避感情。这可能是导致律师认为情感与法律咨询毫无关系的最主要原因。另外，有些律师可能认为律师只应与事实和法律打交道，与情感打交道的应该是心理学家以及社会上从事调解工作的人员。诸如此类的想法都反映了情感与处理法律事务不相关，在法律分析的理性过程中不应该给情感留有位置的观点。

持有上述观点的律师实际上是处理问题特别是作为律师与当事人对话时，对自己应扮演什么角色缺乏正确认知，认为情感或许会带来不适，那么避免这种不适的最好方式就是否认情感的存在，忽略情感在法律咨询过程中的关键作用。

本书花了很大的篇幅试图让读者充分理解，当事人对其处境和预定解决方案的情感反应是如此强烈地影响他们最终作出决策。但是，务必要记住的是，律师的任务不只是分析情感，而是认识到伴随当事人问题产生的情感内容，进而提出与当事人情感契合的解决思路，促使当事人作出正确决策，主动聆听法只是完成该任务的有用技巧。

二、无法同情当事人时不宜继续代理案件

"哎，我觉得那样做很虚伪、很做作，我没有办法说：'因此，你觉得无法控制自己。'我不能这样说，因为人是能控制自己的。"

"即使我想表达同情，但是我能肯定我粗犷的长相和声音会暴露自己并没有这个意思的事实。"

"明明是当事人自己'恋爱脑'，我是做不出她那种蠢事的，去附和她的那些情感会使我感到我认同她的行为似的。"

"那个家伙非常油腻圆滑，如果我对他的情感作出回应，我想他会认为我是一个弱者或者简直就是傻瓜吧。"

"她性子很好强，如果我对她的情感作出反应，估计她会把我看成出于恶意才说'行'的人吧。"

律师遇到各种类型的当事人时，很可能对许多当事人的行为明显持有批评意见，因此他们对这类当事人很难释放自己的同情。许多律师很不情愿帮助进行了一些行为、有某种习惯或某种气质的人。例如，有些律师可能不太愿意帮助接收福利救济的人、破产者、逃税者、对儿童进行性骚扰的人、诈骗犯或强奸犯。还有些律师并不乐意帮助具有特定性格的人，像过分被动的人、依赖性强的人、好斗成性的人或掌控欲很强的人。

由于性格或行为的原因，律师认为难以帮助某类当事人时，可能产生类似上面列举的反应。如果你进一步探寻自己的情感，可能会发现在某些场合无法同情当事人的任何情感，而在某些类似的情景下，却只是无法同情当事人的某些情感。比如，你也许不能同情对儿童进行性骚扰者具有的异常强烈的情欲，但却能同情导致这种情欲产生的其悲惨不幸的童年。

大多数情况下，我们都能对当事人问题的情感方面作出某些主动式的回答，除非当事人本身就丝毫无法让人同情。当然，如果律师觉得当事人完全不值得同情，也无法做到设身处地地为其着想，无须勉强自己，而是可以考虑不提供法律

法律咨询

服务或者让当事人重新向其他律师寻求帮助。

三、对当事人的抒情给予足够的耐心

> "当事人开始哭时,我感到很别扭也很尴尬。"
>
> "我很认真地倾听他的烦恼,但他却似乎准备没完没了地讲下去,全部都是些抱怨牢骚、马后炮,真是浪费时间,我不知道要做些什么了。"
>
> "我认为同情她可能会让她感到不快,以至于精神崩溃,那么我能做什么呢?"

确实,对情感的回应常常会导致更为强烈的情感涌现,所以生手通常会感到不适,感到自己无力阻止情感的宣泄,感到自己的粗心使当事人感觉不妙,感到弄清楚所有的情感是个错误。若无法顺利地面对和解答这些情感,可能会使律师不再选择运用主动聆听法。

为了缓解律师对开放当事人情感洪闸的担忧,在此特提出两条建议。首先,即使当事人表达了消极情感,但当事人总的反应可能是相当主动的,随着被聆听和被理解的心理得到满足,律师有机会做到"情感离开当事人的心胸"。总之,这种经历常常能产生这种感受,对交流相当有益。

其次,缓解当事人痛苦的最好方法常常是让其继续宣泄感情,持续的同情常常引起感情浪潮的后退。律师如果能战胜最初的不适和公认的工作困难,一般就会发现当事人重新获得了镇定。因此,如果能克服抵触情绪并在一系列场合中持续保持共情,那么你将经常体验到由于允许当事人宣泄情感所带来的成功。有了这种成功的经历,在面对当事人以后可能产生的强烈情感时,你将不会焦虑或不能理解、同情这些情感。

四、谈论情感可能浪费时间

> "在谈论了他对公司的意见之后,我发现他的脸色越来越难看。他对公司老总因经

第六课
传达律师对当事人的尊重离不开正确聆听

> 营网上销售平台涉嫌非法集资一事非常愤慨及不解。这时我发现想要回到刚才我们讨论的对公司将其解雇如何进行索赔的具体问题上来已经很困难了。"
>
> "在他倾诉了父母在车祸中离他而去给他的打击后,我感到很难开始谈论他父母的遗产分割问题。"

一旦通过主动聆听法将当事人的情感摆到了明面上,作为律师可能会发现把注意力转移到问题的事实和法律方面并非易事。如果律师在当事人"把他们的心掏出来后"却突然询问非情感问题,这种忽视情感的笨拙做法只会适得其反。

这时,试一试概括当事人的处境(包括情感反应),然后询问当事人是否准备变换话题的办法,看能否顺利地转换话题。请看如下事例:

> 律师:你与你的朋友小赵一起,把所有的资金都投到'挖矿'项目上。自从大学毕业以后,你与小赵只有断断续续的交往。他没有信守诺言,而且从你告诉我的情况来看,在虚拟货币市场的行情波荡中,你已经赔掉了你的大部分投资。你对此感到极其愤怒,而更糟的是他家人彻夜给你打电话,请求你帮忙想一个办法,以阻止他投进更多的钱。你很难同情和帮助小赵,因为你对他的所作所为非常气愤。并且你打算收回投资,你的医生刚刚告诉你要注意心脏健康,如果你再干下去的话心脏病迟会发作。
>
> 当事人:说得对。有时我希望自己已经死了,这样就不用面对这种无法避免的麻烦,忍受自身的不幸是非常痛苦的,我觉得一直与他搅在一起非常愚蠢。
>
> 律师:我能看出你的愤怒和内心所受到的巨大伤害,因此我想尽可能迅速地帮助你。如果你心情平复了些,那么我想提几个有关你与他交易的问题。
>
> 当事人:我认为自己已经好多了,但是我谈到发生的事情还是会大怒。
>
> 律师:好极了!在我们谈论时你可以自由地尽情发泄自己的愤怒。

法律咨询

注意在此处，除了概略叙述当事人的境况和情感外，律师还明确地表示了愿意提供帮助。

五、当事人情感相互矛盾时要灵活应对

> "他说他希望达成这笔交易，但同时又说害怕履行风险过大。"

人是一个矛盾的结合体，很多时候人在选择面前总是左右为难。在与当事人会谈的时候同样会遇到这种情况，当当事人表达了混乱和相反的情感时，律师可能感到难以抉择，不知是应该把注意力集中在所有的情感上，还是只集中在一种情感上。

首先必须认识到出现相互矛盾的情感是正常的，而不是反常的，接下来再学会适应和灵活处理它。例如，人们在购买房屋时，一般都有各种各样互相矛盾的情感，比如想要在房价大跌时买定，又担心房价还会再跌，未来的发展前景不佳；想要豪华装修，又担心承担大笔债务。例如，当事人余某对你说"我对这套别墅非常中意，我为买房已经耗费了几个月的时间，我判断这是一个良好的投资机会。最重要的是，我喜欢这个房子。但是，我又很担心 30 年的抵押贷款，时下疫情影响全球经济，公司是做进出口贸易的，目前效益并不好，我一人能否有能力承担所有的欠账。并且我一个人住在那里，有没有必要买这么大的房子？……"

在当事人出现相互矛盾的情感时，律师的职业任务不是试图辨别和解决这种冲突，而是试着对这些相互矛盾的情感作出反应，这才是最能帮助当事人的办法。

律师可以说："一个人负担这个房子压力确实有点大，我太理解你的烦恼了。不过，你可以试着将这套房屋的底层租出去，来减轻你的还贷压力。""呵呵，我看你的感觉似乎很复杂，一方面买这个房子是一笔好投资，另一方面单独住在那里又让人感到空虚。"

六、主动聆听的最终目的是帮助当事人解决法律问题

> "她没有叙说自己的情感或许是因为她不愿谈论这些情感,我不认为自己有权利打听她不想说的事。"
>
> "我认为律师不应该促使人们泄露他们的情感。这是对隐私的侵犯。"

如果任何可以促使当事人将案件情况全部泄露的技巧都称为"操纵他人"的话,那么律师将无法进行工作。因为律师的工作就在于通过与当事人会谈从而还原案情,并从中找出证据来对当事人提出的主张予以证明和支持。例如,一名辩护律师在会见室与一起抢劫案的犯罪嫌疑人进行交流,辩护律师只有通过一定的沟通技巧才能促使嫌疑人按时间顺序叙述发生的情况,以有助于辩护律师获取对其有利的辩护信息,否则一般情况下嫌疑人在极度压抑的情况下是很难将案情如实向律师反映的。

在我们看来,对声称主动聆听法是不公正地"操纵他人"的回答是:当事人来找你是为了寻求帮助和建议,如果你要帮助当事人找到适合其问题所有方面的解决办法,需要当事人进行全面参与并完整地阐述,为律师用语言搭建出事情的原貌,因此,提供非判断性理解的主动聆听法是促使当事人全面参与的基本技巧。

使用主动聆听法的目的在于帮助律师更好地与当事人沟通,从而获取对案件发展有帮助的信息,以使当事人确信这样做有利于找到解决问题的最佳方案。但是,请务必记住律师要学会回避当事人的私人情感中不愿透露给律师的隐私,因为这是对当事人尊重的表现,更是律师优秀职业特性的体现。

总之,在学习的过程中请务必记住律师毕竟不是心理医生,律师的职责在于帮助当事人解决法律问题而不是解决情感问题,因此,在关注当事人情感的同时千万不能忘记自己的最终任务。

比如,当律师收集当事人问题的情况并试图解决问题时,当事人一般会反复表达其情感,对于这种连续的情感表达,律师通常应该如何作出反应呢?对于这个问题,很难有一个准确、简易、可操作性强的答案。基于律师每天要会见不同的当事人处理错综复杂的各种问题,也许你已经凭经验判断出某些法律事务(比

法律咨询

如离婚和争夺遗产案件）本来就比其他一些法律事务（比如项目合作中逾期付款）更易于产生情感问题，因此你会给予前者更多的主动聆听，并在情感方面作出更强的回应。但切记，无论案件当事人的遭遇有多么值得同情，作为律师千万不能卷入当事人的情感。我们可以同情，可以共情，但这都是促进沟通的手段，律师的职责是法律服务而不是情感服务。

再如，如果当事人正在全面坦率地叙述，律师可以做一些主动式回答，以简单地表达同情；如果当事人没有全力参与讨论，律师仍然可以做相同数量的主动式回答，努力鼓励当事人"开口说话"。类似地，两个同样涉及违约之诉的当事人，一个可能渴望参与讨论，而另一个可能正好相反，因此尽管法律事务的内容类似，但应对后者更多地应用主动聆听法。

最后要讲的是，无论当事人的性格如何，同一个当事人可能对一种事务相当坦率，而对另一种事务却相当缄默。因此，在任何一种事务中，在决定以怎样的方式对当事人的情感作出反应时，律师必须最大限度地应用自己的判断，最终给当事人的不仅仅是情感上的回应，更重要的是给出专业性意见。

掌握一种新技巧需要时间和努力。也许刚开始使用主动聆听技巧会显得棘手和牵强，不能确定在什么时候以及如何恰当使用主动聆听技巧，可能稍有不慎就会在回答的内容上或语言上给人留下不同情当事人、不顾及当事人感情的印象。但是依靠训练，一般能消除这种不确定性，而主动式回答自然也会顺利出现。为了提高适应水平可以进行简单的训练。例如，在与家人和朋友对话时、看电视时有意识地练习这种技巧并学习处理在低风险情况下出现的窘迫感和自我意识。在熟练以后，便可自如地对情感作出反应而无须再"有意识地利用技巧"了。

最后，需要提醒注意的是，一旦发现自己对当事人情感作出反应极其勉强，那么可以只从对当事人的陈述作出回答来开始学习。在发现能够顺利地回答有关陈述的内容后，对情感作出回应将会变得更加容易。

> **小贴士** 回应当事人的情感不是为了帮助他解决心理问题。在主动聆听的同时，要牢记律师的任务是对当事人的问题给出专业意见。

第七课 LESSON 07

询问技巧的分类及利弊

第七课
询问技巧的分类及利弊

■ 第一节　询问是律师的基本功

看过美剧的律师，难免都有一个职业梦想，希望有一天能像电视里的美国律师一样，在法庭上表演雄辩的口才，在当事人面前机智风趣充满智慧，在与对方律师谈判时风度优雅、谈吐机敏。记得有本书说过"世界上最远的距离不是天到地，而是从心到手"。简简单单的一句话却阐释了为什么有的人能梦想成真，而有的人却只能依靠梦想度日。那么现在让我们通过本课的练习，让梦想起飞，靠近你的梦想。

在本课中我们主要讲述"美式询问法"。希望通过学习和了解，你能掌握到一些与当事人会谈时的基本询问技巧。

包括律师在内，我们当中只有很少一部分人去关注日常生活中经常使用的询问方法和技巧。但如果回想一下经常发生在身边的一些片段，我们就会发现人们会基于问题种类的不同作出各异的回答。

> 假设在一家餐馆里，一个朋友问道："想喝什么？"或"想喝有橘子味的汽水吗？"或者在课堂上，教师问道："请告诉我有关某某案件原告的情况。"或"在某某案件中，王某做了什么以至于对原告造成伤害？"

在餐馆中，是前一个问题还是后一个问题回答的空间更大呢？抑或哪个问题更能引起听话者的兴趣，并鲜明地表明自己的基本感觉和态度呢？在课堂上，是前一个问题还是后一个问题更受人欢迎？前者比后者更能使听众和回答问题的人拥有更为接近"亲临现场"的感受呢？如果回答问题的人都对具体情况感兴趣，那么运用哪种询问方法才更可能吸引他们说出更多的情况呢？

大多数人无疑会根据究竟向他们提出的是两个问题中的哪一个而作出不同的回答，即使是对同一个问题每个人也会有不一样的回答。不过在餐馆一例中，大多数人可能都会说第一个问题比第二个问题更让人感兴趣。

询问在日常生活中随处可见。律师在与当事人对话时的询问方式往往能决定对话的进程，而你的询问方式将在一定程度上影响当事人谈论问题的积极性以及他们反映的态度。由于人类的行为过于复杂，因此可能难以归纳出使不同当事人做同样回答的具体询问方式。然而，研究和经验已经证明，不同形式的询问方法可能改变你获得情况的数量、质量和性质。充分理解询问的方法并参考每种可能产生的后果，有助于律师明确地选择适当的询问方法和目标，探求到需要了解的当事人的情况。

第二节　询问技巧归类

下面一起我们一起来探讨和学习"美式询问法"。

所谓"美式询问法"是借鉴美国律师教育的经验，根据问题对允许回答的自由度的限制不同，而对询问方法进行分类和训练的方法。提问的方式很多，从内容上来看，有开放式、封闭式；从问题与事实的关系看，有提示型、是否型。说句实话，这些区分都是经验之谈，在理论上并没有确切和固定的界限来帮助我们严格区分各种询问方法。

下面我们来看三个提问的例子。

> "告诉我你们学校大门的情况。"
> "告诉我你们学校大门的颜色。"
> "告诉我你们学校大门是不是白色的。"

乍一看，上面三个问题都极具相似性——均以"告诉我"开头，内容都是针对同一扇校门。但如果进一步分析我们就会发现，这些询问在各自允许回答的自由度上是不同的：第一个问题允许当事人谈论任何与校门有关的情况，只要当事人愿意；第二个问题把当事人谈论的范围限制在有关校门的颜色上；第三个问题则根本不允许有任何描述，它把当事人的谈论限制在校门是否为白色的范围内。

当事人越是可以选择回答的内容，询问便越是"开放"；询问越是"封闭"，便越是限制了当事人的回答。每一种询问方法都有自己特定的用途，任何一种询问方法都不绝对比另一种询问方法更有效，你应该结合当事人对不同的询问方法的不同反应，考虑究竟使用哪一种方法。

一、开放式询问法

开放式询问法并没有强加给当事人一个实质性的选择内容，而是在措辞上尽量多地给当事人回旋余地。此种方法使当事人能随心所欲地阐述其想表达的全部内容和情感，并且允许当事人以他（她）自己的语言回答询问，在最广泛的意义上分析，它甚至允许当事人选择回答的主题。请看下列询问。

> "请告诉我你遇到了什么麻烦。"
> "你最近发生了什么突发事件？"
> "晚饭后发生了什么情况？"
> "晚饭中间客人发生了什么情况？"
> "如果你要把生意转移到新加坡，你的雇员会有什么反应？"

以上每个问题都是开放的，每个询问都欢迎以各种可能的话题和当事人自己选择的语言来详细地回答。但不同的询问方式仍有差别，下面将分析各个问题的具体差异。

第一个询问完全没有限制，讨论的可以是遇到的任何困难，且并不一定局限在法律问题上，当事人阐述的空间极其广泛。这种问题，可以在律师与当事人会谈的前期提出，这样能营造一个轻松的谈话环境，使当事人在没有拘束的情况下打开话匣。开放式询问允许当事人以他（她）认为合适的任何方式叙述问题，并且探索在当事人看来是重要的任何内容。

第二个询问则将当事人限制在"最近发生的突发事件"这一话题的范围内。但它仍属于开放式，因为它没有针对具体事件的突发情况提出细节性问题，且当事人依然掌握了话题的主导权。这个问题便于律师全面地了解当事人所详细叙述的突发事件的全部情况。

第三个询问在时间顺序方面限制了当事人即只需谈论发生在"晚饭之后"的事情，不过回答晚饭后发生的哪些事情则完全由当事人决定。

第四个询问对当事人的回答中的时间顺序和发生对象做了进一步限制。然而这个询问也是开放式的，因为当事人除了可以谈论会谈的参与者，还可以提及与会者都说了些什么以及在会谈期间还发生了什么事情。

第五个询问要求当事人谈论其雇员对生意迁移的提议可能产生的意见。它允许当事人谈论各种可能的意见，并按雇员的不同意见分类，或许当事人还能谈论长远营业目标，所以它仍然是开放式的。

二、封闭式询问法

封闭式（也可称狭窄型）询问法首先在范围上对回答作出了限制，其次在具体细节上也有明确要求。请看以下例句。

> "当时被告左手拿的是把什么颜色的雨伞？"
>
> "那辆宝马是肇事车辆吗？"
>
> "你在案发现场最先接触的是哪件物品？"
>
> "你认为最有可能杀害你父亲的凶手是谁？"

上述询问中每个询问都是封闭性的，均是在直接针对案件核心证据而提出问题。第一个询问将答案限制在被告左手雨伞的颜色，其目的在于可以证明回答人当时是否在场以及对案件情况认知的真实性；第二个询问的目的在于排查肇事车辆；第三个问题则是询问案件证据，从而分析影响案件情况的重要细节；第四个问题能收集资料，并把这些资料加以条理化，用以澄清事实，获取重点，缩小犯罪嫌疑人的范围。此外，当当事人的叙述偏离正题时，律师还可以借用封闭式询问巧妙地适当地终止其叙述。

三、提示型询问法

有时律师为了将自己的判断通过当事人的回答予以确认，就会在问话中提示答案。提示型询问法的作用在于不仅提供了所寻求的全部情况，而且间接表明了想得到的回答。提示型询问作为过分自信形式的封闭式询问几乎与完全的断言一样，在询问中附带着律师想得到的具体回答的语言或语言线索。上述封闭式询问例句可转变为以下的提示型询问形式：

> "她左手拿着雨伞，是吗？"
>
> "是那辆宝马撞了人，对吗？"
>
> "那个面具就是你在案发现场最先接触的物品，是不是？"
>
> "我猜想王总将是你最大的竞争对手，是吗？"

在提示型询问法中，询问者经常频繁使用一个吸引眼球的问句——"它是不是真的"，这是肯定的但不是必需的用语。此处第二个、第三个询问中多少有一些引人注目的语言线索，而第一个、第四个询问则可以借助音调提示。

小贴士 通过不同问题提问者将得到不同的答案。根据你要的答案来设计你的问题，这样能使你更容易尽快地掌握询问技巧。

第三节 不同询问法的利弊

为了更好地掌握和运用不同的询问技巧，我们有必要将各种询问法的利弊进行简单研究，以使我们在遇到不同的当事人时使用不同的询问方法。

一、开放式询问法的利弊

（一）开放式询问法的利

开放式询问是律师会见当事人的初期用得最多的询问方法，它的优点主要体现在以下几个方面：

1. 促使当事人全面参与

开放式询问法允许当事人谈论他认为最重要的情况，此举有利于律师甄别各种错综复杂的信息，同时避免了由于使用封闭式询问法提出当事人认为非重要话题而可能产生的任何为难情绪，进而导致遗漏了当事人以为不重要但对案情产生影响的信息。

开放式询问法鼓励当事人自己决定谈论何种话题，以及决定什么情况是重要的。它充分显示了律师对当事人的"认可"和尊重，凸显了律师对当事人自己选择什么是重要情况这一能力充满信心。开放式询问法大大鼓励了当事人积极参与交流，实现了律师与当事人的良性互动，奠定了取得最佳谈话效果的基石。

开放式询问法一般可避免潜在的抑制因素，如在前文中提到的"自我恐惧""个案恐惧"以及"角色期望"等阻碍当事人与律师沟通的一些因素。在与律师会面的初期，由于自我保护的需要，当事人并不会完全相信律师，因此常常在关系自身问题的某些方面犹豫不决，多数情况下会在谈及相关内容时会避重就轻或避而不谈。针对此类不便谈论的问题，如果律师选择封闭式询问法，就会使当事人有被强迫的感觉。无论当事人是选择谈论这些不便启齿的话题，还是有意识地忽略，无疑都将伤害律师与当事人的和谐关系，而借助开放式询问法就能使当事人自由地回避谈论令人不快的话题。

律师经常基于了解事实的必要不得不向当事人提一些敏感的问题。例如，在离婚诉讼中，律师将不可避免地问起当事人与配偶离婚的直接原因是什么；在参与一起股权交易的谈判时，律师可能会询问当事人的董事会成员或其公司经理的忠诚程度；作为刑事被告的律师可能需要了解当事人的精神状态和过去的犯罪记录。如果以封闭式询问法直接询问如此敏感的情况，当事人回答起来只会不安和勉强，而开放式询问法则允许当事人在准备谈论敏感性话题时，以他们自己选定的方法来进行。

2. 有助于全面收集情况

开放式询问法不会打断当事人的思路，鼓励当事人全面详细地阐述案情，这样有助于完整地收集情况。在当事人获准以他们自己的语言形式叙述情况后，其交流通道被完整无缺地保存下来，这也有利于其回忆出封闭式询问下问题本身无法涵盖的情况。由于当事人的问题和经历互不相同，律师不可能形成一套格式化的解决方案来囊括所有的重要因素。例如，在一起枪杀案中，无论是处理过曾发生的类似案件，还是已经详细分析了当前的证据，律师很难将可能与案件有关的所有因素都考虑周全，所以试图运用封闭式询问法得到所有的重要情况是不可能的。

开放式询问法有助于提高所获取情况的准确性。心理学研究已经证明回答开放式问题比回答封闭式问题更准确。因为封闭式提问往往暗含律师的猜测或判断，在某些方面已经带有律师的倾向性意见，这只会给当事人的回答带来不利影响。同时开放式询问法比封闭式询问法更有效地利用了时间。即使律师能够想到可能对当事人案情产生影响的一切因素，使用封闭式询问法对每一个细节进行讨论却可能要花费过多的时间，而回答一个开放式问题常常与回答一组封闭式问题所覆盖的领域一样广。

(二) 开放式询问法的弊

当然开放式询问法也存在缺陷，因此如果准备运用开放式询问法，请注意其以下不足之处。

1. 会让当事人无所适从

如果发生的案件距今已经有很长一段的时间，那么当事人在回忆和叙述情况时将无形中背上沉重的负担。这时当事人往往会感到无所适从，并会对作为交流的中心感到不适。他们更愿意在律师的引导之下进行回忆或回答。此时开放式询问法多数只会获得简短的回答。

2. 只能少量地刺激记忆

当事人知道的事情或其他情况，一般在回答开放式问题时就被截留下来了。例如，以开放式询问法问，"接着发生了什么"可能只会谈到前三次沟通所发生的情况，而不会谈及第四次交流发生的情况，或者不会详细披露前三次会谈所发生的全部情况。因此，为了获得全部情况，一般不得不提出开放式与封闭式相结合的问题。由于当事人能够回答他们注意到的具体问题，所以封闭式询问法一般比开放式询问法更能成功地刺激当事人的记忆。以封闭式询问法问："你能谈谈第一次会谈具体的地理位置吗？"这将使当事人回忆起在回答开放式问题时所没有叙述的细节。总之，在回答封闭式问题时当事人常常能提供他们在回答开放式问题时所遗忘的情况。

3. 可能使当事人错过重要环节或忽略对案件有影响的重大证据

一般情况下，当事人并没有能力准确判断某项事件是否具有法律意义，因此律师可能无法使当事人披露他们确实已经想起，但个人以为在法律上并不重要的情况。当事人对法律要求错误的认识或无意识时往往导致他们简单描述认为没有法律意义的情况。

4. 可能达不到预期效果

如果律师遇见了那种谈起来没完没了或极爱唠叨的当事人，开放式询问法只会无限期拖长会谈时间且达不到理想效果。

二、封闭式询问法的利弊

（一）封闭式询问法的利

封闭式询问法有以下优点。

1. 能够获得案件的更多细节

封闭式询问法最主要的优点在于能简明扼要地披露案件细节。例如，一位当事人向律师咨询其与合伙人一起经营某家家装企业时遇到的问题。当事人想知道他是否有权提出退伙，以及退伙时应享有的权利和承担的义务。律师与当事人对话内容如下。

> 律师：你们店铺发生了什么情况？
>
> 当事人：陈辰一开始就告诉我生意已经安排好了，尤其是房地产销售的渠道，然后征求我们的意见。当时我提了一些建议，也被大家接受了。但我们在主营业务上发生了较大的分歧，每个合伙人都有自己的想法。会议持续了3个小时。
>
> 律师：你还能想起其他情况吗？
>
> 当事人：陈辰在主营业务上和我的分歧最大，他坚持走高端路线，而我觉得应该将顾客范围扩大，目前市面上的刚需用户业务基数更大。看样子他对我很生气。

此处律师使用了开放式询问法，故当事人仅仅简要地陈述了会议上发生的情况。正如对开放式询问法常见的回答那样，这个回答是不完整的——它缺乏许多可能非常重要的细节，如报告中的销售指标具体是多少？会议上提出的各种建议是什么？每个建议是如何回答的，当事人所说的"很生气"的确切含义是什么。这些问题的回答可能对帮助当事人决定是否继续与陈辰合作是很关键的。

这些问题的焦点集中在具体细节上，要掌握细节，需要提出封闭式问题，因为它能刺激当事人的记忆，促使当事人披露出可能忽略或没能记起的具体情况，也能引导当事人提供与案情有关的更多信息。

2. 更容易鼓励你的当事人陈述案情

某些当事人可能对如何回答开放式问题无所适从。例如，一个像"如果我们解散公司，你认为会发生什么样的后果"的问题会使一些当事人感到困惑。因为当事人无从得知该问题的侧重点以及对问题答案详略的具体要求——是要求说出每一个可能的结果，还是仅针对其中最重要的后果回答？——这就使当事人心中没有方向，从而很难全面坦率地回答。而封闭式问题"更容易"回答，因为这些问题话题明确，范围界定清楚，直击案件的重点；而且当事人只需提供有限的情况即可。所以，对一些当事人使用封闭式询问法也许能进一步帮助其回答。

封闭式询问法比开放式询问法能产生更大的推动力，这在本书的其他章节也有论述。以前曾提到开放式询问法常常允许当事人延缓回答敏感性问题，直到他们自己愿意回答时再回答以促使当事人全面参与讨论。而要想试探性地对敏感问题展开讨论则可借助封闭式询问法，因为它允许律师小心地进入禁区或围绕敏感问题进行询问。当律师知道或强烈预感到当事人对谈论某一敏感问题表现为难时，可通过封闭式询问法寻求一点有关问题的情况，缓慢地深入问题中心，直到当事人明确表示不愿再谈为止。

例如，在一个合伙的案例中，通过当事人的叙述，律师相信当事人认为与其合伙人何柳合伙本来就是愚蠢的。现在律师想让当事人回忆起最初与对方建立商业合伙的原因，可能提一个开放式问题："你能告诉我合伙是怎样开始的吗？"但从当事人的感受看，他可能难以全面地回答这个问题。所以，为了帮助其克服障碍，律师可以提出一系列的封闭式问题悄悄地朝敏感话题的方向迈进：

"你第一次见何柳是在什么时候？"

"在你正式加入合伙之前你们见了几次面？"

"是谁首先提议正式建立合伙的？"

"你能谈谈打算将合伙维持多久吗？"

可以连续使用这种询问法以探明当事人加入合伙的原因，或者在探明原因之前停止询问。封闭式询问法可以促使当事人回答一些具体问题，并且使律师比较透彻地把握探寻敏感问题的分寸。

(二) 封闭式询问法的弊

不过必须注意到，如果频繁使用封闭式询问法，往往会使当事人陷入被动的回答中——抑制当事人自我表达的愿望，扼杀了或者剥夺了当事人自我表达的机会，还会使其陷入沉默，甚至压抑，感觉被讯问。下面将简要分析封闭式询问法的弊端。

1. 太多的询问可能破坏融洽的关系

有些律师热衷于封闭式询问法，常常对当事人一环接一环地提出问题，直到落到会谈的主题上。这无疑将大大提高面谈的效率，但同时也可能使当事人丧失面谈的兴趣甚至产生厌恶的情绪。因为往往当事人都有将自己痛苦的遭遇向律师诉说的愿望，如果只是一味地回答律师的问题，其必将失去自由表达其真实想法的机会。律师提问的限制范围越小，就越可能遗漏当事人认为重要的情况，而这些情况有可能是律师没有考虑到的。结果当事人只会越来越失去自我判断的能力，其参与解决问题的积极性也会被打击。

2. 常常阻碍律师全面了解情况

太多的封闭式问题可能会使律师既失去"树木"，又失去"森林"。失去"树木"是因为任何事务都有太多的问题，律师不可能找到全部的封闭式问题，且当事人常常不愿意回答过多的封闭式问题。同时当律师的注意力过多地集中在"树木"上时，只会阻碍了律师对"森林"的观察。深陷于大量的细枝末节之中不能自拔，将使律师难以更好地把握和了解当事人全部的情况。

往往律师们总是偏爱封闭式询问法，哪怕开放式询问法有诸多优点。可能其中一个重要原因是"填充"现象使然。没有人会完全中立地看待一件事情，在日常生活中，众人总是无意识地围绕依据自己过去经历所形成的"模式"来对一件新事情作出判断。如果说每次去超市购物都是全新且独特的经历，那么生活将是多么复杂。因此，过去形成的模式常常会影响个人对某类事件将如何发生进行预测，同时也会促使个人"填充"同类事件的细节。

为了透彻了解自己的填充能力，请参考以下场景：

> 场景一：两辆轿车在十字路口相撞。
> 场景二：你正与一位 35 岁并带着两个孩子的男人进行磋商，而他的妻子刚刚离家出走。

请考虑片刻，然后尝试设想一下每种场景的具体情形。在场景一中，如果只是朦胧的、大概的要求，能想象出具体的十字路口、轿车的型号、碰撞的部位、碰撞是怎样发生的吗？对于场景二，你可以想象出当事人在妻子离家出走后的感受、愿望和关心的问题吗？

接着请再思索一下这些细节来自何处。它们不是来自上述简单的句子本身，而是经验提供了丰富的素材帮助形成了详细的情景画面，这才是在空白处"填上"细节。

所以，在当事人开始描述过去的事情或提出他（她）关心的问题时，律师会发现自己在用过去的经验提供的情况填充当事人的故事。例如，律师知道因使用劣质产品而受到严重伤害的当事人与大多有同样遭遇的人一样希望寻求经济补偿。假设某位当事人想要解除长期租约的理由与时下大多同类人相同，那么律师多半会在与当事人进行任何深入谈话之前便相信已经一般性地了解了当事人的具体情况。而且该律师或许潜意识认为不必借助当事人需要和关注的开放式询问法，而仅仅需要通过少量的细节去清扫模糊的问题边界。

世上没有现成的、可采用的总体封闭式询问法，而且这样做也不可取。律师不可避免地要为达到当事人的期望和解决他们的问题而努力，但他们不可能对案件的所有细节问题都予以考虑。没有什么可以改变人类大脑的工作方式，但律师应该意识到填充的倾向，并努力避免使自己成为牺牲品。开放式询问法和积极聆听法便是帮助律师应付这种情况的两种技巧。

3. 可能产生不准确的回答

封闭式询问法较之开放式询问法容易产生更多的错误情况。一个可能的原因也许是动机因素"实现期望"和"填充"现象的共同作用。当你利用封闭式询问法寻求问题的细节时，当事人常常为了满足你的期望而提供这些细节，但是由于"填充"现象的存在，回答可能不是来自当事人对现实事件的客观性回忆，而是来自当事人过去的经验。因此，被问及具体细节的当事人可能根据自己的刻板模式回答可能发生的事情，而不是实际上确实发生过的事情。

封闭式询问法还可能以另一种方式使回答失真。因为封闭式询问法相较开放式询问法在更大程度上为当事人界定了话题，所以它常常反映了律师而不是当事人对词汇的选择。例如，开放式询问"描述他的行为"与封闭式询问"他生气了吗"相比，后者不仅识别了具体的情绪，而且还在上面打上了一个标记。封闭式询问法的语言标记常常使回答原意发生扭曲。

例如，在某项研究中，把询问的一个词"常常"改为"偶然"，便产生了明显不同的结果。在这项曾经重复多次的研究中，一组随机选出的回答者被问道："你经常头痛吗？如果是，多长时间发作一次？"另一组被问道："你偶然头痛吗？如果是，多长时间发作一次？"第一组回答平均每星期头痛2.2次，第二组平均每星期仅头痛0.7次。这是不奇怪的，正如一个研究者总结的那样："在许多情况下，询问一件事情的措辞能够影响给出的答案。"

三、提示型询问法的利弊

(一) 提示型询问法的利

虽然"提示型询问"这一术语常常伴随或招致讥讽，甚至可能在法庭中遭到对方的反对和禁止，但这种询问法对探明当事人问题的全部情况往往是有用和必需的。

提示型询问法常常帮助当事人克服"自我恐惧""个案恐惧"以及"角色期望"等抑制因素。这些抑制因素常常使当事人对透露他们认为敏感的情况感到为难。所以，当讨论可能触及敏感话题时，提示型询问法的应用可以表明，你已经知道了那些令人不安的情况；当事人不必担心将其披露出来，而且你已准备以坦率的方式谈论这个问题。

提示型询问法应用的典型例证是由美国著名性学科学家金西对美国人的性习惯的研究提供的。提示型询问法暗示回答者，询问者预计这种行为曾经发生过，回答者承认这种事实并不会受到谴责，而且询问者还准备坦率地讨论这个问题。

下面的例子表明提示型询问法是如何在两种典型的法律事务中克服难堪的,可比较下列询问方式。

> 场景一: 甲:"你以前曾经被捕过吗?"
> 乙:"我猜想你以前曾经与警察发生过摩擦?"
> 场景二: 甲:"你认为让他们看看你的账目有什么问题吗?"
> 乙:"同意公司对你的账目进行检查就像公开允许雇员使用公司的轿车办私事一样,我们应该如何与他们谈论这些事情呢?"

假设律师确信那些令人不安的行为实际上已经发生过,那么利用提示型询问法可以克服这些当事人的担心和难堪,并克服随之而来的因需坦率诚实谈论问题的为难情绪。

(二) 提示型询问法的弊

但是,正如常常伴随"提示"这一术语或对其进行的讥讽所表明的那样,提示型询问法也有自己明显的弱点。

1. 阻碍律师获取重要情况

提示型询问法常常反映了律师以当事人喜爱的方法披露事实的热切愿望。例如,如果一件上诉案子或一项法律使用了一个词语,那么你可能希望当事人在回顾过去所发生的事情时,准确地使用这个词语。所以,你把这个词语编入提示型问题中。尽管这个词语可能是不准确的,但提示型询问法可能使当事人有意无意地肯定它,你可能因此而把对情况的不准确描述带进了商议之中。当你后来发现这种不准确现象(或对方向你指出这点)时,要找到律师和当事人一直寻觅的解决方案可能便太迟了;更早地知道真实的情况,对解决问题才会更有利。

2. 可能违反律师职业道德

在事务所的办公室里应用提示型询问法有时甚至比在法庭上应用更不合适。一般说来,把"正确"的答案提供给当事人是不符合律师职业道德的。例如,假设一对夫妇与律师因他们的儿子小苟卷入一场凶杀案,小苟被指控犯有故意伤人致死罪、盗窃罪进行商议。当事人希望律师为其儿子摆脱罪名。如果律师向当事人这样提问："你儿子当时不在场，对吗？""杀人凶器上没你儿子的指纹，对吧？""你家里很有钱，你儿子不可能为了几千元钱去盗窃，是吧？"那么无疑在询问中已经将所谓"正确"的答案暗示给当事人，这样可能使当事人为了配合这些"正确"的答案去捏造案情或伪造证据，这些都使律师的职业品行大打折扣，并带来执业风险。

> **小贴士** 其实每位律师都在使用所谓"美式询问法"，只是你也许并没有意识到而已。但愿本节的内容能够帮助你进一步归纳和梳理提问的方式。

第四节 灵活运用不同询问方法

中国律师只有在实践中将"美式询问法"不断操练，才可能显著提高与当事人会谈时的谈话技巧，最终真正实现与当事人的完美对话。正如你能了解的那样，为了使当事人全面参与并收集全部情况常常需要律师利用各种询问法。但是，即使在"适当的"时间、利用"适当的"询问方法，也不能保证提高当事人的积极性并得到全面准确的材料。由于每个人都具有差异性，可能对一个当事人起促进作用的询问法会对另一个当事人产生抑制作用。而且，某些当事人几乎将是否型询问法与封闭式询问法等同视之，他们对于封闭性询问的回答往往非是即否，而另一些当事人则有自己独特的见解，按照自己的意愿回答问题。任何一个当事人都可能在不同的时间以不同的方式回答同类型的询问，因此律师需要根据与当事人会谈时的具体情况以及对当事人个性的判断来决定使用何种询问方法。

首先，为了达到最佳的会谈效果，需要把封闭式询问和开放式询问结合起来，在询问的时候要注意方式方法，要以平和、礼貌、真诚的态度，使当事人有受到尊重的感觉而不能给当事人以被讯问、被胁迫的感觉。

其次，我们作为律师要明确自己的定位和职责要求。我们询问的目的在于对案件情况进行了解，并鼓励当事人充分表达和参与问题的解决，而不是为了满足自己的好奇心，或者满足自己的窥视欲望。特别是对于某些敏感型的问题，比如性问题、婚外情等问题，身为律师更加要注意到当事人的接受程度。这就要求律师询问的问题与当事人需要解决的问题密切相关。

再次，请律师在询问当事人前务必清楚地知道，自己想问的是什么、目的是什么。免得东一榔头、西一棒槌，不着边际，甚至把话题引到无关紧要的问题上去。

最后，我们应该学会对询问语气、语调、神态进行学习和掌握，我们学习美式询问法不仅仅在于形似，更在于神似。这些都要求我们在了解完"美式询问法"的一些基本技巧后在律师执业生涯中不断摸索、不断实践、不断学习，只有这样才能将外来的东西本土化、别人的东西自我化，并加以完善和超越。

PART 03

第三编

案件咨询

第八课 LESSON 08

诉讼案件咨询流程

第八课
诉讼案件咨询流程

一个非法律人士在自己的合法权利被侵犯后、进入正式法律咨询前，大脑通常因为厘不清其中的法律关系、法律主体、行为性质等问题而变得云遮雾绕。他的情绪被突如其来的事件破坏，他被事件中各方的反应和意见所牵引，他深陷法律与非法律的矛盾之中，于是，他认为需要适时寻求专业人士的帮助。此时，作为专业律师，我们第一步的咨询工作即是弄清整个案件过程，当然包括整理出法院能够接受和认可的案件过程，以帮助我们的当事人冲出迷雾，找到正确的方向。

■ 第一节 了解诉讼案件的过程

对于诉讼案件，大概任何一个律师的思路都逃不掉：A + B = C。这并不是说律师的思维有多么机械僵化，反而反映了我们适用法律的一个基本过程，即如果 A 和 B 被证明已经出现，则法律后果 C 就会随之出现。例如，根据《民法典》的规定，如果双方当事人协商意思表示一致，合同即成立。因此，如果原告希望证明其与被告之间有协议，就应该举出过去的订约情况作为证据；相反，被告若欲证明没有协议存在，也应就此提出反证。

笔者相信，专业律师此时都会把目光聚焦在那些过去发生的事情上，试图建立它们与案件的某种联系以推测论证它们作为证据的可能。这些事情可能存在于律师收集的用于评估当事人诉讼权利的文件中，更直接和生动的却是来自当事人的叙述。然而不幸的是，往往在这个时候坐在你面前的当事人，要么是絮絮叨叨的居委会大妈，要么是活灵活现的茶馆讲评书的大爷，他们的故事总是曲折、漫长，他们的烦恼犹如滔滔江水，人物、情节、情绪、评论如同走马灯似的交替，很容易让人不知不觉慢慢地深陷其中……

这个时候，很需要敲响警钟！作为一名律师，我们当然清楚生活中的故事完全不同于法律上的案情，它受制于关联性、法律依据、反驳对方陈述的必要性、当事人的表态等。因此，我们企图从当事人那里获得的绝不仅仅是出了什么事那么简单，而是要秉承一个律师的思路，抽丝剥茧，直至真相大白，而且是我们需要的真相！

下面我们就着重介绍律师办理诉讼案件应有的逻辑思维。

一、律师办理诉讼案件的逻辑思维

律师全面充分地掌握诉讼案件的情况是一件复杂的工作，通常可以从以下两个方面入手：

（一）充分倾听当事人的陈述

一般来说，在初次会见当事人的时候，律师首先要做的便是仔细聆听当事人，在他的介绍中逐次寻找给他带来麻烦的原因。律师不需要在这个过程中介入过多，甚至试图用自己的推测或者估计去拼凑整个事件以及原因，而是要通过当事人自己的回忆将事件一点点展开，从最初到现在，律师要做的不过是帮助他注意一下先后顺序。

（二）法理构建和证明

在充分倾听了解当事人的案情介绍后，律师需要开始为法律理论的构建以及证明做一些准备。当事人的介绍可能已经自然和直观地呈现种种需要解决的法律问题，但这些问题的解决在这一个阶段还需要另外寻找一些材料，它通常是那些当事人没有提到或者没有介绍清楚的情况，这时就需要律师通过层层提问和调查来获得这些材料，为法律理论的构建做好充分准备。

比如，在一个交通事故的法律咨询中，当事人介绍了自己经历的撞车情况，但他只是从自身出发，讲述了先后发生的各种情形，并没有谈及撞车后发生了什么。这时，律师应该意识到，在这个案件中，最重要的可能是证明对方因为车速过快而先撞上了当事人的车辆。因此在深入提问时，除向当事人对撞车过程做进一步的详细了解，律师还需要对旁观者做一些调查，包括撞车后当事人是否与旁观者有过交谈、说了些什么、谈话发生在什么地方、具体什么时候等。

这样的一些提问和调查开始的时间没有固定的标准，律师应该根据自己对案情过程了解的程度、对法律熟悉的程度还有时间的紧迫程度来决定什么时候启动第二步的工作。比如，有些时候，弄清一个案件过程可能只花费几小时或者几天，恰巧律师对涉及的法律非常熟悉，而且律师有较多的时间继续处理这个案件，可能在两个小时后就开始展开深入提问。但如果碰巧遇到不熟悉的领域，律师最好还是在进行深入调查前事先做一番法律研究。

二、帮助当事人按时间顺序叙述案件情况

事情总是沿着时间的线索，从前到后有序地发生。但我们在平时的交谈中，显然很少严格地恪守这样的顺序，一方面，由于我们总是想突出重点，制造悬念，吸引别人的注意；另一方面，如果是痛苦的回忆，当事人多半会为了逃避不良情绪，先拣容易的说起。一个合格的案件过程叙述，当事人应该尽力做到（或者律师应该尽力帮助当事人做到）以下三点：

1. 有序：按先后顺序排列，这是完成以下两点的保证。
2. 全面：对有关的事件无一遗漏地涵盖。
3. 清晰：简明扼要地清楚叙述。

当然，因为没有受过专业训练，一般人很难做到以上要求，以下面的例子来说。徐先生因为房屋质量问题向你咨询，他介绍道：

> "我4月的时候和我老婆一起去富贵花园看了两次房子，6月25日付的款，27日办理了过户手续。8月重庆下了很长时间的雨，大概有一个星期。结果有一天我回家竟然发现客厅都被淹了，二楼的天花板已经塌了，到处都是水和泥。我特别气愤，那么贵的别墅竟然质量那么差，我赶紧通知了物业公司。物业公司的人来看了，没办法修，又推荐了专门的泥瓦工来处理，结果我花了将近1万元钱。我听邻居说，这个别墅以前就漏过的，而且以前住的人还请人来修过的，但是我后来找卖方，他们居然说他们不知道，从来没有修过。我认为他明明是知道的！"

在这段介绍中，徐先生提到的主要问题概括起来就是他买了一幢别墅，事后发现漏雨，他认为卖家故意隐瞒了房屋的质量问题。虽然他已经谈到了主要问题，基本也遵循了先后顺序，但和我们要求的标准相比，这段叙述并不能构成案情过程叙述。首先，它不够全面甚至有可能遗漏一些重要情节，如徐先生购买这幢别墅的原因以及是否通过房屋中介等；其次，它的时间顺序并不是看起来那么清晰，如徐先生什么时候向卖方提到的屋顶漏雨，邻居是在什么时候告诉徐先生这个房子以前曾经维修过；最后，一些具体事实的叙述不是很清楚，如徐先生说他4月看了两次房，但并未谈及看房的具体过程以及情节、两次看房间隔的时间、是否

法律咨询

查看每一间屋和每一面墙等，这些情况律师不能够用自己的想象去填充。

因此，此时你可以要求他从准备购买房屋开始按时间顺序一一介绍每一个事件的内容，徐先生于是重述道：

> "4月的一个周末，我在抖音上看到一个房源，就是这个别墅的介绍，我觉得还不错，于是就按照上面的联系方式给业主打了电话，卖方就约我第二天去实地看一下。第二天下午到了那里，因为有点早，我就在小区里面逛了一下，然后在别墅前碰到了赵先生。他就是房屋的业主，他带我进了房子，他老婆在里面，给了我一些当时楼盘开盘时的资料。他们两个带我看了客厅、饭厅、卧室、厨房还有卫生间……"

可以看出，徐先生在重述他从离家到参观房屋这一段过程时由于是按照时间先后顺序，听起来清晰多了，而且几乎没有什么遗漏。虽然这样的介绍放在平时的日常生活中可能听起来有点奇怪，但这种不自然的说话方式却是法律咨询中必要的一种方式。当事人因为没有受过训练，他们很难知道每一个情节在法律上究竟会有多么重要的意义，于是喜欢将有的事情一句带过甚至省略。但作为律师，你需要了解全貌，因此你要设法引导当事人按照这种方式将事情介绍清楚。

虽然上面的重述看起来已经很完整清晰了，但也并非完美。如果深究下去，你会发现在谈到赵太太给了他一些资料时，他并没有介绍清楚是一些什么样的资料；又如他提到看了哪些房间，但并没有说清楚每个房间的查看方式以及具体查看的项目等。当然，这些都可以放在后面理论发展与证明的环节中去深入提问与调查。

总之，让当事人学会按先后顺序介绍案情是律师完整准确把握案件全貌的前提。它有助于律师更好地发现问题，让律师在深入提问中能够确定选择哪些问题进入下一步的突破。

三、为什么要按时间顺序了解案件过程

我们通过上面的文字对如何更好地了解案件过程做了详细介绍，但是究竟为什么调查的开始需要从案件过程入手呢？笔者认为理由有以下几点：

（一）有助于预见法庭陈述

我们先来看一个房屋租赁的案件，如果你是原告方的代理律师，在开庭时陈述案件事实及起诉理由时，你做了如下介绍：

> "被告胡××于2019年6月27日将三峡餐馆转让给原告方，转让费为4.2万元，由原告杨××之夫许××办理了交接手续。2020年7月14日原告杨××与许××离婚，约定了三峡餐馆的经营权为原告杨××所有。2021年5月底，第三人康××出面干涉，原告杨××才知道房主是康××，不是被告胡××。经多方协商未果，原告被迫停业，被告于2021年8月底私自叫人将餐馆电源断掉。被告擅自转租承租房的行为侵犯了原告的合法权益。故诉请法院确认原告、被告所签订的餐馆转让协议无效，由被告返还转让费4.2万元及其利息，并赔偿原告营业损失3万元和垫支的水电费900元，本案的诉讼费由被告承担。"

我们可以看到，以上陈述清楚地反映了每件事情的先后顺序，事实理由的书面陈述无论是理论和证明都很充分，但这一定是建立在事先我们对案件过程的梳理和全面掌握基础上的。所以，如果我们采用一种能够为法律所接受的方式分析当事人的陈述，就可以事先知道在法庭上需要陈述的内容，并在此基础上评估当事人的法律权利。

（二）案情过程叙述更接近日常生活中的交谈方式

你还记得小时候我们最初开始写作文的时候吗？

> "我今天早上吃了两个鸡蛋，然后出门上学。在公交车上，我给老奶奶让了座。来到学校，见到同学很高兴。放学了，我高高兴兴地走出校门，在校门口还买了一支冰激凌，然后回家吃了晚饭，看了电视，九点钟就上床睡觉了。"

法律咨询

即使这样的作文常常被老师嘲笑为流水账,却不得不承认,这种平铺直叙确实是人们真实生活的反映,它符合普通人的交流方式。而且这样的方式按时间顺序将不同事件联结在一起,让我们觉得非常自然并能够准确地了解特定时间内情况发生了什么变化。

(三) 叙述案件过程有助于全面了解案情

就像此前说到的,按先后顺序叙述案件过程更有利于当事人回忆起发生的每一件事情,不容易造成遗漏。因此,在要求当事人开始介绍时,应该提醒他试着回忆从最开始到现在发生了什么,必要时可以提示一下"然后呢",这样的效果就比简单地提一个开放式的问题比如"你现在说说情况吧"要好得多。当然,律师在当事人叙述过程中也不要太多地提问,因为谁也不愿意在长时间叙述特别是仔细回忆的时候被突如其来的问话打断。如果你感觉到他在回避或者绕开不愉快的话题,也暂时不要惊动他,让当事人自己去决定什么该说什么不该说,给他被尊重和信任的良好感受,与之建立融洽的关系,这样在深入提问的时候就可以试着让他讨论自己在一开始不愿谈及的内容。

另外,如果没有要求当事人按照时间顺序对案件过程进行叙述,可能他能够想起或认为有价值提供的就是非常有限的情节。那么在这种基础上展开的调查将在很大程度上依赖律师先入为主的判断,难以保证调查全面展开。反之,当事人按时间顺序所做的案情介绍可以作为判断其在情况了解阶段所谈问题是否确切的依据。

更为重要的是,案情的时间顺序是客观存在的事实,不会依某人的判断而转移。先从时间线索入手,而不急于查询相关情节的详情,可以让律师避免两种草率判断的倾向:一种倾向就是,因为太急于进入律师关注的情节,而忽略了案件的整体,即使律师具有良好的法学功底和丰富的实践经验,也不可能凭主观想象预测一切发生过的事情。这种部分事实加主观假定的做法只会将律师引向错误的深渊。所以,一定要让当事人避免受到律师的主观假定影响,原原本本还原当时的情形,其中可能包含了很多超出想象的法律问题的材料。另一种倾向是律师自己有可能受到当事人的不良影响。当当事人不按时间顺序随意介绍他认为重要的情节时,律师很有可能陷入一些无关紧要的法律问题中,以至于不能思考其他更为重要的问题。如果按顺序叙述，律师可以更加宏观地看到案件的全过程，去掌握那些涉及不同领域并且更为重要的法律问题。

最后，先弄清事情的先后顺序，还有利于提高当事人回答问题的能力。作为律师，我们比较习惯一上来就采取主题调查的方式，即按照特定的法律问题去了解特定情况的真相。例如，在一个合同违约诉讼中，作为原告的代理人，律师最关心的也许就是在被告违约的情况下，自己的当事人有没有采取必要的措施以减少损失。如果直接问当事人，他是否采取了任何减少货物损失的措施，他可能只能很简单地回答是或不是，但却很难立即准确回忆起他为减少损失而做的每一件事。这并不能归责于当事人，因为人脑不同于电脑，它不能就上述提问立即系统地列出相关搜索答案，而只能就其中一两个问题作出答复。但如果你先弄清楚了事件的先后顺序，并从这些依次发展的情节中推出特定的问题可能与哪些情节有关，这时再运用主题调查就比较有效了。例如，在上面的合同违约诉讼中，当事人在依次介绍各个情节时提到了曾经在一个饭局上遇到了另外一个供货商，这时你就可以问他："刚才你提到有一次饭局上你遇到了另一个供货商，那你在那时有没有和他商量供应替代货物的事情呢?"这样当事人又回到了具体情节中，注意力就集中在了那次的相关情形上，必定更加便于他回忆这一情况。

（四）叙述案情过程可以使介绍准确

人总是有逃避对其有害的谈话内容的天性，特别是在谈话对象还比较陌生，没有建立起信任关系的时候。而我们在要求当事人按照时间顺序叙述案情过程时，通常采用的是开放式的提问方式，没有硬生生地去挖掘那些细节，因此能够避免当事人因为担心泄露那些不愿公开的情况而故意歪曲事实的情况。采取这样的方式，当事人一般不大可能去考虑哪些情况可能对自己有害，而只是简简单单地回答问题。在前述徐先生房屋质量纠纷一案中，我们当然知道卖方赵先生在介绍房屋屋顶时所做的陈述很重要，但是如果直接就这一点进行询问，而徐先生对此很敏感并有故意歪曲或者隐瞒谈话内容的倾向，就会把我们带离案件的真相。相反，如果仅仅是让他按照事件自己陈述，最多问问"然后呢"，他反而可能说出真实的情况，满足我们询问的目的。

（五）知晓案情过程有助于推理

在诉讼中，案情过程是一切推理的基础。我们依赖案情过程理解当事人的谈话，法官依赖案情过程了解整个案件，所以它将是一切证据推论的基础。当有人告诉你两个画面：一是王总和李总握手，二是王总向李总支付3万元钱，你马上会联想哪个动作在先，并潜意识地设定这里面是否达成了任何交易。先后顺序的不同导致整个事件呈现出来的面目也不同。如果是王总在向李总支付完3万元钱后与其握手，这次握手便很可能成为交易达成的一种证据。但如果握手是一开始就进行的，则无法单独构成任何交易的证据。因此，我们可以看出，理解案情过程有助于我们更好地了解在法律文书或者法庭上陈述事实及理由的重要性。而案件过程是先后顺序的产物，它向我们揭示了事情的真相及演变过程，并有助于我们理解并作出相应的推论。

（六）了解案情过程有助于扩大视野

通常诉讼案件的争议多集中在重要情节上，比如合同诉讼的焦点可能会集中在合同是否已经成立或者一方是否未能按时交付以致违约；而交通肇事案件中主要的争议可能集中在驾驶员在肇事时的身体状况上。作为律师，我们在与当事人的交谈中，不自觉地会被这些情节吸引，反复详细询问。在一个离婚财产的争议案件中，我们可能会集中在财产分割协议协定时一方的精神状态上。但是，除了这些，我们必须要迫使自己关注案件的所有相关情节，并弄清他们之间的先后关系，这样才有助于扩大我们的视野，扩充证据的来源。

例如，在这样一个离婚财产争议案中，原被告原系夫妻关系，2020年3月17日双方在××区民政局达成离婚协议。原告认为该离婚协议是原告在患有精神病住院治疗期间，神志不清的情况下达成的，是被告乘人之危，迫使原告作出违背真实意思的表示。故起诉至××区人民法院，要求撤销双方于2020年3月17日签订的"离婚财产分割协议"，重新分割原告、被告的夫妻共同财产。作为被告的律师，证明原告在签订上述协议时具有完全民事行为能力是本案的关键。在被告的案情介绍中，你了解到在签订离婚协议及财产分割协议时，原告曾接了一个电话确认供货数额。由于注意到了这个细节，原告可能的生意伙伴进入你的眼帘，他有可能成为一个重要的证人证明原告当时的精神状态。这样一来，比起原来仅仅寻找精神病院医生作为证人又多了一个证明的途径。

（七）跟踪案情过程可以发现另外的法律问题

如果你处理的是一个侵犯名誉权的案件，当事人在网络上被发恶意视频"网暴"，你首要的判断肯定是依据名誉权相关的法律规定而作出。并且，因为这些判断，你会开始着重了解与这种法律判断相联系的事实。其实，如果当事人按照事件顺序介绍，你有可能会了解到，首先是有人无意中拍到了当事人在公共场合的一些行为，但是经过视频发布者的恶意加工，演变成断章取义的不恰当行为。这些事情都会改变你原先的判断，让你注意到另外一些法律问题，比如拍摄者的传播是否也需要负有一定责任。

所以，律师如果忽略了时间线索的重要性，很有可能迟迟无法甚至再也无法了解那些比直观感受更重要的法律问题。

（八）了解案情过程有助于提高效率

案情过程至少可以在以下三个方面为你节约时间：

1. 它可以避免你耽误在那些最初看似重要其实最终证明很无聊的细节上。

2. 即使你可以用封闭式的提问弄清所有需要掌握的案情，但浪费的时间太多，不如一开始就着手了解案件前后情况。

3. 在后期准备诉讼材料时，你会反复用到案件情况，如果一开始没有仔细询问，在书写案件材料时还需要多次返工，这样只会更加浪费时间。

因此，了解案情过程可以最大限度地节约你办案的时间，从而提高工作效率。

> **小贴士** 诉讼案件的咨询工作应该依时间顺序，从了解案件经过开始。结论很简单，但做起来却需要根据不同的案件使用不同的技巧。

第二节　帮助当事人对案件过程进行陈述的技巧

一、告诉当事人应该如何开始

在初步了解情况后，我们就需要借助当事人的陈述弄清案情了。这时，一般当事人只是做好了提问和回答具体问题的准备，在律师要求他们自主长时间叙述时往往显得不知所措，也很少会考虑时间顺序的问题。因此，在引出案情过程陈述之前，我们很有必要就如何进行案情陈述向当事人做一个预先说明。

法律咨询

比如，面对一个毫无经验前来咨询的当事人，律师可以这样说明：

> "蹇女士，你想要咨询的问题我大概清楚了。现在我想听听整个事情的来龙去脉。你就按照每一个事情发生的先后顺序进行复述。不要担心在法律上面是不是重要，你自己按照自己的节奏谈就可以了。我可能中途会提一点问题，但基本还是你自己谈。你介绍完全部的情况过后，我可能就一些法律上的重要问题进一步提问，但今天不一定能够完成，因为只有一个小时我就得离开办公室了。如果你有时间，我争取在明后天请你过来进行下一步讨论。当然，今天走之前我会给你一个初步的方案。你放心，我们之间的谈话是绝对保密的，在没有得到你的许可下，我们不会向第三方透露。不知道我这样说你清楚了没有？"

在上面这段预先说明中，你向当事人交代了按时间介绍案情，并告诉她自己可能会提些问题。然后你告诉她可能会另外找一天提一些具体问题，向她做了保密承诺和这次咨询大概持续的时间，并且你还谈到给她一个初步方案，满足了她想要一个解决结果的直接愿望。总之，这段说明非常全面，律师详细告诉了初次进行法律咨询的当事人应该做的事情，非常适用于那些毫无经验的咨询者。

当然，预先说明还涉及其他问题。比如，有些律师喜欢向当事人强调"如实叙述"，但这往往容易引起当事人的反感，因为会让别人有一种不被信任的感觉。这种时候，律师就必须借由自己的经验判断，如果当事人确实有不实陈述的倾向，这样的说明也是很有必要的。另外，就是做笔记的问题。我们大多律师习惯于在会见当事人的时候带着笔记本和笔，这无疑是一个好习惯，因为它可以帮助你避免遗漏重要问题和之后的提问以及分析。但如果律师一直埋头做笔记而忽略与当事人的交流的话，当事人可能无法感受到你情感上的共鸣和对此话题的兴趣，因而影响你们建立融洽的关系。因此，律师应该边听边记下要点，注意二者的比例，不要顾此失彼。

有的时候，预先说明也并不是必需的。如果你的当事人是一个富有诉讼经验的委托人，律师例行公事地向他进行预先说明，可能会让他觉得很没有面子；如果是一个性子很急，希望马上进入主题的当事人呢，律师的预先说明可能也会让

第八课
诉讼案件咨询流程

他觉得很恼火，认为这是浪费时间的表现。在这样的情形下，如果当事人在叙述中仍旧絮絮叨叨，不得要领，律师可以在其叙述的过程中寻找合适的时机进行说明。

比如，当一名中年妇女对细节纠缠不休，反复叙述时，你可以这样说：

> "黄总，我理解您的心情。我想根据自己的经验向您提个建议，希望您能先就整个情况依次扼要地叙述一下，再来展开细节。这样我可能会更容易理解一些，您看可以吗？"

如果在已经做了说明的情况下，当事人仍旧犯同样的毛病，你可以更加婉转一点：

> "黄总，您刚才介绍的情况对我们来说非常重要，但就像我刚才说的那样，希望您还是能够按照事情发生的顺序进行介绍。"

为了进一步加深对预先说明的理解，掌握具体情况下的运用方法，我们看下面两个预先说明的例子：

> 律师：秦先生，你现在的主要问题就是想知道你的海外货物无法及时到港，能不能起诉货运公司，对吗？
> 当事人：对的，我主要是想知道能不能找货运公司赔偿。
> 律师：我们一会儿详细分析这个问题。现在你能够先谈一下事情经过吗？包括你是如何进行的采购、托运，又是什么原因导致的货运延误。

在这段对话中，我们可以看出当事人并不急于谈事情的经过，有一定的法律知识，不是很清楚律师要怎么展开和他的谈话，而律师的预先说明似乎也不太明确。首先，律师并没有告诉他在他介绍完案情过程后会进一步向他了解情况，也没有提醒他按照时间顺序介绍情况。其次，律师也没有向当事人说明这一阶段的讨论大概会持续多久以及讨论的目的，这一切都会让当事人对即将进行的事情浑然不觉甚至产生错觉。

> 律师：汪女士，你现在主要的问题是你先生在未经你同意的情况下，用你们的房子做了贷款抵押，现在因为银行要拍卖房屋，你想知道怎么阻止房屋被拍卖同时又不影响你们夫妻的感情，对吗？
>
> 当事人：是的，差不多就是这样。
>
> 律师：汪女士，我想先请你从头到尾讲一下相关情况，我会做一些记录，也会向你提少量问题。你按照自己的节奏慢慢谈，我不会打扰你太多。你讲完以后我会根据记录的问题再向你提一些问题，以便核实你刚才介绍的情况。这样可以吗？
>
> 当事人：可以。
>
> 律师：好的。另外，今天谈完之后，我可能会再请你过来一趟，或者我去你那里也可以。因为有些情况需要补充和核实，我也需要在这之前研究一下相关法律。当然，今天我也可以根据你的情况给你一些法律意见，但是可能不会那么全面。你现在就按时间逐次开始介绍每件事情吧！
>
> 当事人：好的。

在这段对话中，律师的叙述让当事人知道有两方面的情况需要核实，还解释了当事人应怎样介绍案情过程，以及律师会就其介绍做些笔记。律师还说明了可能会另外安排时间进行情况了解和补充。然后律师还明确表明你需要对相关法律做一些研究。最后还又一次强调了对方需要按时间顺序介绍情况。这个说明针对那些缺乏经验和没有紧迫感的当事人非常有帮助，但是并不是完全没有问题的。比如，律师谈到了对相关法律做一些研究，有可能会使某些当事人对律师的能力产生怀疑，而律师谈到今天可以先给出一些"法律意见"，有可能会让当事人误以为在这次谈话结束前，其会对法律问题作出回答。因此，在这些细节的表述上不妨再斟酌一下。

二、提示当事人回忆更早发生的事情

上面提到，我们在预先说明中，通常会交代当事人从头说起，但这并不意味着律师要去指导当事人具体从什么地方谈起。因为律师不是当事人，不能代替其做判断，如果律师猜错了事情的起因而要求当事人从某一处谈起，就有可能错过之前更重要的一些情节。

比如，一起交通事故中的受害者来向律师咨询，律师不应该仅要求其从开车出来时谈起，而是应该让他自己决定从何说起，因为这起车祸或许与当事人之前知晓的一些重要信息有关，或许也与其身体状况有关。当然，有时候当事人也很迷茫，不能确定事情真正的起源，以至于他会问律师他应该从哪里讲起。这时律师要做的就是告诉他，"你认为应从什么地方开始就从什么地方谈起"。

作为律师，我们如果过于了解当事人或者凭借自己的职业感觉和经验，常常会怀疑当事人并没有从最开始讲起，而粗暴地去打断当事人的谈话。而很多事情其实是有法定程序的，就像医生做手术前会让亲属签字，法院开庭前会有传票，所以作为一个聪明的有经验的律师，我们有理由对那些不符合常理的陈述产生怀疑。比如，当一个当事人向你咨询他收到法院的传票，告知你他已被银行起诉要求处置其抵押房产时，你立马想到之前银行肯定与其就按揭还款有过多次的联系。

在这种情况下，律师是否应该立即打断当事人的叙述而要求其从更早的事情说起呢？答案是否定的。这样的做法只会让你的当事人失去对你的信任并丧失继续谈话的兴趣。其实你完全可以留在深入调查时来弄清楚这些问题或者就在他谈完后。

比如，针对上面那个不还款而被起诉的当事人，如果你判定之前肯定还有事情发生并且对这个诉讼很重要，还可以问：

> "汪女士，你刚才告诉了我们一些重要情况，但我这边还有一些问题。你能否回忆一下，在收到法院传票前，××银行是否还和你有过电话或者书面函件之类的沟通？在这些沟通中他们有没有说他们会提起诉讼要求执行抵押物？"

法律咨询

因此，在开放型的问题中，如果当事人按顺序回答并没有涉及这些更早发生的事情，律师借助自己的判断适时运用一下"是不是"或"有没有"这种封闭式提问法或许有助于刺激当事人的回忆。

三、换一个角度提出律师的要求

有时候，尽管律师已经在一开始就要求当事人按照时间顺序介绍案情，但其不一定一下子就能明白你的意图，于是在叙述过程中反复出现颠三倒四、掐头去尾的具体情节就不奇怪了。在这种情况下，你不妨换个方式重申你的要求。例如，一个前来咨询交通事故的当事人是车祸的受害者，情绪激动而且说话缺乏逻辑，你可以这样打断他：

> "宋先生你很生气，我们完全理解。但是，现在可以帮你的就是你尽快平静下来，把车祸发生前后的所有你认为相关的情况告诉我们。你要一步一步来，不要遗漏什么情节，不要着急，一件件慢慢讲。"

当然，重复解释后，宋先生可能仍然不得要领，并又一次脱离你的要求，这时你必须明确告诉当事人你的意图以及他现在的谈法不符合你的意图。你可以这样说：

> "宋先生，你一直强调你行驶在快车道的时候，他突然从慢车道超车撞上你的车，这一点确实很重要。现在我需要知道撞车的整个过程，你没有说清楚其他事情，你能逐一地讲一下你进入××高速路段后发生的情况吗？"

在案情叙述过程中，随时纠正当事人的叙述方向和轨迹非常重要，这个时候不妨变换一下角度提出你的要求，以保证案情叙述的质量。

> **小贴士** 帮助当事人陈述案件经过的技巧，有助于你提高工作效率和融洽与当事人的关系。你可以在具体工作中用一用。祝你能够早日体会到它们的妙处！

■ 第三节　不同询问方法的运用

在上面的内容中，我们曾经提到了开放式和封闭式询问法，其实这只是"美式询问法"中的两种。同样的问题因为问法不同，往往会得出不同的答案。我们在询问案件情况的过程中，不妨也尝试一下各种方法，尽可能多地从当事人口中得到信息，以便我们作出更正确的判断。

一、开放式询问法

我们在询问案件过程时通常采用的是开放式询问法，让当事人自由地叙述事情，思路不致受到具体问题的限制。它能够使当事人按时间顺序介绍案情而不过多地纠缠在具体细节上，符合我们按顺序了解案情过程的目标。它还有一个优点便是可以使当事人暂时推迟谈那些不愿谈及的事情并且使我们更像一个倾听者，从而赢得当事人的信任。

开放式询问法一般以下面三种方式引导当事人的谈话：

1. 当事人提及某一情节时，你希望他继续谈下一件事情，你可以紧接着问："然后呢？"

2. 当事人提及某一情节时，你希望他多谈一点，你可以这样说："你具体说一下好吗？"

3. 当事人提及某一情节时，你希望请他复述一遍，以确保没有任何遗漏。

比如，当事人讲述了其将装有合同的信封交给快递公司这一内容时，你可以重复一下他说的可能有遗漏的内容来帮助他进一步回忆，比如你可以问："在你从总经理办公室出来到你把装有合同的信封交给快递公司这段时间，还发生了什么事情？"

从下面的例子，我们一起看看开放式询问法的三种形态是如何交叉于案件陈述过程中的。

法律咨询

>   (1) 律师：周小姐，你 11 日晚上明确向你先生提出离婚之后，发生了什么事？
>
>   (2) 当事人：第二天我接到一个电话，一个姓李的女的说我早就应该和我老公离婚。
>
>   (3) 律师：你能详细谈谈这次电话的内容吗？
>
>   (4) 当事人：（略）
>
>   (5) 律师：在这个电话之后，又发生了什么事情？
>
>   (6) 当事人：两天后我收到一份手写的离婚协议书，上面已经有我老公的签名了。我觉得那个字不像是他的。
>
>   (7) 律师：你是不是觉得很奇怪？不过这个我们倒可以申请做笔迹鉴定。你再想一下，在姓李的女的打电话给你到你收到这份离婚协议书之间，还发生了什么事情？

在上例中，第（1）项和第（5）项适时地让当事人的思路往后延伸；第（3）项让当事人的思路聚集在刚刚谈及的内容上；第（7）项是要继续弄清可能漏掉的一些事情。

二、封闭式询问法

尽管我们不提倡在当事人叙述的过程中打断当事人，但有时如果其在有些地方含混不清，我们还是有必要尽快弄清楚其含义，保证谈话的清晰和有序。这时封闭式询问法就可以帮助你迅速弄清这些问题。

我们先看下面这个例子：

>   (1) 律师：然后怎么样？
>
>   (2) 当事人：我和卖方的客服中心电话沟通了中央空调的故障。他们说他们明天来检查一下。
>
>   (3) 律师：等一下，是谁要来？"他们"指的是谁？
>
>   (4) 当事人：哦，就是客服中心的维修人员。
>
>   (5) 律师：好，他们承诺第二天来检查，然后呢？

在上例中，第（3）项是一个典型的核实内容的封闭式问话。由于在当事人的叙述中出现了两个"他们"，律师不能肯定第二个"他们"指的是谁，于是简要地通过限定性的提问鉴别了对方的所指。

有时候，当事人在叙述中同样会出现顺序上的模糊不清，封闭式询问法也有助于你弄清事情发生的次序或某段时间内发生的事情。请看以下对话：

（1）律师：你接着说吧？

（2）当事人：我老公喝了很多酒，他开始打我，打我的头，非常地重。

（3）律师：天啊！等一下，我再确定一下他是先喝酒还是先打你？

（4）当事人：哦，他当时已经喝得烂醉了，一般他喝醉了才会打我。

在上述谈话中，第（3）项属于一种封闭式问话，他的作用是为了弄清两件事情的因果关系。

同样，封闭式型询问法可以弄清两件事情在时间上的间隔。律师和当事人继续对话：

（5）律师：之后的事情你还能记起来吗？

（6）当事人：我被打得受不了了，就打电话给"110"请他们来管一管。后来他就拼命骂我，然后又打了我。

（7）律师：从你接通"110"报了案到又被打中间的间隔大概有多久？

（8）当事人：有1个多小时。

（9）律师：好，你继续说。这个时间间隔比较重要。

在上述对话中，律师通过提问第（7）项企图了解的情况是非常重要的，当事人接通"110"报案到又被打中间的间隔过长可以反映"110"的渎职，这将必然影响我们之后的法律理论构建。所以，你通过封闭式询问方法把这些本来不被当事人注意的东西挖掘出来是相当重要的。

最后，我们要注意，虽然在上面几个例子中，封闭式问法都介入了当事人的

法律咨询

陈述，但仅仅局限在当事人的谈话内容中，并没有把当事人的思路从时间轨迹上岔开，因而不会让当事人受到大的困扰而无所适从。

三、归纳询问法

我们上面用到了太多的"然后呢"，但有时候你不要偷这个懒，试着先归纳一下对方的谈话内容，再问接下来的事情。比如"在卖方答应明天要来后，又出了什么事情？"这样可以帮助当事人注意到自己说过的话，从而把握住时间先后顺序去思考。

四、折中询问法

本课我们讨论得最多的是如何运用开放型询问法去弄清当事人对案情的叙述，同时本课也介绍了封闭式询问法对于弄清具体情况和时间间隔的必要性。单纯使用开放式询问法可能会使询问案情过程的效果受到影响，但如果过多使用封闭式询问法则会使律师过分关注案情细节，削弱了案情过程的作用。因而，如何打破这两者的矛盾，合理地分配两种询问法的时间和场合就显得尤为重要。

作为律师，我们一般是有意识地尽量用开放式询问法，只有在企图弄清楚细节或深入提问时才使用封闭式询问法。大家一般会担心一旦开始深入追究问题，就会很难控制情节的顺序。但是，即使是在开放式询问中，针对当事人的陈述，你也需要保持高度的敏锐，对那些有助于理解当事人所谈内容或者影响法律适用的重要情节要特别留意，必要时还是要及时使用封闭询问法去捕捉这些需要详细了解又转瞬即逝的情节。而且你经常可以发现，在当事人自顾自叙述的时候，我们冷不防地说一句："请你再谈谈……"当事人毫无例外又会说出一些第一次没有涉及的情况，因此询问案情过程绝非单一的开放型询问，涉及细节问题在所难免，因此律师一定要学会折中使用两种方法。

> **小贴士** 除灵活和更为有效地运用"美式询问法"外，律师还可以通过归纳、折中两种方式来启发当事人思路，以便更好地了解案情。

■ 第四节　了解案件的其他方法

一、认真阅读分析案件材料

我们都知道，人的记忆不可靠，它和真相总是有一定的差距，因此不能被作为证据。当事人也不可能完全凭借记忆来说清事情的前因后果，多半是有相当的书面材料为据的。而且在通往诉讼的道路中，各种文书会越来越多，包括之前的信件、合同、报告、收据等记录各种行为的文书。因此，在你向当事人询问案情过程的时候，通常还会问其是否带来了有关的案件材料；这些材料还能够帮助当事人回忆相关的事件。

比如，当事人谈到了某个回忆，他想得起持续的时间，但却无法想起确切内容。如果这时我们提出让当事人看看当时的会议记录，对他的回忆无疑是非常有帮助的。

文件的使用还有一个重要的注意事项，即不要在拿出文件后就陷入文件本身。因为文件比起记忆更加可靠且不受时间流逝的影响。这样一个死的证据很容易把你和当事人的兴趣都吸引过去，打乱当事人介绍的节奏。因此，为了保持谈话的轨迹，你最好在当事人提到文件涉及的事项时，再向对方提出是否参考此文件，且具体的文件研究应放到理论准备阶段去。

二、交谈中适时运用积极聆听法

在按顺序调查中，当事人是当之无愧的主角，而律师要做的就是当好一个倾听者，充分地向当事人表明你正在聆听并理解他的想法和感情。在这一过程中展现积极聆听的姿态无疑会大大增加当事人对你的信任和依赖程度，从而帮助建立融洽的关系，并适时地向当事人提问。比如，你想让当事人谈谈其小孩溺水身亡的经过，当然不好冷冰冰地直接说，"请谈谈你小孩死亡的经过"，而是可以用更富人情味的语气说："你一定非常伤心，我能理解这种感觉。它到底是怎么发生的呢？"

三、尽可能完整记录当事人的陈述

前面我们提到，记忆不可靠，所以要随时记得带好我们的"烂笔头"。当事人

法律咨询

展开案情叙述的时候，我们就重要问题所做的笔记可以使我们在会谈后重新审视整个事件的发展过程，也可以帮助我们思考分析下一步需要调查的内容。另外，你除了可以使用调查笔记帮助自己回忆外，还可以在今后与当事人的讨论中使用之前他们曾使用过的被你记下的词，便于他们更好地回忆。

笔记不宜写得太密，以便你在会谈后可以凭记忆在空隙里补充一些细节。

最后，就像之前提到的，我们不能因为记笔记而忽略了对当事人的倾听，因此不要一直埋头逐字逐句地记录，而只应有选择性地记录一些重要的提示性词语、有可能忘掉的情节还有那些开始听起来平淡无奇以后却有可能被认为重要的问题。

> **小贴士** 只靠倾听无法留住案件的全部情况。利用书面文件和笔记来帮助你掌握案件情况是律师的基本工作习惯和技能。

第五节 实例分析

以下实例均建立在初步了解结束，且已对当事人进行预先说明的基础上。

实例一

（1）律师：赵先生，麻烦你从头到尾讲一下事情经过。

（2）当事人：好的。我们购买的房屋由于开发商资金链断裂，一直没有交房，现在已经停建了。我们维权了很久，也没有复工的迹象，同时受疫情影响，我们的家庭收入也在减少，直到上个月，我已经没有再还房子的按揭了。

（3）律师：哦，这样啊。那然后呢？

（4）当事人：我收到了银行的催收信函，告诉我必须在限定的期限内还款，否则我会被起诉直至房屋被拍卖抵款。

（5）律师：你今天把那封催款函带来了吗？

(6) 当事人：带来了。

(7) 律师：我看一下。

(8) 当事人：好的。

(9) 律师：你接到信后与银行交涉过没有吗？

(10) 当事人：有的，我很快就去了银行和贷款部的人员沟通这个事情。

(11) 律师：你是怎么说的？

(12) 当事人：我就实话给他们说我现在确实拿不出钱，但是房子也没有交付给我使用，我认为我有权拒绝继续支付按揭款。

(13) 律师：你具体和谁说的。

(14) 当事人：我是跟何经理谈的，她跟我说不要太着急，说现在还没到提起诉讼的地步，我们这个楼盘是当地有名的"烂尾盘"，政府在积极施救。

(15) 律师：你是不是听了她的话觉得稍微放心了？

(16) 当事人：是啊，但是几天后，我就收到法院的传票和他们银行的起诉状副本了，里面说我必须马上归还所有欠款，否则将执行我正在按揭的房子；如果不足，还要执行我的其他资产。

(17) 律师：你是什么时候接到传票的？

(18) 当事人：上周五。

(19) 律师：你收到传票的时候还有其他情况吗？

分析：实例一中的对话主要是为了说明一些并非前后连贯的情节会被律师不知不觉插进对话中。比如第（9）项，律师的提问一下就把当事人从收到催款函拉到去银行和何经理交涉的事情上，这是相当不理智的。因为在收到催款函和交涉之间可能会有另外的情况，但当事人的注意力明显被律师牵引，以至于跳跃式地思考下一个问题去了。所以，第（9）项应该采用开放式问法，比如，"收到催款函后又发生了什么？"

由于律师跳过了与何经理谈话和收到传票中间的事情，当事人在第（16）项中的介绍可能会有遗漏。律师应该再强调一下当事人与何经理的谈话，比如，"你谈到了和何经理的谈话，那在这次谈话后发生什么事情没有？"或者直接点出"在你与何经理交谈和你收到法院传票之间还发生了什么事没有？"

法律咨询

这个例子另外一个提示就是不要在案件顺序调查中花费太多时间询问细节，否则你和当事人都有可能误入歧途。比如本例子中的第（5）（7）（13）项这些问题，本不需要过多地解释和说明，否则只会让你和当事人的注意力偏离内容，而且对了解事情梗概也没有太大用处，这就没有必要在这里提出，完全可以留在深入调查中进行。

值得一提的是第（15）项，律师对当事人当时的感觉作出了积极反应，值得肯定。

实例二

（1）律师：麻烦你从头说一下整个情况。

（2）当事人：其实我现在也被解除劳动关系了。就在我离开公司前6个月，有一天我的同事张丽过来找我，说她因为骂了值班经理被开除了。

（3）律师：请谈具体点好吗？

（4）当事人：她说她当时正在码货架，结果值班经理骂她，她就和值班经理大吵了一架。但张丽说她知道她被开除是因为之前她给老板汇报了值班经理的贪污行为。

（5）律师：如果是这样，难怪会被开除。你接着说。

（6）当事人：我于是冲到值班经理面前，让他解释这件事情。

（7）律师：在张丽过来找你帮忙和你去找值班经理理论期间，还有没有其他事？

（8）当事人：我另外联合了几个同事，决定一起帮张丽讨回公道。我是主要代表。

（9）律师：嗯，这个信息很重要。你被推选为代表之后，又怎么样了？

（10）当事人：我去找到值班经理，问他怎么回事。他说张丽总是抱怨又不服从工作安排，所以他开除了她，但是他承认不该骂她，向她表示歉意。我告诉他，我们几个同事已经联合起来，一定要把事情弄清楚，为张丽讨回公道。他说随便我们，反正他无所谓。我们就去找人事经理了。

（11）律师：不好意思，我还是想确定一下，在你找值班经理和找人事经理期间，你或者其他那几个同事还做了其他事情没有？

> （12）当事人：没有。
>
> （13）律师：那好，你就谈一下和人事经理的交流吧。
>
> （14）当：我就是把刚才给你说的情况给人事经理说了一遍。
>
> （15）律师：你再详细回忆一下。
>
> （16）当事人：我记得她就是说需要和值班经理核实一下，再给我打电话。
>
> （17）律师：这次交涉好像效果不是很好。
>
> （18）当事人：我们确实很失望。
>
> （19）律师：然后呢？
>
> （20）当事人：我们开了一次讨论会。
>
> （21）律师：哪些人参加了会议？
>
> （22）当事人：张丽、我、值班经理、人事王经理还有一个同事小赵。
>
> （23）律师：这次会议开得怎样？
>
> （24）当事人：我和小赵谈了张丽平时的工作情况，我们都觉得她平时工作非常出色而且我们觉得她给老板反映的情况是真实的。值班经理又说他骂张丽，是因为张丽之前骂了他更脏更恶心的话。但根本不可能，小赵听到了的，张丽完全没有说那些话。他完全是在乱说！骗子！
>
> （25）律师：他确实太过分了。那你再想一下，值班经理平时也骂过你类似的话吗？

分析：实例二中的问法虽然有一点点小瑕疵，但已经非常标准了。第（7）项示范了怎么运用"加塞"法补接在情节的时间链条上可能漏掉的环节。第（9）项和第（19）项是开放式询问法追索案情的发展轨迹的典范。第（3）项和第（13）项都是利用开放式询问法询问当事人那些已经提及但不甚清楚的事情。第（11）项示范了如何使用开放式询问法弄清间隔之前可能漏掉的情节。在第（11）项中，律师还可以稍微改进一下，不要局限在采取了什么行动，而是问在那段时间还出了另外的什么事情。第（21）项是一个典型的、容易偏离时间轨迹而陷入不必要的详情细节的封闭式询问。但是，由于所问的仅仅是特定的细节，并且律师也没有再深究，应该可以被接受。第（9）项开始的一句话举例说明了"赞许"法。第（17）项和第（25）项是积极聆听法。但是，第（25）项提出的问题却有可能使当事人偏离案情过程的时间轨迹。

第六节　几种特殊案件的处理

最后我们一起来看几种特殊案件的处理，学会灵活运用本课讲述的方法。

一、史诗般冗长的案件

当当事人的叙述像希腊史诗一样漫长，你会怎么办？继续忍受冗长乏味的陈述还是打断？记住，冗长乏味并不是你了解案情过程的目的，甚至越是冗长乏味越是有必要了解其过程梗概。这个时候，叙述案件过程对于重新开启当事人的记忆以及你事后分析所谈内容都是非常重要的。

所以，哪怕再冗长的案情，也要坚持弄清发生和发展的过程，即使这可能会耗费你大量的时间。

二、多人共同叙述的案件

本课的很多地方都是假定案情过程叙述是一个人的事情。但是，在实际咨询中，特别是涉及法人的案件，进行陈述的当事人就很有可能不止一个。比如，在一个产品质量纠纷中，你的当事人生产的蒸汽熨斗被认为设计有问题。该当事人的叙述就有可能包括产品的设计、测试和销售环节，因而你要面对的叙说者就可能包括了公司的管理层、设计工程师以及推销人员等。

书面材料有时可以帮助你减少一些需要交谈的人员数量，例如，你可以通过书面材料确定某人是主要责任人并且可以用书面材料提示其回答其他相关情况，那么仅与这个人交谈就可以摸清整个事情，从而为你节约一些时间。

如果是多人共同叙述的案情过程，你还有必要对时间顺序的使用做一些调整。如果你要求每一个叙说者都按顺序介绍，再与当事人介绍的梗概——印证组合，最后再倒回去向这些人调查特定事实的话，工作量会极大而且容易出错。因此，不妨在和每一个人员做交谈时，就做好两方面的工作，最后借助书面材料组合不同人介绍的案情即可。

三、复合式案件

如果是在电影里，按顺序表现几个同时发生的情节或许十分容易。但在一个案情陈述中，当事人和相关人员正在按时间顺序叙述，那些同时发生的情节可能就会让你觉得混淆。因此，你只有在了解完事情中的各种线索后，才能分别追索每一个线索，直至明白事情整个过程。

比如，在上面提到的熨斗质量纠纷中，如果熨斗厂的厂长可以借助文件回忆很多关于熨斗设计、测试、销售的相关情况，但许多情况是同时发生的，如设计时已经开始制定销售策略，测试时又在对设计进行改进。在这种情况下，你就必须学会把这几个过程独立出来，分别了解有关整个研究的过程、有关试验的过程以及有关销售的过程。

当然，没有任何规则能够告诉你如何把整个案情分成各个独立过程。你只能尽力依赖你的判断去考虑复杂式案情中的各种因素，诸如案情的复杂性、当事人的记忆力以及时间的重要性等。

> **小贴士** 处理过程复杂、参与的人很多、涉及事实线索较多的案件，其实就是简单技巧的复杂运用。你需要更多的耐心和不同的工作方式来对待这类案件。

第九课 LESSON 09

法律适用与证据构成

第九课
法律适用与证据构成

■ 第一节 抽丝剥茧：从法律到证据

在了解案情过程之后，你通常需要根据可能适用的法律理论分析案情过程，并有针对性地向当事人提出一些问题，特别是那些可能对当事人有利的法律理论问题。因此，你在作出分析前，最好先暂停一下，为寻找理论和证据做好充分准备，以保证向当事人提供优质的咨询意见。

这一课的主要内容就是对这一阶段操作的具体指引。

一、辨别案情中的法律理论

分析评估案情过程的第一步便是分辨当事人陈述中涉及的全部法律理论。如果不能抓住这些理论，深入提问几乎是不可能的事情。当然，如果你是一名合格的法学专业人士，即使是刚接触法律咨询工作，相信你也可以马上反应过来案件涉及的一些法律理论来，如违约、欺诈、故意、过失、疏忽、不可抗力。但是仅有这些是不够的，你需要的是对所有相关的需要研究的法律问题做到心中有数，而不是只看出其中一两个法律问题或者对此完全没有头绪。当你不敢肯定的时候，你就应该暂停提问，先去研究一下相关法律或者请教资深律师，确保为分析和评估过程做好充分准备。

二、从法理到可能的证据

分析评估的过程就是将法律理论转化为可能的证据的过程，这种转换通常需要以下三个思维过程：

1. 从法律规定中找出法定要件；

2. 将法定要件转换成事实主张；

3. 确定可能证明每种主张的证据。

下一节我们将分别讨论这几个步骤。

法律咨询

第二节　对诉讼案件进行法律分析的思维过程

一、从法律规定中找出法定要件

当你比照法律规定对诉讼案件进行分析的时候，你会觉得很多法条都显得那么抽象，有点无从下手的感觉。但当你仔细阅读这些条款，并结合法定要件的理论，这些死沉沉的法条便瞬间丰满起来。法定要件是法律规定的构成某类法律关系的诸多内容；再艰深晦涩的法律理论也是由若干要件构成的。因此，当我们需要证明一个法律理论时，首先要弄清楚的是法律是怎样具体要求的。比如，在最典型的刑事案件中，我们掌握犯罪理论即是从分析犯罪构成要件开始的，即犯罪主体、犯罪客体、犯罪主观方面、犯罪客观方面。因而，在分析一个故意杀人案件的时候，我们不是简单地用故意杀人罪的法条去比对，而是从中抽象出故意杀人案件的法定要件，看杀人的主体是谁，侵犯的客体是不是刑法所保护的公民人身权利不受非法侵害的社会关系，主观上是否存在希望或放任这种结局的发生，客观上是否实施了具体的犯罪行为。

二、法定要件并非案件事实

虽然法定要件丰富了法律理论，构成了法律理论的框架，但究其本身仍然只是抽象的法律概念，并不能代替具体需要解决的案件事实。例如，在一个热水器爆炸导致人身损害的侵权案件中，你在听完案情介绍后想到的法律理论问题可能包含了设计瑕疵、生产过程中的疏忽、违反了质量担保责任等。于是你开始结合相关的法律开始列出法定要件，可能包括：（1）产品已投放市场；（2）产品在投放市场以前已经存在设计瑕疵；（3）设计瑕疵是导致损害的直接原因；（4）设计瑕疵直接引起了损害的发生。

由此可见，上面这些要件几乎可以用于任何一个案件，且并没有表现出这个案件中的热水器设计情况、受害人的伤情以及其他损失等。当然这些要件如此抽象是合理的，因为我们不可能就每一种具体的案件来设计具体的法律要件，但如果要运用于诉讼实践，仅仅这些抽象的要件是不够的。我们还需要合理地将其转化为事实主张。事实主张是案情事实、法律理论和法定要件的综合体，只有提出事实主张，我们才能够正确分析需要证明的事实以及证据。

三、将法定要件与事实联系起来

如何将构建好的法律理论转化为具体的事实主张，以下的例子或许可以说明。

这是一起因为汽车刹车失灵导致车主受到人身和财产损失的案件。在具体案件过程陈述中，你了解到：

> 车主严先生6月10日在新旅程汽修店换轮胎，汽修店老板说严先生的车刹车有问题，建议他更换新刹车，严先生同意了。装刹车大概用了2天时间，在此期间严先生觉得很麻烦，上班迟到又不能送小孩。6月12日，严先生取了车。在接下来的一周里，严先生觉得刹车时汽车总是向左偏移。6月17日，严先生在家附近的红绿灯口遇到红灯，刹车完全失灵，冲了红灯，并撞在左边的一辆小车上。当时交警和保险公司都来到现场做了记录并出具了责任认定书和定损单。严先生因为头部受伤在医院住了三天，花费了相关医疗费12 000元，在4S店修理汽车花了4000元。4S店发现虽然更换了新刹车，但是旧的气刹并未更换。

在这个案件中，情况了解到这里时，你需要暂停一下并思考相关的法律。本案严先生可以请求赔偿的理论应主要集中在新旅程汽修店的过失责任上。过失理论的要件之一是"应注意而没有注意"；结合本案的案情，则可以转换为事实主张"汽修店违反了对车主应尽的合理注意责任，在给严先生车辆装新刹车的时候应该检查却没有检查气刹"。这样一来，你的事实主张就符合了法定要件的要求。通过用事实主张来重述法定要件，你会更加清楚需要动用哪些实际材料来填充抽象的法律概念。

在事实主张提出之后，潜在的证据也开始明晰起来，比如，此刻的你就把注意力自然而然地集中在了旧气刹上。于是，你开始集中核实这样一组潜在证据，你可能进行以下的深入提问：

法律咨询

> "汽修店有没有告诉你检查气刹?"
> "他们整个检修有没有书面的通知单?"
> "从汽修店提车的时候,他们是否告诉你哪些零件被更换过?"
> "出事前,车上的刹车警告灯有没有亮?"

四、多角度准备案件事实

因为法定要件非常抽象,你可以在诉讼前多准备一些事实主张。而且在诉讼中,情况总是变幻莫测,因此在深入提问前,不妨想办法多准备一些事实主张,以防万一。例如,在上面的刹车失灵事故案件中,为了证明汽修店应该注意却没有注意这一法定要件,我们已经提出了"汽修店在更换新刹车时没有检查气刹"的事实主张,但不妨再思考一下下面几个事实主张,或许也能起到一定程度上的论证作用:(1)汽修店没有为严先生车的气刹充气;(2)汽修店没有正确装置闸带;(3)汽修店安置的齿轮型号与严先生车型不符。

当然,提出以上事实主张的基础在于你本身对汽车非常熟悉。主张的增加同时也增加了收集证据的范围和难度,比如以上主张就有可能需要收集气刹、充气、闸带及齿轮等的证据,而不仅仅局限于气刹的问题。

由于大多数律师仅是法学专业毕业,缺乏相关的行业背景。缺乏对应知识有可能使我们丧失提出更多事实主张的机会。比如,上面的实例要求我们具有比较多的汽车知识;而如果你代理的是一个环境污染案件,你还必须研究那些有毒废弃物的形成。在这种情况下,你应该及时寻求专家的帮助或查阅相关资料以丰富专业知识。

同时准备多种事实主张也是准备整个案件的关键,不明白需要证明的内容,自然不知道需找什么样的证据。证据是证明过去发生的事情,因此在取证前你必须要明白过去发生了什么,才能够把注意力集中在需要寻找的证据上。一开始就依据多种主张全面收集证据,也可以使你思路开阔,心中有数,不至于在一棵树上吊死。

第九课
法律适用与证据构成

如果你已经习惯于按照当事人在案情里叙述的事实中提炼事实主张,那你看到这里也许会有疑惑。因为实际上这是远远不够的。当事人往往不清楚事情到底是怎么发生的,比如严先生可能就不知道为什么刹车坏了;当事人也有可能判断失误,比如严先生以为是刹车的问题但其实可能不是。律师有时也无法证明当事人的看法,比如严先生的车毁坏严重以至于你已经不能充分证明仅仅是刹车的问题。

所以,平时以及接收案件后,一定要注意从各种渠道积累和获取更多的专业知识,以便准备更多的事实主张。千万不要受到案情涉及情况的约束!发挥出你的创造力来吧!

五、了解原告和被告的异同

将法律规定转化为事实主张的过程就是原告律师对客观事实进行认识、提炼和归纳的过程。原告律师通常可以提出那些显而易见的事实主张并很好地给予证明。原告律师的主要工作就是将案件中需要证明的事实归纳,逐一分析每一种主张的构成要件,重新提出包含事实依据及法律要件的事实主张,找出潜在的证据,最终维护当事人的利益。

对被告律师来说,将法律规定转换成事实主张的过程同样重要。比如,前述例子中,原告对汽修店起诉的理由是该店在修理汽车时存在过失的每一种可能性,这个转换过程就提示了被告律师分析原告可能提出的每一种事实主张。对被告来说,"过失"要件显然是抽象的,所以被告律师也必须把抽象的理论转换成事实主张。

另外,在诉讼的举证环节,被告也和原告的处境类似。他一般不可能就原告提出的所有主张逐一反驳,也不能就自己的所有主张予以举证。作为被告律师,不可能仅仅是简单地否定对方的主张就行了,同时也应提出自己对案件的理解。例如,在上面案件的审理中,被告律师不可能只是简单否认"没有检查气刹不是导致车祸的原因",而是会提出自己的看法。例如,汽修店会证明确实检查了刹车,或者证明另外的原因是车祸的原因,如"车祸的真正原因是严先生在多次发现刹车冒烟后没有把车交回来做进一步检修"等。

同样,在刑事案件中,被告律师在为被告辩护时,常常也需要提出肯定性的

175

法律咨询

主张。例如，当辩护理由是被告不在场时，辩护绝不仅仅局限于否认被告到过现场，而是应积极证明被告当时究竟在哪里，甚至会提出有关真实犯罪的证据来。

所以，不管是否负有举证责任，被告律师都会准备若干可供选择的肯定性事实主张。在这一点上，其同原告律师是没有两样的。

> **小贴士** 法律要件、案件事实及其相互之间的关系，就是律师办理诉讼案件的内在逻辑。此外，代理原告还是被告决定你的立场和攻防技巧。搞定这些，一个武装到牙齿的诉讼律师就诞生了。

■ 第三节 寻找和组织证据

不管之前的理论发展进行得多么顺利，但如果没有证据证明则毫无意义！

因此，之前提出的多种事实主张就是全面寻找潜在证据的方向。证据是事实真相的反映，准确的事实真相则可以证实自己事实主张的正确性。当然，在这个寻找的过程中，我们也会受到证据规则的小小约束，但除此之外，我们在事实真相的认定上拥有很大的主观能动性。

一、通过案件积累组织证据的经验

在寻找证据的过程中，经验比什么都重要。而经验是什么？它是一种生活体验，是通过观察和阅读获取的对他人生活体验的了解。人类比较熟悉的经验包括：

1. 人们一般是怎样活动的；
2. 社会组织一般是怎样活动的；
3. 经营一般是怎样管理的；
4. 机械装置一般是怎样运转的；
5. 人们通常是怎样想的；
6. 人们在感情冲动时往往会有哪些反应。

就像多数人目睹暴力杀人事件会受到惊吓，保险公司业务员在劝说人们购买保险时一定会突出强调安全和收益，参加重要会议迟到一定会心急如焚，汽车的刹车如果出现问题可能直接向前冲等，我们的经验告诉我们事情的发生常常是有

第九课
法律适用与证据构成

一定模式的。因此，你可以运用自身经验去寻找那些与事实主张相关的事情，反过来，这些发生的事情又进而说明了主张的可信性。例如，你要证明的事实主张是，"货物公司业务员关于被告违约行为的证言是可靠的，因为他是合同项下全部单据的签字人"。虽然你并不认识该业务员，但你可以凭借你的经验，比如他确实经手了与合同相关的业务、他亲自签收的每一份书面单据、他作为签字人肯定充分知晓每一份单据的内容等来证实这一主张的真实性。

作为诉讼律师，你无疑很熟悉从证据推导到法律结论的步骤。法官的主要工作其实就是重复这种推导活动。而你现在做的是运用经验寻找证据证实上述过程的一个简单逆向形式，即从结论（事实主张）入手，然后根据结论，借助经验去寻找可能存在的、能够证明结论正确的证据。

由于我们都相信大多数事情是有规律可行的，我们的经验也会提醒我们质疑那些太离谱的案情叙述，避免盲目地提出事实主张并寻找潜在证据。比如，有一个当事人告诉你他曾经错过了中彩票5000万元的机会，但是他无所谓。根据我们的经验，我们会理所当然地怀疑这个所谓机会的真实性以及他错失后的反应。

当然经验也不是万能的，它只能带领你寻找那些有规律性的证据，却无法适用于特殊的案件因素中。有时为了找出与那些特殊事实主张相关的证据，你必须了解一些专业知识，因为熟悉当事人的具体情况是寻找与事实主张相关证据的关键。比如，如果当事人因租赁教培用房而起争议，你应该知道的不仅是一般的租赁合同，还应着重了解教培方面政策的特殊性；如果你的当事人在交易所的国有公司股权拍卖发生纠纷，除了拍卖知识，你还需要着重了解国有股权转让的内容。如今，律师分工化的趋势越来越明显，目的就是积累各种专门行业的办案经验，但是很多时候，绝对的专门化却不能应付具体案件的处理。这个时候，即便是某一领域的专业律师也需要向真正的行家请教了。

无论是通常还是专门的经验都是联结法律规定和事实依据的桥梁。的确，我们主要依靠经验在获取证据，即便你没有意识到也是这样，因为这是人类的日常思考方式。运用经验确定事实主张的方法有两种：重视事实和明确概括。但首先你必须理解什么叫证据。

下面我们会就证据的种类专门探讨。

二、证据分类

证据一般可以分为以下三种。

（一）直接证据

直接证据是不需要推导便能证明事实主张的证据。在上面的案例中，法庭上汽修店负责修理严先生汽车的工人所作陈述"我没有查看气刹"便是直接证明我们事实主张"汽修店没有检查气刹"的直接证据。此处证言到事实主张的真实性无须任何推理。

（二）间接证据

间接证据是指需要推理方能证明主张的证据。例如，刹车气缸上的螺丝钉没有工具痕迹便是机械师没有检查刹车的环境证据。从没有工具痕迹可以推断出刹车未被拆卸进而推断出刹车未被检修过。

（三）可信证据

可信证据是一种程度的环境证据。这里不再详述。

一般我们提出的证据多为间接证据，需要借助推理方能证明或驳斥事实主张，因而证据的说服力很重要。而证据证明的前提又是人和物的基本行为方式，所以证据的证明力通常取决于这些行为方式是否规则和稳定。

例如，你的事实主张是刘先生闯红灯导致撞上路边的行人，为了证明这一主张，你取得了刘先生合作伙伴的证言，其合作伙伴明确表示刘先生在车祸前10分钟和他通电话并告诉他自己要去参加一个重要会议，但已经迟到了。这份证言便是间接证据，但他要证明刘先生闯红灯撞人还需要借助于这样一个基本规则，即会议迟到者可能会匆忙赶路以致闯红灯。

下面我们将着重看一下寻找间接证据的两种方法。

三、寻找间接证据的方法

（一）重现事实

1. 重现事实的概念

重现事实是一种将经验与顺序结合起来以寻找证据的推理方法。重现事实这种方法的主要理由就是任何事物通常都不是孤立的或无规律的，而是事物发展的过程的一个部分或环节。例如，谈到街头擦皮鞋的妇女，我们多数人都能联想到其工作的艰难、有几个要抚养的孩子以及经常要面临租房的问题。经验不仅能告诉我们单个事情是怎样发生的，而且也能告诉我们整个事情的来龙去脉是怎么一回事。

在重现事实时，你要假定事实主张是真实的，然后再联想可能发生哪些情况。这些可能发生的"情况"就有可能成为证明主张成立的间接证据。

例如，你是上面案子中严先生的律师，你初步决定需要弄清的事实主张之一就是"汽修店在修理严先生汽车的刹车系统时，没有检修气刹"。为了采用重现事实这种方法，假设你的主张是真实的，即汽修店确实没有检查气刹。然后，运用生活经验，设想下列不检查气刹的行为或事情可能会发生：

（1）修理工的工作记录没有显示检修过气刹；
（2）严先生支付的费用没有涉及检修气刹；
（3）严先生取车时，修理工没有对他说起气刹的情况；
（4）修理工是按每天的修车辆数获得报酬。

这里的每一个关于没有做过机械检查的设想都属于间接证据，并且都间接涉及对基本规则的把握。例如，上述第（1）点中有关的基本规则的内容就是"检修过气刹的修理工通常会向车主报告检修情况"。上述第（2）点中有关的基本规则的内容就是"按修车数量获取报酬的修理工会因为追求检修数量而忽略掉汽车的潜在隐患，包括气刹问题"。

2. 时间顺序：事前、事中、事后

案情的发生过程通常持续数小时、数日、数月甚至数年。一件有争议的合同，其签订到履行可能已经好几年了；一桩交通事故可能是一个很长的酒会后才发生的；立遗嘱人与其子女长期感情不和可能会导致其在遗嘱中剥夺子女的继承权。但是，法律要件和事实主张几乎总是集中在最重要的情节过程上。例如，指责一方违约的事实主张总是集中在违约发生这一特定阶段上。而主张立遗嘱人不具备行为能力往往集中在订立遗嘱时立遗嘱人的智力状况上。诉讼的焦点也将集中在这些关键情节的主张能否成立上。

但是，那些关键情节前后发生的情况却常常具有决定性作用。例如，立遗嘱人在立遗嘱前后的数个月中的行为足以有效判定该立遗嘱人在立遗嘱时的行为能力如何；根据一方当事人在签约谈判中的行为以及前后的表现，我们可以大致推断该当事人最终是否同意签订合同。

重现事实就是要让你找出那些在关键情节发生的前后可能发生的情况。例如，你要证明的事实主张是"立遗嘱人在其订立遗嘱时，具备完全行为能力，因为当时他还清楚地知道子女的姓名、年龄和职业"。于是那些在订立遗嘱前后立遗嘱人给他的子女们送生日礼物和贺年卡、给子女们打电话以及向其他人谈及子女们等行为都可以证明这一主张。

寻找潜在证据的目的之一就是要掌握那些能够支持或者否定你当事人主张的人证或物证。而扩大重现事实的范围常常有助于了解更多的情况。你常常需要在已经当局者迷的诉讼当事人之外发现更多的证据来源，因为只有能够描述关键情节前后发生情况的证人才对诉讼双方有重要意义。

3. 多角度观察

在运用重现案情的方法时，还应注意从不同的有关人员的角度去发现案情。有时候，你会发现从不同的有关人员的角度去看待案情，很多你可能忽略的问题开始跃入脑海。例如，前面提到的事实主张是"汽修站在检查严先生的刹车时没有检修刹车气缸"。这主要是从修理工的角度分析的。但是，如果从严先生的角度呢？他对汽车熟悉吗？内行的人会怎样向修理工或老板描述刹车问题？而外行又会怎样介绍呢？再从老板的角度考虑，他们一般的做法又是什么？为什么他要求工人每天必须完成一定刹车检修定额？该地区的汽修站是否存在严重的竞争压力？如果真是这样，那么哪些材料才能证明这种压力？这样一来，新的证据就产生了，而且证据来源也扩大了不少。

(二) 具体案件具体分析

与重现情况过程不同，使用具体分析这种方法去寻找证据要求你准确运用一般规则。

使用这种方法，同样需要假定事实主张是正确的。然后将该主张分解成规则，最后通过归纳要点（包括"特定情况"下怎样和"除外情况"下怎样）的方式去找出可能的证据。"特定情况"可以帮助找到那些能说明主张可信的证据；"除外情况"可以帮助找到能否定规则可信的证据。

第九课
法律适用与证据构成

例如，上述案例过失的事实主张是"该汽修店在修理严先生汽车的刹车时装错了轮部的刹车"。假设这个主张是真实的，那么这一规则可能在下列特定情况下成立：

——修理工忙乱时；
——某种汽车的轮部刹车与其他汽车的非常相似；
——修理工是个新手；
——修理工没有受到严格的监督。

另外，这一规则在下列"除外情况"下可能是不真实的：

——修理工特别擅长刹车修理；
——车主是一个重要的客户；
——所装的轮部刹车有专门的包装；
——所装的轮部刹车在安装上有特殊的工序。

这样的列举非常清晰，作为严先生的律师，你的工作就是要找出能够肯定"特定情况"和否定"除外情况"的证据来。

当你运用具体分析法来分析证据内容后，你与当事人的交谈可以更为生动、更为具体。例如，通过上面的归纳，你就可以告诉你的当事人，你已经找到的证据是"修理工太忙，特别是在他们赶工期时"。而且这样一来，你通过反复运用具体分析所获得的各种话题最终也可以把询问集中在具体的细节上而不是含糊的结论上。

"重现事件"和"具体分析"都可以通过规则的运用去分析环境证据。如果后来的询问证实你假定的证据确实存在，那你引导法官按照你的规则做翻版推理。例如，你发现为严先生汽车装刹车的修理工因为要完成过多的修理任务而太忙时，你便可以在法庭上这样讲，"修理工因为要在一天之内完成过多的修车任务，所以特别容易忙中出错装错车上的轮部刹车"。当你开始寻找证据时，你采用了"忙乱会影响修理工行为"这一规则，而你在法庭所做辩论就是要请求法官进行推理从而接受这一规则。

> **小贴士** 证据是诉讼之王。记住：没有证据一切都等于零。所以，建立证据与事实和法律要件之间的联系是办理诉讼案件的重中之重。

第四节　拟出需要继续搞清楚的问题清单

在深入提问之前，我们要做的工作是准备可供选择的事实主张和找出潜在证据。在这一工作完成后，我们最好拟出一张清单，把相关的事实主张和潜在证据对应地列上去，并明确列出继续搞清楚的问题。而且，由于这个清单很难在分析完案情过程后马上作出，你最好在深入提问前向当事人进行说明要求暂停，让你有充分时间准备好深入询问的题目。

小结

在许多高级餐馆里，食客们看到的仅仅是端上来的精美食物，而没有看到厨房内为准备这些食物进行的案头工作。本课讨论的内容与餐馆厨房内的案头工作十分相像。把法律理论分解成要件，按照要件提出事实主张，然后寻找可能的证据，这些是当事人所看不见的思维过程。当事人注意到的仅仅是律师所询问的问题。但是，正如食物会影响食客的就餐一样，律师的提问也会影响对方对情况的回答。

第十课 LESSON 10

非诉讼业务

> **假设场景**
>
> "姚女士,您的公司打算在云南做一笔生意,与当地的公司联合开采矿产,您不想考虑付给他们合作费用,是吗?"
>
> "是的。他们的要价很合理,矿产含量也专门勘查过,很不错,如果能够合作成功的话,这可能是我们近五年的重心业务。"
>
> "好。那接下来我想向您了解这次交易的基本情况。当然,我更希望了解一些具体细节,如您和他们已经谈妥的条件、交易的进展情况以及您需要我在这次交易中发挥的作用等。如果时间允许,我们还可以讨论更多的细节问题,比如,信用证怎么开等。情况清楚以后,我可以对这笔生意提出一些建议。您看,怎么样?"
>
> "好。我们可以继续往下谈。"
>
> "好的。首先,您能否告诉我……"

第一节 商务律师

近年来,除了传统观念中专注并精通诉讼规则和业务的律师,专事非诉讼业务的所谓"商务律师"越来越受到从业人员的追捧。尽管律师在本质上并无多大区别,但是由于律师在合作互利的商业交易中所扮演的角色及其所需要的技巧,与完成对抗性较强的诉讼事务相比而言确实有很大的差别,因此我们也很乐意接受"商务律师"这种说法,并力图从我们的执业经验中归纳"商务律师"的一般执业技能和技巧。

应该说,商务律师是现代企业制度建立和市场经济高速发展的产物。一方面,他们知晓法律规则,具有创新意识,能够创造性地开展工作;另一方面,他们熟悉客户的生意,具有财经、金融、企管等多方面的专业知识,丰富的工商企业运作管理经验和市场拓展谋略,不仅能解决事务纠纷,更能够介入客户的商业决策,并最终为客户创造更大的价值。

法律咨询

可以说，所谓商务律师是法律专业和企业经营管理的复合决策型人才。他的主要作用是参与客户的商业经营决策，及时对客户及其进行的交易提供有针对性的、超前的、防患于未然的专业化安全保障体系，实现法律控制，降低法律风险，避免纠纷、损失的产生，为客户的交易做好"保健医生"，而不是在实际发生纠纷或者损失后才进行亡羊补牢式的诉讼救济。

一、非诉讼案件

商务律师的业务，行业内通常称为"非诉讼案件"。给非诉讼案件下一个准确的定义很不容易。一般来说，我们把凡是跟当事人的"生意"（包括但不限于各类商业交易、财产安排等）相关并需要律师运用法律知识，但不经过法院、仲裁机构等机构按既定程序处理的事务，都归类为律师的"非诉讼案件"。比如，当事人向商务律师咨询的合同签订、与政府部门的协调以及在相关部门办理各种审批、遗嘱的执行、与交易对方交涉斡旋等问题都属于这一领域。

从本课开始，本书内容就将从诉讼业务转到非诉业务，而其中的重点是律师如何参与商业交易。

二、切忌成为"生意杀手"

这是作为一个优秀的商务律师必须始终牢记的基本规则。

越来越多谨慎的当事人在实施一笔交易前，都倾向于事先咨询律师的意见；这是律师获得非诉讼案件的绝好机会，值得好好把握。但是，很多时候，律师和当事人考虑的问题总是风马牛不相及。律师的眼睛首先盯着交易可能蕴含的风险，当事人却常常被交易能够带来的利益深深吸引，并指望律师能够帮助他更好地实现利益。由于各自的出发点不同，以及出于律师对其职责的共同认识，很多律师在谈及交易的风险时往往言过其实，在起草合同和与对方谈判时也显得咄咄逼人，更有不少律师甚至主动规劝当事人放弃有些可能蕴含风险的生意。我们把这类律师都称为"生意杀手"。

其实，世界上根本就没有稳赚不赔的生意，而生意人本性就是敢于冒险的人。律师必须善于识别客户所面临的风险类别，如有些风险是金钱方面的，即交易可能并不能带来预期的利益；有些风险确实属于法律层面的，如劳动合同中竞业禁止条款不能被强制执行等。律师应该明白，我们要做的仅仅是为当事人的预定交易提供咨询，除恪守提示法律风险的职业操守外，我们必须尊重当事人合法的商业欲望。对于是否愿意或者能够承受交易中蕴含的风险，我们应让当事人在参考我们意见的基础上自行定夺。

三、了解当事人的生意

即使是一个新手，经过短期的训练和实践之后，也许就是在跟踪完成一个诉讼案件后，就能够对诉讼案件从最初接受法律咨询到庭审结束的过程甚为熟悉。但要想很快地上手熟悉一个预定的交易如何从最初的咨询走到最终拍板成交，是很不容易的一件事情。其原因在于，一方面，不管是现行法律还是法学院的课程都没有教过我们，生意是怎样做成的；另一方面，不同的生意有不同的做法，对同一种生意，不同的生意人也有不同的做法。

因而，要成为一个优秀的商务律师，在当事人前来咨询时，你就应该对相关交易的过程有一定的了解，掌握与交易相关的信息。

与当事人初次见面时，你首先得找到交易中所存在的问题，然后收集与此有关的信息材料。为此，你需要经常与当事人进行额外的沟通，比如电话会谈，以便完成信息收集工作。

在收集到足够资料并吃准了交易包含的法律问题后，如果客户在交易中的地位允许，通常客户会要你起草一份协议书并交给他审查。此后，你和当事人会在一起多次讨论修改协议书，然后交给交易的对方。

随后，交易的双方也许会进入谈判阶段。当然在谈判前，你有可能再约见你的当事人并向其交代谈判技巧和各自扮演的角色。谈判后，一般你会和当事人就修改协议进一步交换意见。最后，双方对交易条件达成一致并同意签署书面文件。

因此，与处理诉讼案件的咨询一样，我们不能把交易中的法律咨询简单地划分为约见和咨询两个阶段。当事人在作出初步决定前可能要求律师在信息收集完毕后向其提供一些咨询意见；而你在收集信息完成进入谈判时，谈判结果也可能让你不得不重新找当事人沟通。总之，交易的过程百转千回，律师的角色也千变万化，他可能成为一个会见者、咨询者、文书起草者或谈判者，更多时候还需要集各项使命于一身。

> **小贴士** 没有交易就没有利益。任何交易都有风险,但风险大不过利益。所以,商务律师的成功之处是促成交易而不是仅仅指出风险。

■ 第二节　掌握交易情况

一、收集交易信息

和处理诉讼案件一样,非诉案件中的信息收集不是件简单的事情,所谓"一口吃不成一个胖子",对交易相关的信息进行收集通常需要经过两个阶段。

第一个阶段的资料比较原则和标准,属于律师必须收集的,它通常是一桩交易中重要而特定的法律问题。这个阶段收集的资料和问题与当事人的交易是什么类别无关;也就是说,不管是当事人要处置一桩不动产,还是要收购一家公司的股权,律师都必须搞清楚这些基本的问题。

第二个阶段是将一般材料整理和消化以后,根据交易的性质和方式掌握更为具体、详细、有针对性和有实质意义的材料,即找出与特定交易相关的材料。因此,这一层次的调查内容会涉及不动产承租、抵押的情况、拟收购公司的主要负债等具体问题。

二、交易信息概要

一般情况下,当事人聘请律师时,拟进行的交易都还没有最后成交,因而律师所提出的问题绝不应该仅仅局限于"交易现在怎么样了",也不应该仅仅是做当事人交易结束前最后协议的代书人。为了给当事人提供好的咨询意见,为了在必要时和对方当事人谈判,为了起草出尽可能符合当事人需要和真正意图的法律文书,律师还必须指导当事人进行额外的调查工作。

世界并不只是由法律构成的,所以上述调查的范围非常广泛,而且对于某些非法律的条件,当事人和律师可能都喜欢在缺乏严格定义的情况下随意处置。有些当事人要求律师的调查局限在法律层面,但更多的当事人则倾向于依赖律师,对更广泛的问题进行判断。所以,律师应尽力收集以下或更多的信息材料。

1. 预定交易是否合法有效。例如，如果某项交易具有明显的市场排他性，律师需要收集证明其是否违反《反垄断法》的信息；如果某项交易涉及限制类行业，你就可以着手调查其是否属于法律规定的限制情形。

2. 当事人对其自身权利义务的想法。例如，当事人将自己所有的一间门面租给别人开餐馆，她可以接受的租金支付方式是按月并收取一年5000元的押金。在此种情形下，律师可以在与承租方进一步谈判前询问当事人能否在承租方一次性支付一年租金的基础上减少押金的数额。

3. 当事人在对方违约的情况下想得到什么权利。比如，一个买卖合同中的交货条款是分批交货，作为买方的律师，你可以询问你的当事人是否将其中一次延期交货视作对整个合同的违反，以及如果延期交货，卖方应该支付多少违约金、合同是否继续履行等。

以上种种，说的都是法律方面的问题。而在非法律方面，律师的询问则应主要集中于实现当事人意图的可行性上。例如，如果一家摩配企业的老板第一次遇到出口的业务，他虽然有一定的经商经验，但由于缺乏国际贸易领域的尝试，他不清楚货物在中国出关前应该履行哪些验货手续。这一问题显然属于非法律范畴，但是因为当事人确实希望了解这一信息，你便可以想办法收集相关情况并咨询其他人的意见。此外，因为这个老板对国际贸易充满疑虑，他可能也想借助律师的意见以确定最后是否做那笔交易。如果是这样，律师的询问范围还要扩及整个交易的可行性上，那就会牵涉很多商业领域的认知。

如果缺乏经验，在面对当事人提出的非法律问题时，律师会有束手无策的感觉。但你不用过于紧张，就像诉讼案件中，你可以在会见当事人前查询研究相关法律，同样，在非法律咨询前你也可以预先查明预定交易可能涉及的问题。此后，你就可以提前查询一些专业书籍、向熟悉某类特定业务的律师请教，甚至对于某些财务细节你还可以咨询税务师、会计师之类的专业人员。如果这些办法都行不通，你还可以寻求与更有经验的律师合作或者坦白拒绝当事人的委托。

下面我们就着重介绍在为预定交易提供咨询意见前所要收集的信息类别。

法律咨询

■ 第三节 非诉讼案件咨询的一般问题

在这一部分，我们想送给你一个大渔网，你可以用它把几乎任何非诉案件咨询都会涉及的问题一网打尽。记住，无论你多么熟悉某一当事人以及该当事人的商业情况，但如果你想提供一份准确的、切实可行的交易协议，并成功签约，这些问题就是你必须要了解的。

假设有一桩交易，数额巨大但不涉及审批手续问题，你应该了解的问题是：

一、为什么会有这单生意

任何交易都有其起源和条件。前面已经提到，当事人一般是在交易已经进行了部分或者已经开始商谈的情况下才来咨询律师的意见，因此除了按常规了解当事人现在已经同意的交易条件外，还应了解这起交易的起源，包括此前交易双方进行的谈判以及那些经过讨论却尚未达成一致意见的条件。

了解目前达成的条件可以使你能够对交易的合法性和合理性进行研究，并可以进一步澄清双方当事人在条件理解方面可能存在的误解、歧义甚至不明之处。了解交易条件还有助于你随后草拟完全表达当事人意愿的协议条款。此时，要注意的问题是避免对当事人协议内容关注得不够详细，导致另一方当事人误认为你的当事人试图擅自更改交易条件，从而影响双方以后的谈判。

了解交易的缘起，包括那些曾被讨论但却未被双方接受的条件，提供一些涉及交易双方的动机、当事人接受咨询的意愿或合作态度等方面的情况，让你对谈判中可能出现的问题有所警觉，并全面关注。

有时，交易的缘起还会暴露出双方当事人有意使某些条款处于一种不确定的状态。他们可能故意遗漏某些条款或者使其处于模棱两可的状态，情愿留待以后再决定。例如，在一个买卖合同中，双方曾就产品的质量瑕疵构成违约进行过讨论，但究竟哪种性质的瑕疵才构成违约无法达成一致意见。为了促成生意，他们都选择性地失明，直到问题发生后再面对。这时，你应该斟酌通过什么方式提醒你的当事人这些被遗忘的条件，避免当事人日后怪罪你没有及时提醒他交易协议的缺陷。

二、客户的交易目标

你的客户试图从交易中得到什么,是你在预定交易的谈判、草拟合同中需要关注的重中之重。一般当事人交易的意图无非是金钱和非金钱的利益、长期或短期的交道。

> 比如,你的客户有一家盲盒零售店。为了保持稳定和价格合理的货源以及持续的经营风格,他打算与一家拥有很多独家 IP 资源的品牌制造商家签订了一份长期供货合同。了解了这一目的,你就可以在起草的文件中为盲盒制造商的交货方面留出相当的余地,以避免该制造商不会因为某一批货未达到设计要求而被起诉违约,导致双方断绝往来;如果客户只想做一锤子买卖,那么按时交货就应该成为对方的主要义务。

可以看出,当事人的某个特殊意图在交易中至关重要,因为这一意图将对某一交易条款有举足轻重的作用,有时其重要性甚至到了如果对方对这一点不让步就会彻底影响协议达成的地步。比如,有些不动产交易的卖方会坚持如果买方不承担全部交易税费,他就不会把房子卖给他。因此,了解这些特殊的意图可以使律师在拟订协议和谈判时得以通观全局,做到胸中有数。

另外,除了把握当事人的意图,了解产生这一意图的缘由也很重要,因为这样可以帮助你通过一些变通的办法来实现当事人的意图。例如,在一个交易安排中你的当事人提出将某人聘用为公司的副总,原因是希望利用他在技术方面的特长。了解这一原因,可以使你向当事人提出如何留下这个人而又不用提拔为他为副总的各种建议方案。

三、客户对达成交易的时间要求

无论是哪一类交易,你最好都要提前了解双方当事人希望达成协议的时间表。如果任何一方急于成交,你就必须积极应对这种需要并尽快作出选择。同时,你也要学会分辨当事人时间要求的真实性和必要性。有时候当事人要求得很急,结果却只是他一时的心血来潮，而非客观和现实需要。所以，在保证足够的时间高质量完成工作的前提下，你应该尽可能配合当事人在时间上的要求；如果你认为没法在他们安排的时间内完成你的工作，你应该坦率地与当事人沟通，讨论变更时间安排的可能性。不过，如果你的当事人认为拖延时间对他们很不利，他可能不会同意你的要求。这时，你还应该进一步与他讨论匆匆完成工作可能存在的危险，以免造成不愉快的后果。

四、对方当事人的情况

跳探戈需要两人为伴，一件交易的完成也是多方促成的结果。中国有句古话：知己知彼，百战百胜。这充分说明了在一场博弈中把握对方情况的必要性和重要性。商场如战场，虽然好的结局是"双赢"，但是仍然免不了有你争我夺的博弈场面。因此，对方当事人是谁；做什么职业；他的意图如何；他的底线是什么；财产状况如何；商业信誉怎样；是否曾经有过诉讼；这一切信息的了解都有利于你帮助当事人更好地完成交易。

通常，获取对方当事人信息材料的直接途径是你的当事人，然后你再运用这些信息来确定如何制定特定的条款。例如，如果你了解到对方当事人急需一批玻璃制品，而只有你的当事人才能在如此短的时间生产出足够的东西，那么你在草拟协议条款时就可以使你的当事人处于相当有利的地位。此外，此类信息的掌握还可以有助于回答你的当事人此笔交易是否可行的询问。例如，你了解到对方当事人是第一次超出自己以往的经营范围来做生意，这一信息便可以帮助当事人判断是否要和这个新手合作下去。除上述特定种类的问题外，你还应当随时询问你的当事人与对方当事人的关系怎样，对方当事人以前是否和你的当事人打过交道；如果有，以前的交易情况如何。如果当事人的回答显露出他对对方当事人非常不信任，只是希望依靠你万无一失的协议来约束对方当事人，你最好提醒你的当事人书面协议也非万能，对方的某些致命缺陷可能使交易前途困难重重。如果当事人仅仅依靠一份法律文书来保证对方当事人履行协议，这种交易很可能埋下诉讼的隐患。

五、交易的商业模式

了解当事人的商业运作同样十分重要。了解当事人的商业运作状况和历史有助于律师判断当事人的意图和交易的时限以及在最后的协议中识别可能发生的变故。例如，在一次交易中，一项条件为某个批发商向你的当事人即零售商提供为期两年的货物。在此情形下，你应该了解你当事人平时需要维持多少存货以及装货的时间等，以便必要时在合同中进行约定；批发商在装船运输方面的任何迟延都应被视为违约。

对当事人的商业运作应了解的程度及范围取决于当事人需要得到的非法律咨询、本次交易的规模、交易的常规以及交易对其可能产生的经济影响等。例如，一家银行仅要求你对其一笔例行贷款中的担保协议进行审查，你当然需要对该银行的历史及营业状况有一定了解，但了解的深度和范围是有限的。但如果你的当事人意欲购买该银行，而且此次购买将使当事人进入一个新的业务领域，此时你需要了解银行的商业发展及运作情况显然多于之前担保合同审查。

意识到你应收集的商业信息因交易不同而不同后，应了解更多的商业信息。在此简单列举应该了解的商业信息，仅供参考：

1. 商业现状的说明。（1）公司的经营范围、地点和方式；（2）公司的核心人员是谁，他们各自的职责是什么；（3）公司的经济状况如何；（4）谁是公司的主要顾客；（5）谁是公司的主要竞争对手；（6）公司的行业主管部门是谁。

2. 公司简史。

当然，即使是这些事项也不能完全说明某公司的商业状况，但它们却是了解某公司经营状况的有价值的调查方向。

六、交易方式和流程

商务律师的两大任务是策划交易及防范风险。为了更好地完成这些任务、避免成为交易杀手，你首先要注意的便是关注具体交易的方式和流程。例如，你的当事人在这个交易中将运送特殊商品，你必须要了解在合同签订后到整个运送过程，可能会有哪些差错，从而提前做好替代方案，规避可能的风险。

例如，某个当事人想做生产和销售电阻器的生意。在留意观察交易的运作过程中，你了解到你的当事人在生产电阻器时需从国外购进一些零部件。为了保护当事人的利益，考虑到疫情中的进出口贸易受到巨大影响，你就可以向你的当事人建议合同中应怎样对实质性违约以及"不可抗力"的情形作出约定。

再如，在一个国际贸易中，律师了解到货物将由你的当事人负责从工厂运送到装运港。为防止这一段路上货物可能发生的风险，可以和当事人商议是否有必要为这一段运输专门投保。

除对交易亲自进行了解外，对某些工于心计的当事人，为发现交易中可能出现的潜在问题，律师可以采用直截了当的方法，如你可以坦率地问他，"您认为交易中有哪些风险"，或者"交易会出差错吗"等。虽然这样的询问会让你看起来不那么像一个律师，但开诚布公的询问也许会暴露一些你从来没有发现的问题。

七、客户是如何赚钱的

大多数当事人都把预定的交易作为改善其经济地位的手段，因此你的咨询和商议意见也一定不能脱离当事人的经济利益。审查当事人的财务状况、交易收支情况，了解他的盈利模式，才能使你在会谈中就他最关心的经济利益前景提供有益的咨询。

> **小贴士** 试着根据本节内容整理一个清单，你会对律师在面对一个交易时应该首先知道哪些基本情况有更为清晰的认知。有了渔网，能够捞到什么鱼就全靠自己了。

第四节　针对具体交易的具体问题

对于有关预定交易的第二层次的情况主要集中于一些具体问题，比如义务和风险条款，而且这些条款是当事人意欲签订的特定交易协议中必须要约定的。义务条款主要约定双方各自应该履行的义务，风险条款主要是当事人在执行义务时发生问题应该如何处理，如一方违约或者不可抗力。

例如，租赁购物中心一般要涉及的潜在义务是租金支付、房屋修缮等；而风险则包括了承租方违约或死亡、房屋被政府征用或征收等。这类问题将是后期讨论购物中心租赁合同的主题。同样，合伙协议中通常要包括的义务包括出资、合伙人义务、分配收益及工资发放等；而合伙的风险在于合伙人死亡、伤残，合伙人的进入和退出以及管理争议等。

当然，我们并不是要求你对第二层次所有的可能条款都进行询问。在第二层次阶段要做的，应该是要准备草拟合同之前你需要提出讨论的问题。如果以前与当事人的商讨表明了某一问题的重要性，就可能需要准备对其再次加以讨论。如果当事人没有表明哪一问题很重要，那你当然可以一笔带过。

例如，当事人打算签订一份合伙协议，其重要的意图是能够抽出时间从事非合伙性质的商业活动。当事人的这一考虑可能促使你在草拟协议之前就去讨论"其他商务活动"条款。但是，如果当事人对意欲从事其他商务活动一事只字不提，而且该当事人在提及合伙经营方式的时候曾暗示说：他几乎没有时间来从事其他商务活动。在此情形下，你就无须在第二层次上讨论"其他商务活动"条款。你可以在合伙协议草案当中插入"其他商务活动"条款，留待你和当事人对协议进行审查时才对其加以讨论。

为达到当事人的目的，义务条款和风险条款的讨论通常也要包括一些变通方法。比如，在前面的例子中，当事人希望在合伙协议下，还有其他时间从事其他非合伙性质之商务活动的意图。达到这一目的的变通方法有：允许当事人享有从事任何其他商务活动的充分自由，或者允许当事人只能从事那些对合伙行为不构成竞争的活动。研究这些变通方法可以使你更好地制作适应当事人意愿的协议草案。

> **小贴士** 对交易涉及的具体问题的成功拓展、考虑和解决，需要更多的经验。这只能靠时间来完成。你能做的就是不断地向成功律师学习，反复思考、总结、实践。

第五节　草拟协议

在初步的信息收集完毕之后，你终于开始为客户起草协议了。某些条款是以我们通过两个层次收集的信息为依据的，那么另外那些条款呢？因为你本身具备相当的法律知识、产业知识，再结合当事人提供的资料以及当事人的实际要求，你可以预见当事人会对怎样的选择满意，因而你自己就可以拟定另外那些条款。这些条款可能是你对协议还要出现的义务和风险条款作出安排，如合伙协议中双方当事人都同意以现金出资，你便自己决定省略掉关于劳务出资的条款。又如，

法律咨询

在合同的出资利息条款，你根据自己的判断决定是约定支付利息还是约定无须支付利息。

另外，草拟协议时，我们总是习惯寻找标准模板，但是你应该明确这些模板具有不可替代性。例如，它可能是其他公司正在使用的，而这个公司的角度和你的当事人恰好相反，因此一定要注意选择适合当事人需要的合同模板。而且，无论如何，在和当事人审阅讨论草案时，你务必要明确告诉他，他还可以要求律师就律师自己安排的条款作出不同的选择。

第十一课 LESSON 11

非诉讼案件咨询的一般技巧

第十一课
非诉讼案件咨询的一般技巧

■ 第一节 仔细了解客户的问题

本课要讨论的是律师处理非诉案件法律咨询的一般技巧。

"千里之行,始于客户的问题",与诉讼中运用的方法一样,律师在面对非诉案件时也要从与当事人的交谈开始确定其问题所在。通常,当事人并不像对待争议或者纠纷一样,会将商业交易视为"问题"。但在商业交易过程中,律师得首先从找出问题开始:(1)当事人来律师办公室的意图;(2)当事人的问题是什么;(3)当事人要求达到何种结果;(4)是否存在当事人认为可以解决问题的可能的方法。

例如,假定当事人闫先生前来见你。在先前的电话交谈中,闫先生已告诉你:他拥有几家中型购物中心,最近他和某个重要的承租人见过几次面,商议由此人承租其中一家购物中心的事。那么,你可以按以下程序来查明闫先生所面临的问题:

(1)律师:我们先来谈谈今天你需要解决的问题。你能不能把有关出租购物中心的事情说得更加详细一点?

(2)当事人:我正是为此而来。此前我已经和世纪百货公司的吕总见过两次面。世纪百货公司打算签一个为期10年的租约。但我想还是先来和你商量商量决定怎样来签订这个合同。

(3)律师:我会尽力帮助你。你可以先告诉我你现在最大的顾虑是什么吗?

(4)当事人:世纪百货公司可能是一个重要的承租人。你知道,我那个购物中心已经空置快1年了,所以我也很愿意快点把它租出去。糟糕的就是世纪公司也意识到了这一点,因此,我对自己的谈判处境有点担心。另外,租金已和世纪公司谈过,应该没有多大问题。我担心的是在开始缴纳租金以后由谁负责承担商店改装的费用等一系列问题。

法律咨询

> （5）律师：你还有其他问题吗？
>
> （6）当事人：关于营业时间，我们尚未达成一致。我希望商场尽量晚一点开门，这也可能会成为一个问题。
>
> （7）律师：你的想法是租约一签妥他们就要开始支付租金，并且由世纪承担商店改建的费用？
>
> （8）当事人：……

在上面一个案例当中，律师通过上述问题探明当事人前来的目的［第（1）（2）项］、所面临的问题［第（3）～（6）项］以及希望达到的目的［第（7）项］。可见，与当事人的交谈是律师能够了解当事人关心问题的关键。需要记住的是，在这一阶段，律师所要做的仅仅是从当事人的角度查明问题所在。因此，对这些问题或者类似问题的进一步探讨，应该在对当事人的问题作出初步认定之后才能展开。

下一步，如本书前文所述，律师通常要通过初步解释法来查明其问题所在。在上一案例中，初步解释可以依照如下方式进行：

> 律师：我知道你的目的和你关心的主要问题了。我想，既然你的很多担心都与经济效益有关，那我需要再了解一下购物中心的经营状况。此外，我们还要进一步谈谈有关世纪百货公司和他的营业情况，你们双方谈妥了哪些条件，以及哪些是谈过但却未达成一致意见的事情。如果可能，我们还可讨论其他可能的条件。你认为呢？还有没有其他的？
>
> 当事人：没有了，差不多就是这些了。
>
> 律师：好的，我们开始吧。今天上午我没有其他的安排，我们谈得时间长一点也没关系。

这样的解释很有可能使闫先生感到放心，因为它表明你要谈的都是很重要的问题。上述解释简洁明了，在不伤害当事人信心的情况下，显得律师有礼有节。

> **小贴士** 作为律师，你永远都要记得用心去关心当事人来找你是为了什么，非诉讼案件的当事人也不例外。

第二节 询问

一、客户认为最重要的问题

从上文可以看出，非诉讼案件的信息收集方法与诉讼案件的方法看起来颇为相似。然而，在诉讼案件中，律师通常是既询问案件以前的情况又询问目前的情况，两者交互进行，而询问以前的情况总是首先进行。与之不同的是，非诉讼案件询问的重点通常是交易目前的情况。

"当事人中心说"推荐从当事人认为重要的问题开始进行询问。律师可以先行探明当事人的主观意图。比如，如果当事人不断提及希望交易尽快成交，那么询问就应该从了解当事人想要成交的期限开始。

如果当事人的陈述混乱，没有轻重缓急，你可以委婉地要求他加以说明。例如，你可以这样来提出你的要求："对于还有哪些没有确定的交易条件，我还不是很清楚，您能再说一说吗？"

有时，控制询问的顺序是不太容易的。例如，如果当事人是第一次来律师事务所，而且交易所涉及的是你不甚熟悉的商业领域，你可能很希望从了解当事人的商业经营状况开始。然而，除非迫不得已，我们建议最好还是按照当事人问题的轻重缓急来了解情况。如果当事人谈一个问题时你却想谈另外一个问题，那就可能会产生误解，使双方的关系变得紧张起来。

如果你最先拟定的商谈内容与当事人希望最先考虑的问题相吻合，那么其他问题的讨论步骤就没有太大的关系，除非当事人希望先谈某个问题的愿望很明显，你都可以自由确定其他问题的商谈顺序。

二、客户最愿意讨论的问题

律师可以依据当事人的意愿来讨论交易中涉及的具体问题。例如，两个当事人分别要进行两个租赁交易，在每一个交易中，由于当事人期待利益不同，你可能要在前一个交易中首先讨论租金的问题，而在后一个交易中需要首先讨论租期问题。

从抽象意义上讲，上述两个问题同样重要，你应当根据当事人的不同愿望来确定首先需要讨论的问题。

三、不必拘泥于时间顺序

在诉讼案件中，按事件发生的时间先后顺序进行询问的重要性在于：按时间先后顺序进行询问的方法总是在理论论证之前发生。由于交易事务中的询问主要是关于目前的情况，因此不同层次的问题之间并不一定有绝对的先后次序之分，不同层次问题的合并情况随时都会发生。律师可以在讨论第一层次的问题之前，先行选定有关交易的问题来加以讨论。

例如，准备进行一汽车租赁交易的当事人特别关心租金，你就可以先谈租金的支付方式问题（这原本属于第二层次上的问题），关键是当事人关心问题的轻重缓急，而不是某个问题究竟属于第一层次还是第二层次。

> **小贴士** 尽管有一些基本的原则建议，但了解非诉讼案件的情况大可不必拘泥于时间顺序，你可以按当事人关心问题的轻重缓急来依次与他进行沟通。

■ 第三节　确定交易过程

一、了解交易流程

了解交易流程可以首先从开放型问题开始，然后再转向封闭型问题。这种方法不仅在诉讼中有用，在非诉讼业务方面也同样非常有效。

> 例如，你的当事人是启航公司，该公司打算将一家大的制造厂房出租给东源公司，租期为10年。于飞代表启航公司负责这笔交易：
>
> 律师：刚刚我们已经谈了谈启航公司和东源公司目前就租约商定的交易条件。另外，您能否告诉我一些东源公司的情况，这样我们可以想些办法来使谈判进行得更顺利。东源公司为什么要承租这个厂房呢？

> 于飞：东源是一家生产食品化学添加剂的公司，他们打算在产品生产技术改进方面进行改进，特别是在排污系统设计方面进行更新，以达到环保机构的要求。
>
> 律师：他们还有其他打算吗？
>
> 于飞：据我所知，东源在其他地区已经租用了一个厂房来开办分公司，据说他们正在打算卖掉自己在××区所有的一处厂房，看起来他们是想合并一些分支机构。
>
> 律师：目前你们商谈的租期是10年，他们对更长期的租约会不会感兴趣？
>
> 于飞：这个很有可能，我觉得他们甚至想购买我们的厂房。
>
> 律师：关于这一点，我们待会儿再谈谈……

上述对话采取了一种就重避轻的方法以了解当事人的意图，是开放型问题和封闭型问题的结合。告诉当事人律师的询问意图，可以促使当事人更积极地提供有关的信息。

当事人对最后一个问题的回答可能使律师的目标发生转移，因为它表明：最初的租约交易可能变成出卖厂房的交易。然而，律师暂时避开这一问题，并且向当事人表示以后再来讨论这一问题，同时继续讨论最初的问题，关于购买厂房这一话题将在另外一个独立的对话中加以讨论。

二、确定交易条件

接下来，律师可以考虑如何用上面的方法来讨论承租人承担费用的有关义务，这是典型的第二层次的问题。

> （1）律师：于总，昨天听你说过，东源公司同意将租约视为一个临时性的协议，我想知道在租约有效期内，东源公司应负责承担哪些费用？
>
> （2）于飞：主要是承担税费和保险费。
>
> （3）律师：还有没有其他的费用？
>
> （4）于飞：其他的没有了。
>
> （5）律师：你们是否讨论过维修费的问题？
>
> （6）于飞：没有。我们对厂房没有定期保养的义务。但我想，如果他们想进行定期的清扫或者垃圾处理的话，所需费用应该由他们来支付。

> （7）律师：你是否还希望东源公司承担其他的费用？
>
> （8）于飞：这是当然的。他们应承担修理电灯和管道所花费的费用。另外，如果变压器出现故障，或者厂房屋顶漏水这些问题，我方愿意承担所需花费，但东源公司应负责日常的维护。
>
> （9）律师：还有其他的费用没有？
>
> （10）于飞：没有了。
>
> （11）律师：在租约的后期，谁负担清洁的费用？
>
> （12）于飞：我们没有讨论过这个问题，但是我希望他们来承担。
>
> （13）律师：嗯，我所能想到的就是这些了。你看，我遗漏了什么？
>
> （14）于飞：应该没有了。

此处，第（1）（3）（7）（9）项为有关东源公司应承担费用的开放型问题，这些开放型问题中间穿插了一个封闭型问题即第（11）项，它反映了这样一个事实，即再无其他你可以列举的租约费用。

三、尝试按时序梳理交易事件

虽然律师通常都是按现时的问题而不是依时间的先后顺序来收集有关交易的信息，但在非诉案件咨询中，列出事件发生的时序表也是不无益处的。

（一）交易的条款

在简单的交易中，直截了当的问题，如"目前你们已达成了哪些条件"是必不可少的。在更为复杂的交易中，先开放后封闭的询问方法对于律师了解交易条款是必要的。也就是说，你可以提出若干开放型问题，诸如"你们是否还达成了其他的协议条款"，然后再提出一些有关预定交易的封闭型问题。

然而，如果当事人在不同的时间对协议条款进行了讨论，而且条款还发生了变化，那么当事人可能难以记清究竟同意了哪些条款，如果当事人的记忆不发生问题，时间表式的对话可能会促成当事人对事情经过的回忆。请看以下实例。

> 当事人：我记得我们曾经谈过何时以何种方式交货，而且还谈过价格是否应当包括装运费在内。但我没有做好笔记，我现在有些记不清了。
>
> 律师：那我们来研究一下你和对方当事人所开过的三次会议如何。这有可能帮助你回忆起一些细节。
>
> 当事人：当然可以。要不要将对方当事人的代表一起叫来？
>
> 律师：暂时不要，我们最好不要让他们觉得我们已经记不清楚前期谈判所达成的协议内容。所以，还是我们自己先来谈谈吧。你记得第一次谈判是在什么地方？
>
> 当事人：在他们的办公室。
>
> 律师：你能回忆起当时的情景吗？
>
> 当事人：我记得非常清楚。那是一天下午，房间里有四个人，我坐在门附近。
>
> 律师：你的感觉怎样？
>
> 当事人：多少有点儿紧张，因为那笔交易对我们来说太重要了。
>
> 律师：你能详细介绍一下当天会议的细节吗？
>
> 当事人：我们打了招呼后，对方要求我们先提提意见，我就说了说。
>
> 律师：然后呢？
>
> 当事人：……
>
> 律师：你所谈的很有帮助。第二次会议怎样？这次会议是什么时候开的？

如同诉讼事务一样，将"大块"问题切分为次一级的问题可以收集到一些当事人通过其他方法难以记忆的细节材料。要求当事人再设身处地地回忆其当时的身体和情感状况，可以进一步加强他的记忆力。

(二) 交易流程

向前的时序表在了解交易如何才能运作起来方面非常有用。但了解交易以后的运作情况就要求律师不仅要知道某些简单的事情，想要查明问题之所在并且向当事人提供可靠的咨询意见，作为律师，你还需要对交易如何展开进行总体的了解。例如：

法律咨询

> 律师：我知道你们交易的条件，但你能不能向我仔细谈谈交易的情况，这将有助于我了解可能出现的问题。
>
> 当事人：当然可以。那都是一些手续问题，第一件事是我们从供货者那里预订了T恤衫，然后我们准备对其进行绢网印花。
>
> 律师：在你们准备绢网印花时，是否还得做其他的事？
>
> 当事人：我们还得和顾客洽谈，以便确定我们是否可以设计出他们所要求的图案。
>
> 律师：洽谈的结果如何？
>
> 当事人：……
>
> 律师：在你们准备好进行绢网印花之后，又需要做其他什么工作？

逐步深入的方法可以使律师查明在履行协议的过程中可能会出现哪些问题。一旦发现了这些问题，你和当事人就可以商讨是否应在最后的协议中写明这些问题。例如，了解到T恤需从国外订货就可以促成律师和当事人讨论在协议草案中写明有关的风险条款，如交货的迟延等。

（三）时序表

虽然我们并不要求律师根据有关事件发生的时序，为客户的每一个交易制定严格的时序表，但从事件发生的先后时间上来对交易加以考察，将有助于律师了解与预定交易有关的其他问题。

1. 营业情况

当你需要了解当事人的营业情况时，你可能要立刻提出一些诸如"你们做的是什么生意？""你们的年销售量是多少？""谁是你们产品的主要客户？"等问题。但是，仅仅限于目前营业状况的问题是远远不够的，进一步了解一些有关该公司的发展历程等情况，可以得到一些有关当事人意图的内幕信息，也有助于确定交易中可能出现的问题。因此，对当事人的商业发展过程做考察，可以提高律师的咨询能力。

比如，"你能否告诉我一些有关贵公司这些年来的发展情况？"这个问题可以让你了解所需要的有关既往事实的信息。有时，当事人提供的情况过于简单，例如，

第十一课
非诉讼案件咨询的一般技巧

他仅仅告诉你说"我们是 5 年前开始的,在这期间我们的总销售量增加了 3 倍"。这种一笔带过的说法几乎没有什么效用。如果出现此种情况,可考虑采用以下的询问方法:"那是相当不错的业绩,你能不能具体讲讲你们的商业运作和发展变化?"

当然,你不大可能彻底了解某公司的整个发展过程。询问的目的是对商业状况有个总体了解,并不是为了对既往事实作一个精确描述。

2. 当事人的既往交易

时序表也有助于律师了解当事人的既往交易情况。同样,一个简单的开放型问题就可以使你收集到所需的资料:"请你告诉我一些你以前和万明公司的生意情况。"如果当事人的回答过于简单(例如,当事人只回答说:"他们还不错。")你就可以采用前面章节所论述的方法,要求他提供更进一步的信息。例如,你可以这样说:"了解一些有关与万明公司的交易情况将有助于我们考虑如何草拟最后的协议。如果万明公司以前坚持这样的观点,就可以提醒我们在草拟协议时格外地谨慎。你能否回忆一下过去万明公司在这方面的要求?"

小结

律师在诉讼和非诉讼交易事务中虽然采用基本相同的询问技巧,但在交易信息方面的收集范围却更为广泛和开放。诉讼中的询问通常都受制于已发生的事实。在诉讼中,当事人究竟知道哪些事实细节,这对当事人的诉讼请求的成立有着重大的影响。与此不同,交易要求人们向前看。因此,涉及交易的询问范围是相当广泛的:"可能是"的情况比"可能已经是"的情况具有更大的可能性。大多数交易均可以合为一体,其解决的途径也多种多样。没有哪一种选择是唯一的选择。一个交易如何展开通常要取决于当事人的意愿。也就是说,当事人做生意主要并不受制于过去的事实;相反,当事人可以自由决定交易的方向、交易的方式以及交易中的风险是否值得一冒,等等。因此,在交易过程中,律师通常用有效的开放型问题来收集有关的信息,以探明当事人的各种想法,从而为其设想更多的可能性。

第十二课 LESSON 12

应对不寻常的当事人

第十二课
应对不寻常的当事人

第一节　有些当事人不好打交道

在大多数情况下，以当事人为中心的咨询方法体现了律师与当事人之间友好合作的关系。虽然当事人记忆不准确以及情绪波动的情况常常会出现，但他们一般都会采取合作的姿态，态度坦诚并积极提供信息。当然，并不是所有的当事人都是这样，他们有的疑虑重重，有的年迈多病，有的颠三倒四，有的暴躁易怒，甚至他们连你也骗。这种时候，除大叹"遇人不淑"外，你其实还可以做的便是研究在遇到那些难缠的当事人时的询问技巧，以便成功地收集到你所需要的信息材料。

第二节　有顾虑的当事人

有的当事人在与律师的会见过程中不愿讨论某些特定的话题。这类当事人虽然可能采取合作的态度，但讨论不愉快或者对其有着某种威胁的特定话题时，他的态度就会发生明显的变化。

一、回避态度及其表现

我们讨论一下是什么原因使本来愿意合作的当事人变得有顾虑，当出现顾虑的时候，当事人一般有哪些表现。

我们可以从以下三种情况来说明上述问题：

> 例一：当事人甲就一起医疗事故致其丈夫死亡提起诉讼。医疗事故是在医院对死者施行一般手术时发生的。死者术后状况不断恶化，并在两天之后死亡。律师准备就死者和主治医师在以前两周之内的谈话内容向死者的妻子甲提出一些问题。

法律咨询

> 例二：当事人乙想对某人的一些猥亵行为提出民事诉讼，以求获得损害赔偿金。乙是两个女孩的母亲。这两个女孩都受到其家庭教师的猥亵，而且这个教师又是乙的朋友。律师准备和乙谈的内容是：在两个女孩揭发猥亵行为前，乙准许猥亵者与其本人和其孩子同住时间有多长。
>
> 例三：当事人丙面临的案件是：在出售房屋中，他受到担保公司业务员的欺骗。早些年，丙通过担保公司向银行贷款100万元购买了一栋小房子。在支付按揭贷款若干年后，他收到贷款担保公司的一封信，信中说他还未支付购房的某项费用，如果这笔费用不尽早付清的话，公司将要收回房产。当事人介绍说：最初贷款时，担保公司的业务员从未提到过该项费用，而律师想要询问的则是贷款时担保公司业务员与丙之间商谈的具体内容。

在上述这些案例中，一旦律师提出想要询问的问题，当事人很有可能会产生回避心理。在例一中，律师要求死者的妻子回忆其死去的丈夫和主治医师的谈话内容，那么妻子可能会再度经历亡夫之痛。回忆那种"创伤"会阻碍信息的收集。为了避免再度引发伤痛的经历，当事人可能不愿谈及其丈夫与医师谈话的细节。

例二也可能涉及当事人的痛处，虽然律师并不一定要询问猥亵的细节，但询问有关猥亵者的情况，而该猥亵者又是当事人自己邀请与其同住的，可能会对当事人构成自我威胁，当事人还可能对未能谨慎择友而深感内疚和羞耻。在此情形下，她就可能要竭力回避这一话题。

例三中可能也存在自我威胁的问题。贷款欺诈比起儿童猥亵可能不会产生严重的精神创伤，然而当事人也可能认为律师会把他看成傻瓜，因为当事人未对贷款的条件进行适当的考察。在这样的情况下，当事人也可能回避谈论该项交易。

因此，在你面临的每一个案件的咨询中，以"当事人为中心"的理念都要求你应当对当事人敏感的问题有所注意。更进一步理解，律师应当学会对当事人可能持有回避态度的问题进行一些"预测"。预测当事人的态度是为了对律师自己的行为进行适当的调整。如果律师确信当事人可能不情愿谈论某个话题，那么，律师就可以在约见当事人之前做一些准备工作，以求事先消除当事人的不情愿心理。否则，你必须准备应付随时都可能出现的当事人不情愿的情况。再研究一下前述的三个例子你就可以知道预测当事人的不情愿心理十分有必要。

在最初的两个例子中,话题本身就意味着当事人的不情愿,丈夫的亡故和孩子被关系亲密的朋友猥亵都是令人极端痛苦的话题。因此,律师应预见到当事人很有可能不情愿开口谈话。但在最后一个例子中,律师是否容易预见到当事人的不情愿心理呢?如果当事人对受人欺骗大为恼火,那他很有可能不愿谈论其受骗的事。另外,如果当事人对受人欺骗而暴跳如雷,则他很可能什么都不愿谈。因此,如果没有迹象表明当事人竭力回避某一论题,例如,当事人既没有身体的动作表明他处于一种不安状态,也没有表现出某种谈话时的犹豫,更没有沉默的表示或者转变话题之类的情况,那么律师在最后一个例子中可能就难以预料当事人在交谈中会有所顾虑。

二、应对当事人顾虑的技巧

无论你对当事人的顾虑是有所预测还是在讨论时才意识到,律师都可以有以下选择:其一,对当事人的顾虑视而不见,并逼迫当事人讨论其有顾虑的话题;其二,暂不考虑有关话题,待以后律师和当事人的关系改善或者出现某些足以打消当事人顾虑的因素之后再做打算;其三,提出顾虑问题,并设法在讨论过程中予以克服。平心而论,这些选择哪一种都不比另一种更好,但是在与当事人交流时考虑到当事人的性格以及你需要与当事人讨论什么话题,起码可以保证你的选择符合律师的职业责任。因此,在面对当事人的顾虑时,可以考虑按前述第三种方式来作出反应。这些直接提及当事人顾虑问题的技巧有以下几种。

(一) 诱导性陈述

诱导性陈述,是指律师已经明确意识或者预测到了当事人的顾虑,并且促使当事人谈论他的顾虑。典型的诱导性陈述包括两个步骤:第一个步骤是律师通过对当事人的顾虑和不快表示同情,从而消除障碍交谈的因素;第二个步骤则是运用一种催促因素,其核心是指出当事人只要克服阻碍因素,并公开地讨论有关话题就可能获得的益处。

例如,让我们回到当事人甲的例一案件。假定你预先知道甲不愿谈论其丈夫和医师谈话内容的细节,而你决定事先对其做一次诱导性陈述。你可以采取下述方式:

> "甲女士,下一步我想知道在手术之后,你丈夫和医生谈了些什么。我知道这对你来说并不是件容易的事,可能会引发某些使你极不愉快的回忆。但你要相信,我会尽力帮助你,只要你尽量多告诉我一些你所能记忆的事。"

此处,你不仅承认了谈论这个话题对甲来说非常不容易,而且还说明了不易的缘由:因为这有可能引发某些使其极不愉快的回忆。当然,你或许可以省去这句话,否则你就有可能在冒扮演"业余精神病医生"的风险。然而,既然几乎所有人都会认为谈论新近去世的家人是一件痛苦的事情,那么做前述的陈述倒还不至于冒什么风险。至于该陈述的第二个组成部分,即当事人谈论有关话题所可能带来的"益处"则不仅仅局限于某一类特定的当事人。因此,你可以在大多数诱导性陈述中加进此种评语。

现在再来看看面临房产被收回的当事人丙。假定你预先并不了解这一情况,即丙不愿意谈论其与担保公司业务员谈论的内容。但在与丙交谈的过程中,你才意识到丙在讨论这个问题时显得不安和勉强。由于你事先不知道这一情况,你可能难以对当事人的心理作出准确的反应。因此,你只需要简单作出以下陈述,并表示你已经意识到了当事人不甚愉快的心理:

> "看起来你很不自在,你是否有什么难言的苦衷。"

这一说法在一定程度上是富有同情心的:因为其表示你意识到了当事人的苦衷。然而,它却可能听起来像指责,从而使当事人感到有必要进行申辩。当事人可能以自我辩解的方式对律师的话作出这样的反应:"我是感到不自在,你怎么知道?"或者当事人的反应可能含糊其词:"我想我不太习惯和律师交谈。"

因此,如果当事人看起来不自在,但你又不清楚其原因,你应该试试其他的诱导方法。有一种替代方法,即"普遍反应法"。这种方法不会使当事人处于一种想自我申辩的地位,因为这种方法将当事人的情绪普遍化了。例如,你可以说:

第十二课
应对不寻常的当事人

> "你看起来有点不自在。很多当事人都感到不应将某些事情告诉律师,对此我完全理解。我们毕竟还不了解对方,有些人不愿意将某些事情透露给陌生人,我认为这是很正常的。但只有完全了解你的情况我才能尽力维护你的利益。"

这样,你说明了当事人有苦衷,但由于你同时也说明了其他很多人也有类似现象,你就有效地避免了当事人的直接责备。此外,你最后还表明了要竭力帮助当事人的愿望。

在当事人不情愿回答有关询问的原因不明时,律师还可以采用另一种诱导性方法,这种方法称为"直接介入法"。"普遍反应法"将重心放在当事人身上,而"直接介入法"则将重心转移到律师身上。例如,在发现丙的顾虑后,你可以这样展开你的话题:

> "我感觉到这里出现了一些问题。也许我所说的使你感到不自在,或者是因为我漏掉了什么。你是否愿意告诉我些什么?如果我给你造成了不愉快,我希望你会告诉我,以便引起我的注意。"

虽然当事人的不愉快与律师所说的话并无任何关系,以上说法既传达了律师对当事人处境的同情,又不会将当事人置于想要申辩的地位。它也许还有助于促使当事人吐露不自的原因:"不,并不是因为你的缘故。我只是想我在贷款买房时应先问明相关费用的问题,我觉得我真是太傻了。"

(二)保守秘密

在运用诱导性陈述时,你或许还要强调律师和当事人关系的隐秘性:

> "你告诉我的事情都是保密的。在未征得你明确的同意之前,我不会向其他人泄露你的谈话内容。呵呵,你最好不要告诉我你准备抢劫一家银行或者其他什么地方。"

法律咨询

（三）变换询问的方式

面对顾虑重重的当事人，你的另一个选择是变换询问的方式。如果你一直都在采用开放型问题，那么请问一些狭窄的问题，或者问一些封闭型问题。虽然开放型问题可以促使很多人对问题作出描述性的反应，但对某些当事人而言，情况就不同。即便是那些对于开放性问题作出积极反应的当事人也不愿讨论某些使人产生焦虑情绪的问题。这种当事人对狭窄的提问更能作出积极的反应，因为这种方法有助于减轻当事人的顾虑。狭窄的提问方式可能因"逐步"深入某一问题而消除当事人的疑虑心情。

例如，假定你的客户理想公司正在考虑将设备出售给世林公司。一开始，你向理想公司的李总提出一些开放型的问题，请他谈一谈从前与世林公司的交易情况。李总稍加犹豫之后回答说："还不错，实在没什么可谈的。"这时，你觉察到当事人有所顾虑之后，就可以转而提出一些狭窄的问题以便使话题能向纵深发展，诸如，"我们与世林公司打过几次交道？""第一次是在什么时候？""那是一桩什么交易？"，如此等等。在答复这些具体问题时，理想公司可能会逐步吐露出他们的苦衷。

无论你是从开放型问题转向封闭型问题，还是相反，你同样可以采用诱导之法。让我们再回到前述例二。假定你的设想是：推荐猥亵者担任家庭教师的单位应对猥亵者的猥亵行为负有责任。你很担心当事人乙邀请猥亵者与其同住这一事实可能在一定程度上减轻推荐单位的责任。然而，你并不知道猥亵者在当事人乙家里也有猥亵的行为。由于采取了适当的询问方法，当事人乙一直对律师的提问给予了积极的回答。现在你就可以询问有关猥亵者与当事人同居的时间有多长了：

（1）律师：你曾提到王某有一段时间曾和你们同住，你能否再告诉我一些有关这方面的情况？

（2）乙：没有什么可谈的，他只是需要有个住处。他问是否可以和我们同住，我就答应了。

（3）律师：好。请继续往下谈。

（4）乙：我只能告诉你这些了，他住了大概6个月。

第十二课
应对不寻常的当事人

（5）律师：你为何不告诉我他怎样来和你们同住的？他在居住期间究竟发生了什么事？

（6）乙：我真的记不起多少了。他是我很熟悉的朋友，而他需要住处，就是这些。

至此，你应该意识到开放型提问方式已穷途末路了。因此，你需要适时转变话题：

（7）律师：乙女士，你一直都对我无话不谈，对此我很感激。我很清楚，与陌生人谈论这种事是很难为情的。我觉得关于王某搬进你家的情况你还可以谈得再详细一点。我对你的顾虑很理解，因为很多人都觉得有些事还是只有自己知道为好。但是，我想尽力帮助你和你的女儿，如果我对情况不够了解，我就很难尽力帮助你们。说实在的，当律师最难的就是了解当事人的情况，你放心，你所说的我都会为你保密。你记得是谁最初建议王某搬来和你们同住的？

（8）乙：是他自己提出来的。

（9）律师：你是否还记得他是在什么时候提出的？

（10）乙：好像是在今年春季。

（11）律师：你谈的情况很有用，你能否再仔细告诉我你们的谈话内容？

第（7）项将很多诱导技巧有效地结合在一起。律师对当事人的处境表示了同情，作了将当事人情绪普遍化的陈述，并且还加入了催促因素，强调了谈话内容的保密性，最后从开放型问题转向了封闭型问题。然后，随着当事人逐渐倾向于采取积极态度，第（11）项则又回到了一个更为开放的问题。

律师遇到当事人犹豫不决的情形实际上比你想象的要多。有些当事人有种使律师感到奇怪的疑虑，就是他们不愿与律师会见。这类似于你打通了某人电话而又无话可说的情形。对很多人来说，无论是否涉及一种新的社会关系的开始，选修一门新的法律课程，或者仅是在假期外出旅行，要开个头都不太容易。此外，当事人有时前来找律师并不是完全出于一种自愿；他们到了你的办公室不过是"身在曹营"而已。不管是想要提起人身损害赔偿之诉的当事人，还是想要对商业

法律咨询

合伙人提出起诉的当事人，都可能是鼓足了勇气才能踏入律师的办公室，当他们真正进来以后，又可能会不愿提供律师所需要的足够信息材料。

以下例子就是关于某个意欲提起人身损害赔偿之诉的当事人在初次会见律师时与律师的对话，她可以说明当事人的犹豫不决可以到何种程度：

> 律师：牛夫人，我能为你做些什么？
> 当事人：我还不太清楚……
> 律师：你能否告诉我你为什么到这里来？
> 当事人：我真是有点傻，真的……算了，我想我还是不麻烦你了……
> 律师：你能稍加详细地告诉我发生了什么吗？
> 当事人：……我也说不清……

三、会见有疑虑的当事人

（一）诱导型询问及封闭型提问

诱导型询问的方法对于那些会见律师有顾虑的当事人也同样有效，对当事人的不愉快表示同情、对当事人的情绪加以普遍化以及强调对当事人的谈话内容加以保密都有助于打消当事人会见律师的顾虑。同样，从开放型问题转向封闭型问题至少可以暂时免除当事人谈话的负担。特别是当律师提出有关不涉及当事人苦衷或者只是涉及与数字有关的问题时，当事人很容易提供律师所需要的有关资料。例如，在上面提及的人身损害赔偿的例子中，律师可以提出如下问题：

> "你是在哪一个网球场摔伤的？"
> "你是那天什么时候摔伤的？"
> "事情发生在哪一天？"

如果律师意识到当事人的顾虑产生于其不能确定是否要聘请律师，那么若律师说类似"只有在完全了解你的情况之后,我才能有效地保护你的利益"的话,倒有可能会进一步阻碍当事人的合作态度,因为这可能会让当事人有这种感觉:在他尚未决定请律师之前就负有向律师提供情况的义务。为了避免发生这种情况,你可以做类似的说明,如"只有在我首先了解一些基本情况之后,我们才能最后决定你是否有必要请律师"。

(二)促使当事人提出问题

在会见之初可以采用诱导型方法消除当事人的疑虑,也就是提出这样的问题:"你有什么问题需要问我吗?"提出这种问题的目的在于暴露当事人产生顾虑的原因。换言之,准备一些以前的当事人常常问及的问题,并向现在怀有此种问题的当事人提出来,以打消其顾虑。你可以采用这种对话方式:

> "当事人常常想知道他们在和我谈话之后是否必须请律师,这样说吧,你只是这样和我谈一谈并不意味着你必须聘请我担任你的律师,也不意味着你的案件必须要进行下去。我乐意帮助你,而开始的最好办法是提出你所关心的问题。"

第三节 年迈或有生理疾病的当事人

有时,律师可能很难从某些当事人那里了解到所需要的信息,其原因倒不是当事人不愿意合作,而是因为当事人在某些方面有困难,比如当事人年迈或体弱多病从而导致交流上的障碍。当然,尽管并非每一个年迈的人都在回忆和传达信息方面有障碍,但是一旦出现交流上的问题,作为律师就要准备克服这种障碍。

在会见有交流障碍的当事人或者在向其提供咨询意见时,律师应具备的素质就是耐心。有些当事人起初只能对问题作出最起码的反应,律师不应将此种情形误认为是当事人的交流习惯所致。在当事人确实存在理解和反应障碍时,律师所应具有的技巧应该不仅仅是耐心。另一个简单技巧是向当事人提出一些封闭型的问题。对有交流障碍的当事人来说,封闭型问题比开放型问题更能引起他们的反应。

另外一个技巧是为年迈和虚弱的当事人提供舒适的交谈环境。比如，你可以让某个当事人在亲属或者朋友的陪伴下到你的办公室里来；你还可以在其家里会见当事人。如果上述技巧均不奏效，你可以考虑为当事人指定一个监护人或者诉讼代理人。

第四节　颠三倒四的当事人

律师最头疼的可能是那些语无伦次、颠三倒四的当事人。这种当事人会用细枝末节的事实将律师的提问暂时打断，而这些细枝末节的事实与正讨论的问题似乎毫不相干，这让律师对未能有效控制与当事人的会见感到很不愉快；另外，使律师感到不愉快的还可能是因为这类当事人浪费了律师很多宝贵的时间；最后，东拉西扯还可能使本来训练有素、讲究准确的律师功亏一篑。

从当事人的角度来看，各类因素都可能使当事人对律师的提问作出颠三倒四的回答。比如，有些当事人东拉西扯是为了规避对其不利的问题，或者是为了讨论其他更重要的问题；有些当事人因受情绪的影响，有些又或者是因为有某些性格上的弱点等，这些都有可能使当事人难以始终如一地讨论某一话题。所以，律师要"及时诊断"，善于辨别当事人实际上是在提供有关的重要资料，还是在东拉西扯。

如果你的当事人对你的提问能够作出足够的反应，但是有时又滑入与论题无关的领域，你是选择对当事人的漫无边际视而不见，还是试图将当事人限定在特定的谈话范围之内呢？显然，我们也没有万无一失的解决办法。你必须依靠自己的判断来确定是否应当对当事人的上述行为作出反应，律师据以作出判断的因素包括你有没有足够的时间、你与当事人的一般关系以及当事人游移的程度。你当然也可以忽视当事人不着边际的谈话。如果当事人的回答只是偶尔偏离话题，你应该相信，他最终会还会言归正传的。

如果律师决定要正视当事人不着边际的情况，考虑这些因素会对你有所帮助：如果当事人在漫无边际的谈话中表露出了对某些问题的关心，律师应对其问题表

第十二课
应对不寻常的当事人

示理解。通常，当事人可能老是围着某一特定的问题绕圈子。由于律师意识到该问题与当事人的法律利益无关，因此对当事人所谈内容可能毫不留心。这时的对话就如黑暗中擦身而过的两艘轮船——没人对你的问题作出回答，而当事人的谈话又无人理睬。通过对当事人的问题表示出理解，你可以满足当事人被人倾听的需要，从而弱化当事人漫无边际的倾向。

例如，以下是某律师与当事人会见时的一次对话。这段对话取材于当事人因离婚问题前来咨询律师，该律师是这样询问当事人丈夫的收入的：

律师：在你丈夫被解雇之前，你认为他每月的收入是 2 万元？

当事人：是的。

律师：你们租房子住？是用谁的名字租的？

当事人：我想是用我们两人的名字。但房租一般都是通过我丈夫在银行的户头支付的。不过最近几个月我们都没有支付房租了，我听房东说我们拖欠了房租，而我丈夫也没有详细跟我说过，其实，就算他把车卖了也不会让我知道，但那是我爸爸的车……

律师：够了，够了，你是说房子是用你们两人的名字租的，而你丈夫一直都在支付这笔房租，直到最近？

当事人：是的，但我认为他不会付那笔拖欠的款项，而且如果他把车卖掉的话……

律师：好了，好了……

从上述对话可以看出，当事人所关心的是她的丈夫会不会卖掉她父亲的汽车，当事人总是要回到这一点上来。请看律师如何对当事人关心的问题作出反应，以此说明了他已经注意到了当事人所关心的问题。

"我知道你很关心那辆车，而且希望你丈夫不要卖了它，因为它是你父母的财产，关于这一点我们稍后再谈，现在还是让我们来讨论更为重要的问题……"

221

法律咨询

此外，律师对当事人的问题表示理解体现在很多方面：律师提出了催促当事人提供信息的好处，即如果当事人耐心回答律师的提问，律师随后会满足当事人的愿望；如果当事人不偏离律师的提问，那么律师随后就来处理当事人最感紧迫的问题。律师的说明虽然很简短，但它的确可以起到抑制当事人随心所欲的作用。请注意，在说明对当事人问题的理解之后，律师又开始继续进行询问。如果在律师对当事人的问题作出理解性的说明之后，当事人的回答仍然是不着边际，律师就可以提出一些封闭型问题，因为封闭型问题更为集中，这就可能减少当事人随心所欲的机会。你一旦使当事人回到正题上，以后最好不要再采用开放型的询问模式。

如果当事人谈起话来滔滔不绝、口若悬河，那么律师应该采用最后一种方法，即事先就应当告诉当事人律师可能随时打断他。律师可以事先以类似词语表示自己的歉意："在我们的谈话过程中，如果我认为你偏离了正题，我会打断你的叙述，对此请你予以理解。我并不想这样做，但这有助于我们更有效地利用时间。"

当事人一般对这种说明都会乐意接受，他们的反应可能是，"你是对的，我这样唠叨，真不好意思"或者，"我知道我很健谈，但你认为必要时不妨打断我"。

■ 第五节　脾气不好的当事人

有时，当事人的内在压力可能外化为气恼、恶语相伤或者敌对情绪。有些当事人可能会涕泪交加；而另一些人则可能表现出抱怨、咄咄逼人或者对他人倍加责难。律师也许会认为这种情况只会发生在感情冲动的那些案件中，如子女的监护权争议等。而实际上，就是在那些看起来极为平常的案件中，这种情况也时有发生。

例如，假定以前与你曾有良好合作关系的某个当事人前来咨询你的意见，该当事人拥有一座商业大楼，但居住其中的某个房客数月没有交房租，现在当事人想知道是否可以驱逐这一房客。对话是这样进行的：

第十二课
应对不寻常的当事人

> 律师：这个问题有点复杂，我们得好好谈谈。如果你的房客不主动搬离你的房子，我们也不能采取过激的行为，只有通过去法院诉讼才能解决，但是这可能需要一个过程。
>
> 当事人：这是什么意思？那什么时候我才能收回房租，什么时候才能打发那个赖账的浑蛋？
>
> 律师：这很难说，我们一旦提起诉讼，按照正常的程序，一般需要 3 个月到半年的时间。
>
> 当事人：这到底是怎么一回事？他欠了我的钱，住着我的房，我找到你还是毫无办法让他马上滚蛋！

当事人的这种情绪上的爆发可能使律师自己都纳闷起来："这到底是从何说起？我为什么要受这份气？这关我什么事？"

律师不应当对突然爆发的当事人的这种德行感到丧气，想想地质学家花费了毕生精力来预测地震和火山的爆发，也不过徒劳无功而已。预测人类的行为并不比预测地震波来得容易。如果你常常不能预测到当事人这种情绪的突然爆发，但你至少可以想象得到某些当事人可能会因感情爆发而失去控制。当事人可能感到某个问题不值得、不公平、代价昂贵，而且难以逃避，结果又令人沮丧，所以当事人有这种感觉是情有可原的。因而意识到当事人失去控制是司空见惯和可以理解的事情，有助于律师对当事人的情况作出以下适当的反应。

首先，律师应当对当事人在感情爆发之前表现出的一些征兆有所察觉。当你觉得当事人开始感到疲倦和紧张时，你应当主动提议休息一会再谈。比如，你和当事人花费了大量的时间来研究一些复杂的文件，而你意识到当事人开始显得不耐烦和暴躁起来。这时，你可以说：

> "我们讨论这一点已很长时间了，我觉得有点累了，我们休息一会儿怎么样？"

其次，如果当事人的情绪毫无征兆地突然爆发，积极倾听其诉说是一种行之有效的方法。你可能不能立刻消除当事人的气恼，但你可以告知当事人你理解其苦衷。例如，在前述当事人发脾气的情况下，你可以说："我理解你的心情，我们现有的法律制度有些地方确实值得商榷。"另一种技巧是在当事人发脾气之后给他一段"冷静"的时间，期望积极倾听会立刻消除当事人的情绪，并可以使你能够继续进行询问，是很不现实的。给当事人倒杯茶，让其先放松下来。

最后，在当事人发脾气之后给他一个下台阶的机会，以保全其面子。因为大多数当事人在大发脾气之后往往会感到难堪或者羞愧。例如，前述的当事人可能会说："唉，我的朋友总是说我动不动就发火。"而律师则要控制自己的冲动，不要反唇相讥；相反，你可以使当事人的情形普遍化，使之有台阶可下："我们都不免有发火的时候，因为我们周围的压力实在太大了！"随后再一次表明你乐意帮助当事人的意愿："你准备好之后，我们可以接着再谈。我愿意帮你找到最有利的解决途径。"

与怀有敌意和脾气暴躁的当事人打交道既不容易又不愉快。但是，大多数当事人都会对律师采取的倾听法、提供冷静期、普遍化以及律师重申乐意帮助等方法作出适当反应。

第六节　捏造事实的当事人

一、辨别谎言

律师面临的另一个更加令人头痛的问题是，有些当事人有撒谎之嫌。撒谎有积极和消极两种形式：当事人要么会提供虚假信息，要么会隐瞒真实的信息。当然，二者之间并不总是泾渭分明的。也就是说，某个当事人究竟是被律师误解了还是真的在撒谎，或者当事人仅仅是因为有顾虑而不愿提供信息还是有意隐瞒真实情况，所有这些并不能一目了然。这是一个程度的问题，怎样认定取决于当事人的主观意图。律师应对究竟属于哪种情况作出自己的判断。

一般而言，当事人撒谎可能是因为他认为吐露真情会损害其利益。此外，当

第十二课
应对不寻常的当事人

事人撒谎还可能因为他们对既往事实感到内疚或羞愧。其撒谎也可能是因为认为律师在了解真相之后会不再尊重他们。

你可以用各种询问方法来弄清当事人是否在撒谎，在此不再详述。通常，前后不一致的陈述就可能意味着当事人在撒谎。例如，当事人对你所言与当事人先前对他人所言互相矛盾；或者当事人的陈述内部有不协调之处。例如，当事人一会儿说他很晚还在开车，而一会儿又说他的车灯没有打开过。

陈述事实的不可能性也意味着当事人在撒谎。例如，在某一案件中，当事人在法庭作证说："我儿子现在好多了，那天我给他量体温时，他的体温太高了，把体温计都烤坏了。"常识和经验表明：这根本是不可能的。因为极度的高温不仅可以致命，而且怎么也不至于烧坏体温计。

在其他场合，当事人的陈述可能与更为可信的情况相抵触。例如，在某一真实的案件中，当事人在法庭作证时说：他6个月大的小孩是从沙发上滚下来，然后摔在铺有地毯的地板上折断一条腿的。当事人的这种说法与医生的检查报告不相吻合，因为医生的报告说，X光检查表明，婴儿的骨折呈螺旋形，而只有通过强力的扭曲才能导致这种螺旋形的扭伤，仅从沙发上跌落下不可能形成这种骨折。

有些更具常识性的因素可以使你相信当事人在捏造事实。下面，我们就来讨论怎样对当事人撒谎的情况作出反应。

二、告诉当事人你知道他没有陈述事实

律师一旦怀疑当事人在撒谎就可能会严重影响他和当事人之间的关系。因此，律师首先要确定当事人是否在撒谎。很多电影曾描画了律师的精明形象：他们能一眼就看穿谎言，并且能用一句话就使人变得"直言不讳"："算了，没人会相信你说的话，我从3岁就不相信这类话了。告诉我，究竟发生了什么事？"然而，我们中的大多数人并没有这样明察秋毫的本领。所以，律师最好在断定当事人撒谎之前，排除其他可能的解释。因为有时候可能把事情搞错的恰好是其他证人，而不是你的当事人。比如，在前一个案件中，医生可能看错了X光照片甚至张冠李戴了。有时，当事人可能只是犯了无心的错误而已。在采用以下技巧之前，律师最好考虑一下这种可能性。

（一）确信当事人说的不是事实

"当事人中心说"所推崇的这种方式的优点之一就是它可以减小当事人说谎的

225

可能性。律师和当事人的关系越融洽,当事人撒谎的可能也越小。有效预防当事人撒谎的特别方法有三种。

第一种方法是"规避论题法"。如果在你与当事人建立起融洽关系之前,你暂不讨论那些很有可能导致当事人说假话的重要论题,你就可能减少当事人撒谎的机会。很多刑事律师都采用此种方法,在与当事人见一两面之前,他们有意识地回避讨论当事人在被警察逮捕之前究竟干了什么的问题。

第二种方法则是"披露事实法",即向当事人披露一些律师已经掌握的对当事人或者其案件有重大影响的资料,从而降低当事人否认存在这些资料的可能。父母也常常用这种方法来防止其子女撒谎。假定某一父亲走进房间时看见地毯上打翻了的牛奶瓶,而其6岁的女儿不久前曾在这个房间里玩耍。父亲很可能直接向其女儿提出类似的问题:"是你打翻了牛奶?"但这一问题很可能引起女儿虚假的申辩。相反,如果父亲说:"你好像打翻了你喝的牛奶,为什么不告诉我发生了什么事?"这种说法披露了这一事实,即父亲已经知道了事情的真相,因此只要父亲的语调和姿态表明他不是在以惩罚相威胁,则女儿就很有可能作出诚实的反应。

律师也应当时常留意对当事人不利的信息。你也许已经知道:就商业问题前来咨询的当事人不久以前已被宣告破产,或者你知道某一前来就医疗事故致人死亡问题咨询律师意见的医生,以前曾被两家医院除名。在前述两个案件中,如果律师向当事人提出迫使其首先提供信息的问题,那么当事人就很有可能作出支吾其词、误导或者虚假的回答。相反,如果律师提出这样的问题,如"我知道你曾在其他几家医院遇过了一些麻烦。你能告诉我一些有关的情况吗",便可以消除其顾虑,从而向律师提供完全的真实的情况。

防止当事人撒谎的第三种方法是"虚张声势法"。所谓虚张声势,是指律师根据以前的经验虚构一些情节。有时,律师虚构情节只是为了使当事人开心或者使其对丰富的经验产生深刻印象。在此情形下,律师虚张声势是为了提醒当事人不诚实的不良后果。此处,律师虚张了一下声势,其目的在于提醒当事人提供准确的情况。其含义是,即便存在不利因素,律师也可能找到好的解决办法。因此,上述的虚张声势也属于一种诱导方法。

(二) 告诉当事人你知道真相的方法

在采取所有预测措施之后,如果你确信当事人还在撒谎,而你又想查清事实,

第十二课
应对不寻常的当事人

那么最好向当事人摊牌。摊牌的技巧包括直接和间接两种。前一种方法是明确表示你不相信当事人所提供的情况。以下四种方法可供参考：

1. 要求当事人澄清事实。如果律师自己对事实有疑问，而不是因为当事人做了错误的陈述，律师只需明确指出不明之处，并要求当事人予以说明。例如，你可以说："我有点糊涂了。你曾对我说过，你们曾在会上讨论了最低价格问题，但你的雇员对会议所做的备忘录却没有提及此事。这到底是怎么回事？"或者"给我弄糊涂了。根据事故报告，你告诉警官说事故发生时你正在回家的路上。而不久以前，你却告诉我说你是去看医生。你能否解释一下？"

注意，澄清事实并不需要明确表明你不相信当事人的话。通常，怀疑还为时过早，因为前一个当事人可能会说："哦，那个雇员曾退出会场20分钟以便和商店老板说几句话，现在想来，那时我们正在讨论最低价格问题。"而第二个当事人可能会说："我是看过医生之后才回家的。我想我是太紧张了，因为忘了说明去看医生的事。"

2. 搬出无所不知的第三者。另一个弄明当事人是否在撒谎而又不损害律师和当事人和睦关系的方法是：向当事人说明你之所以要弄清事实真相是因为第三者可能完全知道事实真相，而该第三者对案件的处理结果又有举足轻重的影响。

例如，你可以扮演对方律师的角色，并询问当事人为什么该当事人对事情的描述比对方当事人的描述更为可信。律师可以这样强调说："这就是对方要说的话。"这样，你可以指明当事人在撒谎而又不把自己牵扯进去。这种方法常常迫使当事人要么做解释，要么承认先前的陈述不够准确。

运用这种方法的困难之处在于，要求当事人设想出对方律师可能会提出哪些问题，并找到应付的方法。为了确定对方可能的策略，律师通常要和当事人一起讨论可能出现的各种情况。如果当事人不能驳倒对方的观点，他就可能看到己方案件的弱点，因而更有可能将实情不加保留地告诉自己的律师。另外，如果当事人很容易驳倒对方的论点，律师则可以提醒他：对方可能还有更难对付的高招。然后，律师可以再和当事人商讨对方可能采取的其他计策。你可以在与当事人找到更为可行的方法时继续这种程序。当事人如不能对对方可能的质询提出反驳，他便可能告诉你更为真实的情况。

法律咨询

另外一种变通的方法是进行一次模拟的"交叉询问"。你从对方律师的角度对你的当事人进行一番质询。通常的情形是：只有在当事人被问得无言以对时，他才能够看到己方案件的弱点。

3. 沉默。在穷尽其他方法之后，律师的沉默可能明显地表明他不相信当事人的陈述。虽然律师一言不发，或者说得甚少，其表情等可以传达出对当事人的怀疑，并希望他如实相告。这种技巧的运用并不要求你接受专门的训练。律师严肃的眼神和面部表情都可以说明律师有疑问。有时，律师只需摇摇头就足够了。

4. 用言辞直接揭露当事人的谎言。直接揭露包括直言不讳地告诉当事人：（1）当事人的陈述不真实；（2）律师为什么不相信当事人的陈述。请看下述例子：

> "马先生，我不能相信你说的话。你曾经说过，你的客户没有按时付清10万元的咨询费，而你是在1年之后才意识到这一点。对别人欠了自己10万元的事，人们是不可能忘记的。还是告诉我实情吧。"

直接揭露当事人是很困难的，因为当事人可能会发火，指责你胡乱行事，而且还可能终止你的代理权。因此，你只有在可以完全肯定当事人是在撒谎的情形下，才能这么说。需要记住的是：律师揭当事人的底是为了促使当事人告诉实情。因此，律师的一言一行都应和这一目标协调起来。你在作出上述陈述时，应该表露出你愿意代理的意向。而且，你还可以采用诱导性陈述，比如你可以告诉当事人如实陈述只会对其自身有利。此外，律师还可以告诉当事人，只要他承认撒了谎，律师还是愿意继续代理。在上一个欠账的例子中，在揭露当事人撒谎之前，律师可对当事人作出诱导性陈述，比如，律师可以这样说：

> "马先生，我很愿意帮助你，而且我认为我有能力帮你，但你必须说实话，说实在的，我的确不太相信你的话。"

不要期望即刻就有结果。当事人需要一定的时间来考虑承认撒过谎以及转而据实相告是否真正对他有好处。也许，律师还要数次约见当事人直到其转变态度为止。律师也许还得重复诱导性和揭露性陈述。为了维系律师与当事人的关系，这可能是律师可以采用的揭露当事人撒谎的最有力的方法。

如果当事人最后还是固执己见，而律师仍然怀疑当事人还在撒谎，那么律师就不得不考虑是否有必要终止对当事人的代理行为。

第十三课 LESSON 13

咨询、建议和决策

第十三课
咨询、建议和决策

■ 第一节 法律咨询的决策者是当事人

作为律师,你与当事人的讨论深入到一定程度后,随之而来的是必须作出一系列的建议和决策,比如,当事人是否应该接受对方的方案;某个交易合同的某些条款虽然未能完全达到预期目标,但为了可期待的利益,是否仍应签署该合同;提交的协议草案是否应当省略仲裁条款;等等。

在法律咨询的过程中,由谁来对上述问题作出决策?是你还是当事人?

当事人有这类决策问题而向你咨询时,显然你必须而且有必要作出反应,但是你一定要记住的是:律师不是上帝。在接受咨询、建议和决策之前,你应该进一步考虑以下问题:

1. 你和当事人之间谁享有最后决定权?
2. 你应当与当事人探讨哪些涉及案情的决策?
3. 其他具体问题:

(1) 在作出一项决定以前,你应当从当事人那里获得哪些信息?

(2) 在作出这一项决定之前,你应当确认哪些信息对当事人有用?

(3) 你应在何时就决策问题提出意见?

(4) 得出决策意见的标准是什么?

(5) 对当事人提供咨询须达到什么程度?

(6) 如果当事人决策错误,你应当在何时指出?

了解这些问题,并在作出决策前提出解决办法,是至关重要的。律师作为法律服务的提供者,应当提出有价值的咨询意见。同时,律师并非解决问题的万能上帝,弄明白律师价值与贸然决策之间的界限,将是本课要讨论的内容。

第二节 律师应该做什么

一、"咨询"和"建议"

让我们首先来考察"咨询"和"建议"这两个术语。这二者有相关但又截然不同的任务要求律师去完成。通常，你对当事人必须既提供咨询，又提出建议，以帮助他们作出决定。

咨询，是律师帮助当事人决定采取什么行动来解决问题的程序。它开始于找出问题和明确当事人的目的。随后，该程序还需明确并估计潜在方案的积极和消极后果，以确定哪种选择能最好地实现当事人的目的。

建议，是由你的观点构成的，你可以就可选择的行为、该行为可能产生的后果（法律的和/或非法律的），以及当事人应当采取何种选择等种种情况提出建议。这些建议可以通过以下简单的事例来加以说明。假设你正在代理邹经理就在某购物中心租借场地的问题进行谈判，场地所有人曾指出她不愿意给邹经理续租的机会，那么邹经理面临的问题是必须对是否坚持续租作出决定。你对邹经理是否应当坚持续租所发表的见解即是邹经理应当采取什么行动的意见；你对邹经理坚持续租会对谈判产生什么影响的观点，就是对选择某种行为可能产生的后果所发表的意见。

通常，在进行咨询的过程中，律师对可供选择的行为和可能产生的后果发表意见的情况比对当事人应当采取什么行动发表意见的情况多得多。

二、把决策权交给当事人

上面对建议和咨询所下的定义，隐含着这样一种思想，那就是决策的机会和权利应当由当事人享有。但这也并不是说你不应该对当事人应采取的行为或步骤大胆地提出你的意见，也并不是说你没有与当事人磋商就不能进行决策，更不是说你必须始终按照当事人的决定行事。只是说，在大多数情况下，你应该给当事人决定的机会。

让当事人享有决策权的理由是：

第十三课
咨询、建议和决策

首先，因为问题是当事人的问题而非你的问题，当事人应当具有主要的决策权。一般而言，是当事人必须接受决策所产生的远期和眼前的后果，而不是你。例如，决定放弃权利，可能对当事人产生支出几十万元的结果，而你不用付出任何代价。

其次，既然当事人是决定后果的首要承担者，那么当事人应当具有决定采取何种行为的机会。我们的社会高度尊重每个人自己决策的权利，只有当你有充足的理由时，才能置那种尊重于不顾。由于当事人的自主权是至关重要的，因此决定的作出，应当以最大限度地满足当事人为标准。

当事人总是比你更能够估计何种潜在决定最合其意。解决问题时，在考虑法律后果的同时，同样需要考虑非法律后果；而当事人可能比你更能预见非法律后果。而且，即使你和当事人对某一决定可能产生的后果达成了明确的共识，但在作出决定的过程中，估量后果的过程在很大程度上取决于个人特有的价值观念。以下例子就说明了一个决定的作出如何依赖于个人的主观价值：

> 你代理了 A 公司起诉 B 公司违反买卖合同纠纷案件。这案子已经拖了 1 年多，现在 B 公司提出赔偿 A 公司人民币 30 000 元的调解方案。在你看来，如果本案坚持诉讼，A 公司可能获得至少人民币 60 000 元的补偿，但判决可能是 6 个月以后的事，并且尽管 A 公司被判决什么也不能获得的可能性极小，但其始终是存在的。A 公司是否应当接受 B 公司的调解方案呢？

在对立即到手 30 000 元与冒什么也不能获得的危险或者在 6 个月之后可能获得 60 000 元的胜诉判决之间进行权衡后，你的"客观"法律见解也许就是该方案可以接受。但是，这一方案是否能让 A 公司满意，取决于 A 公司对该调解方案可能产生的后果的重要性的认识。接受这一方案将使 A 公司获得 30 000 元的补偿，但这笔资金对 A 公司来说究竟有多么重要？如果 A 公司的老板非常富有，那么"不很重要"应当是对这一问题的回答。此外，一些非经济的考虑也会对 A 公司决策产生影响。由于协商可能使 A 公司丧失将争端公开的机会，因此如果 A 公司十分注重对争端进行曝光，那么调解对其来说并不具有吸引力，而且该调解方案

法律咨询

还会使 A 公司的老板感到没面子。如果情况就是如此，那么 A 公司对调解方案这种选择将会毫无兴趣。

当事人对可能发生的后果的主观判断，是商业交易事项中确定最大限度满足当事人的核心。众所周知，你不能以客观的标准判断什么样的决定可能给当事人提供最大的满足，一项合理的选择只有在预见到一个决定可能产生的经济的、社会的、心理的和道德的后果的基础上，并在确定各种后果的重要性的基础上才能作出，你可以帮助当事人确定一项决定可以产生的后果，但只有当事人有权确定各项后果的重要性。

此外，如同上述例子表明的那样，现实生活中很少存在"全好"或"全糟"的后果。实际上，每一项决定的作出都需要权衡利弊。例如，A 公司老板为了恢复心理的平静而作出接受协商的决定，可能会使其形成自己有些懦弱的感觉。几乎所有的决定都需要权衡，这一点更加支持了这一结论：就是只有当事人的主观价值观念才能预料何种决定能为其提供最大的满足。

正如上述例子所隐含的那样，"对冒险的反感"这一主观因素常常对当事人的决定产生实质性的影响。当在选择行为步骤的时候，你和当事人除了对可能发生的结果进行预见外，无法考虑得更多。每一个决定的作出都要冒已经预见到的后果不发生的危险，两个当事人能够对后果作出相同的预料，但由于他们承担风险的不同意愿，他们又会作出不同的决定。这一事实是决定当事人是主要决策者这一论断的重要因素。

对当事人来说，准确地确定特定后果的价值，常常是相当困难的。当事人有时能够对不同结果作出"相当重要""重要""不很重要"等程度上的认定，然而，当需要他们对具有同等重要性的两种结果作出识别时，就不是那么容易了。而且，对价值观念和愿望的正确表达，也是对不愿承担风险的正确表达。对许多当事人来说，为了获得可能的收益，他们究竟在多大程度上愿意承担可能蒙受损失的风险，他们是很难明确地表达出来的。当事人缺乏准确表达其承担风险意愿的能力是你必须让当事人有机会决定采取何种行为的又一理由。

最后，即使你充分了解当事人的价值观念和爱好，由于潜在的兴趣冲突，也不应由你来作出重要的决定。需要作出决定的时候，你的兴趣和当事人的兴趣可

第十三课
咨询、建议和决策

能是相反的。例如，需要在一项交易中究竟订立哪些合同条款进行决策时，律师希望合同中包括的意外事件条款常常比当事人希望包括的意外事件的条款要多得多。律师常常希望当事人在合同中约定这些条款，其目的不仅在于保护当事人，而且潜藏着如果这些意外事故最终发生，律师不能因玩忽职守而受到追究的意思。另外，当事人对做生意的兴趣比他们对在合同最终解除的情况下是否完全受到保护的兴趣更大。当事人经常预言，坚持约定意外事件条款可能会扼杀生意机会，因此他们宁愿省去这种条款而承担相应的风险。

律师和当事人决策中的潜在冲突，还有其他有共通性的例子。这些例子包括是否接受一项要约，是否放弃权利，以及是否召见证人作证。上述各项例子中，在律师看来可能获利的或方便的决策，或许都会与当事人认为最能获利的决策发生冲突。

律师与当事人之间存在兴趣冲突再次说明，决策应当掌握在当事人手中。即使你能够确定当事人的价值观念和爱好，然而那种在决策中促使你自己兴趣的倾向是应由当事人作出最终决策的理由。

三、律师不是做旁观者

强调当事人是主要的决策者，意味着当事人应当有作出每一个决定的机会。然而，当事人"决定一切"这一见解是不切实际的，且事实上也与"当事人中心说"相悖。如果当事人应当作出每一项决策，那你必须在当事人每次决策时都向其通报某项决策是必要的，并与当事人一道对潜在的后果和选择进行讨论，即使是一个简单的问题，一般也需要大量的决策。因此，你与你的当事人不得不保持差不多持续不断的联络。毫无疑问，许多当事人是没有这种时间的，当然，作为律师你也没有那么多的精力。

如果与当事人就每一决策都进行磋商是不能令人接受的，那你将怎样决定哪些属于需要让当事人注意的"决策"呢？这个问题不易回答。有人试图对问题做"实体的"和"程序的"划分。他们建议，律师应当就那些对当事人的目的产生影响的决定进行审查，而不必对保障实现目的的手段进行审查。但又有人认为，对"目的"和"手段"进行区分，常常是不可能的。当事人常常对达到什么目的以及怎样达到目的都很关心。假设你代理一个被控告犯有盗窃罪的当事人，并且

法律咨询

需要作出一个是否召见该当事人的妹妹作为不在犯罪现场的证人的决定。你认为当事人的妹妹将提供极好的证据，但该当事人则坚持不召见她；因为在该当事人看来，其妹妹作证时会过度紧张。是否召见妹妹的决策究竟是一个目的决策，还是一个关于手段的决策呢？如果当事人的目的仅仅被看作避免定罪——胜诉，有关召见妹妹的决定便仅仅是一个策略或者手段的问题；如果当事人的目的是既要避免定罪，又要免去其妹妹的紧张，那么这两方面的决策又都涉及当事人的目的。

不断要求当事人及早地明确哪种决定是他希望提出来商量的，有时被视为解决上述问题的途径。然而，这种"当事人自行放弃决策权"的见解很不适当。一个具有法律经验的当事人有能力对其所希望咨询的决策作出选择。因此，你依赖这种选择可能是站得住脚的。至少，在当事人要求经常性的商讨时，情况如此。一旦商讨频繁地出现，当事人即不断地有机会判定哪些问题是其希望咨询的。但对那些缺乏法律经验的当事人来说，他们通常不能做到这一点，即便是简单的问题他们也不能了解可能出现哪些需要决策的问题，因此你不应依赖一个对其决策权自动放弃的没有经验的当事人。

而且，无论当事人是否具有经验，一个当事人在某一时间希望提交商讨的各种决定并非就是以后当事人希望提交商讨的决定。由于当事人生活状况的变化，由于某项问题长期悬而不决，那些被当事人视为需要咨询的重要问题也会随之发生变化。因此，任何对何时希望协商的初步规划都是一项具有很大弹性的决策，它需要接受时间的检验。

所以，"目的—手段"论及"先期弃权"论，都不能适当和更好地确定何种决策需要与当事人协商。在我们看来，应当适用另一个不同的标准，那就是当一个即将作出的决定可能对当事人产生实质的法律和非法律影响时，律师就应当使用"从事该职业的其他人员共同拥有并运用的技巧、深谋远虑和智慧"，为当事人提供一种作出决定的机会。

这一标准要求，如果一项决定可能对当事人产生实质性的法律和非法律影响，那么，你应当与当事人商讨。这一标准的确定也并非没有难度。例如，对这一标准的掌握，一个团队就可能不同于另一个团队。同时，许多新律师要弄清经验丰富的律师是否可能将某项决定视为可能产生巨大影响的决定，这也许会增加他们的难度。然而，这一标准应该是职业律师所共同坚持的。而且，以当事人为中心这一标准正是着眼于对单个当事人可能产生的影响而不是对所谓"目的""手段"做含糊的划分。

既然帮助当事人解决问题是律师的主要作用，那么在律师与当事人的整个交往中，要求律师了解当事人的目的及其所关心的事情也就是合理的。而且，许多律师无疑正是通过了解当事人的目的和他们所关心的事务的信息，再运用"当事人中心说"，不断地从当事人那里引出这些信息。例如，在律师与当事人交往之初，最初确立的问题就是试图发现当事人的目的及其所关心的事情。因为，这一标准既公正又现实。

确实，许多律师在他们日常法律事务中无疑都遵循这一标准，当某项决定可能产生实质性影响时，许多律师都习惯性地向当事人提供咨询服务。例如，当决定可能产生实质性的法律或非法律后果时，代理人常常就诸如诉讼延期、放弃权利、谈判技巧等问题向当事人进行咨询。同样，在交易事务中，一旦需要作出具有实质性影响的决定，律师将对诸如怎样对合同条款进行措辞、由哪方当事人起草协议，以及采取什么谈判技巧等问题与他们的当事人讨论。

> **小贴士** 尽管律师没有决策权，但你也不能事不关己，高高挂起。你有义务也必须辅助当事人对那些可能对他们产生实质性的法律和非法律影响的事件作出正确的决策。

第三节　把握"做"与"不做"的时机

在作出一项可能产生实质性影响的决定前，你也许会担忧，要求你与当事人商量的标准是否会不适当地妨碍你职业技能的发挥。那么，律师在面对某些决策时应当独自作出还是与当事人商量呢？

法律咨询

> 你家的管道坏了，你雇用了一个修理工来帮你修理。修理工经过检查后，对你说："老板，你认为我该用什么型号的扳手来把那颗螺丝拧下来呢？"你有什么感想？你会对这个修理工满意吗？

同样，当事人雇用你的决定，是一种不言而喻的愿望，一种单独由你而不是由你与当事人协商便使用律师技能作出决定的愿望。所以，有的时候，当事人因为认为自己缺乏专业知识，而且向你支付了律师费，他们会毫不迟疑地推定应由你来作出某类决定，并且也不希望你将这类决定提出来与他们商量。因此，诸如你怎样起草法律辩论书，或者怎样表达不可抗力条款等问题，即使可能对当事人产生实质性影响，通常都是由你单独决定的。这些问题包含着律师服务领域中特殊技能和技巧的运用问题。

但是上述"做律师的技巧"并不能成为律师不与当事人商量的充足理由。当某项决定可能产生的影响超越于律师的技能和技巧相关的范围时，本课第二节提到的实质性标准又要求你需要与当事人商量了。比如，我们考虑一下这些情况：

> （1）你准备代表当事人去会见的证人是你当事人的上司。
>
> （2）你正在考虑故意地使用一种含糊的方式来表达某一条款，因为你相信对方当事人不会对你的当事人所希望的使用明确语言的意愿表示同意。而且，含糊的措辞在今后可以作出对你的当事人有利的理解。
>
> （3）你正在考虑对某一案件提出管辖权异议。
>
> （4）你正在考虑是否就一项起诉进行强有力的辩护，而不是对原告的行为进行简单的反击。

在上述每种情况下，你也许都应与当事人进行协商，对上述问题的决定所产生的影响是通常情况下与职业技巧和技能相关的影响所不能企及的。

因此，在（1）中，揭露案件主要事实通常可以完全作为你的职业判断范围内的事。但是，召见当事人的上司将产生敏感的问题，这些问题的敏感程度，是通常情况下与直接审查有关问题不能企及的，因此应当与当事人协商。

同样，在（2）中，怎样表达某项条款不仅仅是一个职业技巧的问题，而且包括了当事人冒险的因素，假如该条款可能在将来对当事人产生实质性的影响，这就需要与当事人协商。

在（3）中，一项诉讼在不同地区进行，可能产生许多后果。例如，诉讼何时进行，不利于证人出庭作证和证据的收集等，因此该决定的潜在后果要求作出该决定时与当事人协商。

最后，在（4）中，根据辩护的有力程度，当事人在诉讼中的代价可能截然不同。代价当然是一种影响一项决定产生的因素，这种影响也迫切要求律师与当事人协商。

上述四个例子可以帮助你理解为什么许多"律师的技巧"决策需要与当事人商讨。

> **小贴士** 什么都与当事人商量的律师，绝对不是好律师。做与不做之间，永远值得你用心去琢磨。

第四节 咨询意见的范围

一、建议可能的解决方案及其后果

在咨询和建议的过程中，当你与当事人一道着手对某项决定进行审查，你应当起什么样的作用呢？你的作用是与当事人一道，就每项决定可选择的行为步骤及其可能产生的后果进行分析。只有在作出这种分析之后，当事人才能估计何种选择最有可能为其提供最大限度的满足。因此，我们可以总结一些帮助当事人揭示备选方案及其结果的程序——咨询程序。

在提供咨询服务和建议时，一个律师必须向当事人提供信息。为了使当事人有意义地考虑可供选择的途径及可能产生的后果，你必须在向当事人提供信息的

法律咨询

同时，也从当事人那儿获得信息。简言之，咨询是双向的。

（一）了解当事人的想法

一般律师往往简单地将咨询看作一个律师提供建议的过程，所以从当事人方面获得什么信息的问题也许是咨询中最容易受律师忽略的问题。因此，我们可以讨论你应该试图从当事人方获得哪些信息，以及当事人方与你进行信息互动的意义等问题。

1. 当事人的目的

为了帮助当事人获得最有可能为其提供最大限度满足的备选方案，你需要不断地了解当事人的目的。当事人试图实现什么？解决问题的方案只能根据当事人的目的来确定，并且这些目的只有你的当事人本人才知道。因此，你应当要求当事人明确表达他的主要目标和目的。

2. 潜在的解决方案

你几乎总需询问当事人对潜在解决方案的看法，既然需要解决的问题很少会是单纯的法律问题，那么当事人对可能提供的解决方案总会有自己的认识。例如，在考虑拟订股权收购协议条款的选择途径时，当事人在收购其他财产方面的经验可能会导致你获得从未料到的解决方案。

3. 潜在的后果

同样，你几乎总需询问当事人究竟能够预见到什么后果。你的法律知识不足以使你预见到所有与当事人有关的个人状况的后果，因此你应当就可能产生的后果向当事人进行询问。

4. 当事人关心的问题

你必须不断地询问当事人，他们是否理解你所说的一切、是否有问题和关心的事。就解决问题的方案而言，只有当事人了解各方案可能产生的后果，这些方案才有可能是最令当事人满意的。并且，当事人只有在理解所讨论的问题，觉得特定的解决方案能尽可能地满足他们所关心的事和需要时，他们才可能感到满意。不断地鼓励当事人提出他们关心的事和问题，能够使当事人获得有关他们关心的事的预定的良好的解决方案。

（二）向当事人提出建议

既然咨询是双向的，那么你就应当向当事人进行信息的传递。

第十三课
咨询、建议和决策

1. 潜在的解决方案

提出潜在解决方案是你的任务。你的法学知识是你提出潜在的解决方案的基础。例如，在一个诉讼案件中，你可以建议当事人把精神抚慰金作为所受伤害一般赔偿之外的赔偿项目，这些潜在的方案可能是当事人没有预料到的。

你也可以运用你的专业经验、对人类行为的了解以及"行业知识"，来提出潜在的解决方案。例如，凭借你关于不动产问题的实践经验，你也许能够提供有关商业建筑物的租赁方面的各种租金确定标准，以供当事人考虑。同时，你在刑事司法制度方面的经验也可能使你能够提出某类方案，通过这种解决方案，可以减少当事人被监禁的时间。

值得注意的是，你发现额外解决方案的能力，除了源于你的专业知识，还有可能源于你作为局外人的与某项问题的感情上的距离。

2. 潜在的后果

显然，你应当就议定中的解决方案可能产生的法律后果向当事人通报。当然由于你的经验和知识，某些案件常常会出现那些当事人不能预见但你能够发现的附带非法律后果，这也应该是你向当事人通报的内容。

二、帮助当事人评估解决方案及后果

一旦潜在的解决方案及其可能产生的后果被提出来，接下来的程序就是帮助当事人评估何种解决方案最能令其满意。何种备选方案最佳，这完全取决于每个当事人的主观因素。价值取向、对冒险的喜好或者厌烦程度以及对何种后果最为重要等问题的认识，是当事人在选择"最佳"解决方案时经常予以考虑的几个因素。

在评估备选方案的过程中，你应当为当事人提供对可能出现的后果进行权衡的机会。哪种后果似乎最有可能出现？哪种后果对当事人来说最为重要？当事人的个人价值观念是什么？只有经过上述这一过程，当事人才能作出一项最能使他满意的决定。

三、咨询意见的限度

接下来，我们要思考的问题是：作为律师，与当事人讨论备选方案的上述义务究竟应该做到怎样一种程度？这一问题至少应包括以下两个方面的疑问：首先，

法律咨询

你必须试图就每种可能的选择及其可能产生的后果给出咨询意见吗？如果不是，那么你形成备选方案和揭示后果的义务到底应该做到什么程度呢？其次，在当事人对备选方案及其后果理解透彻之前，你必须不断地与他进行对话和沟通吗？如果不是，那么为了达到让他实际理解之效果，你究竟应做到什么程度？

在我们看来，为使当事人作出某项决定所提供的咨询意见所及之程度应当由下述标准来确定：律师应当就类似境地的当事人通常视为关键的或相关的那些备选方案和后果进行识别和确定，以确保当事人有鉴别和评估的合理机会。

我们可以进一步来讨论上述标准的具体含义。

（一）考虑关键或主要的方案及后果

我们必须承认，在任何一个案件中，想要揭示所有的潜在解决方案及其可能产生的后果，事实上是不可能的。基于对前述事实的承认和尊重，我们将律师的咨询程度限定在确定并评估"关键的或相关的备选方案和后果"方面。"关键的"备选方案和后果，是指那些可能改变当事人决定的备选方案和后果。"相关的"备选方案和后果，是指那些即使不会改变当事人的决定，但当事人肯定希望知道的信息。

毫无疑问，这一标准对你提出的要求是你必须对处理这类问题的当事人认为什么是特别重要的那些备选方案和结果有足够的了解。因此，如果某当事人要承租或者出租购物中心，你就必须对购物中心租赁交易共通性的备选方案及其后果有所了解；同样，如果当事人打算对某一判决结果上诉，那你就应当对通常适用于这种纠纷的解决方案以及这些解决方案的通常后果进行了解。

（二）考虑当事人的实际情况

"处于类似境地的当事人"这个要求考虑到了当事人的个体特征。这些特征包含了当事人的智力、经验、承受能力以及感情因素的显著差异。记住，你不应当按照最有能力或最无能的当事人的愿望来进行咨询，而应依每个当事人显而易见的个人特征进行咨询。

（三）考虑咨询意见的合理性

这一标准并不要求当事人了解所有的关键的或相关的备选方案和后果。你只需向当事人提供确定备选方案和后果的合理机会即可。当然，合理性的标准是很

第十三课
咨询、建议和决策

难划定的。以下是几个共通因素，它们可以帮助你考虑"合理机会"由什么构成。

第一，决定可能产生的影响。一个决定潜在法律和非法律方面的影响越大，"合理性"标准要求你投入咨询的时间和精力就越多。

第二，某项备选方案的复杂程度。某项潜在的解决方案越复杂，你在咨询上所花的精力也就必须越多。

第三，如果一个当事人明显地聪明绝顶、卓有见识而且在感情上也容易接近，合理性可能要求你减少在咨询上所花的精力。

时间问题也与合理性有关，如果客观情况要求某项问题必须在相对短时间内解决，合理性也可能要求你减少在咨询问题上的努力。

某个当事人对探究问题以及对你所花时间支付报酬的意愿，也影响"合理性"。对一个有探究某一问题的时间和资金，但不愿意探究这一问题的当事人来讲，按照他（或她）的意愿咨询也许是合理的。然而，如果一个面临重要而又复杂问题的当事人不能找到备选方案及其后果，那么，仅仅因为该当事人不能支付你全部时间的费用你就减少就咨询所作的努力，这也许是不合理的。

值得注意的是，这一标准将咨询服务放在一个变化过程中进行界定，而不仅只关心这一过程的结果。也就是说，即使某个当事人事实上并未完全地理解各项可选择的方案，只要当事人有可选择方案的合理机会，那你就算遵循了这一标准。

四、牢记"当事人中心说"

在咨询过程中，当事人经常需要你就他们应当作出何种行为给出建议。当事人提出这样的要求，或者是因为希望你简单地确认他们自己的选择，或者是因为他们就作出某项决定仍然存有顾虑。不管当事人出于什么原因、其表现如何，以"当事人为中心"的法律咨询服务，最注重的是由当事人作出决定。那么，你怎样对那些要求你为他们究竟应该怎么做提出建议的当事人进行答复呢？你是基于自己的价值观念还是基于当事人的价值观念向当事人作出回答？

对于前一个问题，有一种激进的观点是你应该拒绝当事人要你提供建议的要求，以避免影响当事人的决定。然而，这一观点贬低了当事人的独立判断能力，剥夺了当事人从一个具有专业知识的局外人那儿获得建议的机会，并且可能会使许多当事人的希望破灭。因此，我们不建议你采取这种激进的主张。

就后一个问题，先举一个例子：

假设一个当事人就雇用一个雇员的问题与你进行商讨。你们已经商定的潜在备选方案是解雇该雇员，并要求该雇员放弃补偿费用。当评估这些备选方案的时候，当事人认为至关重要的后果是（1）支持对该雇员作出不好评价的监管人，以及（2）避免该雇员提起诉讼。当事人要求你就他应当做什么提出建议。尽管你个人也许会认为，这个雇员本来就应该被解雇，即使是打官司，他也不一定会胜诉；如果你是当事人，你就会打这个官司。但是，你通过与当事人的沟通，了解到当事人所特有的价值观念以及她所看重的结果后，你应该向她建议把支付相关赔偿费用作为最佳的选择。你可以告诉她："在我看来，你采用支付合理赔偿费的方式比较好，这将使你处于优势地位，并能减少诉讼的风险。"从上述例子中，你其实已经知道我们对后一个问题的答案了，那就是律师应该按当事人的主观价值观念来提出你的建议。

也许在你处理事务的任何阶段（如在与当事人就基本措施进行讨论的过程中、在当事人对备选方案及其后果进行估价的时候），当事人已经向你展示了他们的价值观念。根据这些价值观念，你可以形成你的观点。但为了对当事人的价值观念有更加准确的理解，就此与当事人进行一场特别的对话仍然是必需的。在与当事人全面商讨前，千万不要急于发表你的观点。

当然，在某些时候，当事人可能明确要求你基于你个人的价值观念提出建议，这样的要求可能是要寻求你的经验或帮助。当事人可能会问："如果由你来做这一决定，你将怎么办呢？"或者，某个当事人可能寻求你的"道德"评价。例如，当事人也许会问你，我如果那样做会不会太不合理。这个时候，你就不必拘泥了，你完全可以按照你个人的价值观念提出建议。

五、直面当事人的错误决策

"当事人中心说"假定当事人有能力作出明智的且在道德上能够被接受的选择。然而，这一假定并非放之四海而皆准。当某个当事人作出了一项在你看来是错误决定的时候，你能够在不违反以当事人为中心这一思想的前提下，提出你的反对意见吗？

本部分我们将讨论两种你可以提出反对意见的不同情况，并研究是否在每

第十三课
咨询、建议和决策

种情况下提出你的异议都适当。情况一是某个当事人做了一项你认为是错误的决定——因为该当事人对这一决定的后果做了错误的估计；情况二是某个当事人做了一项有道德错误的决定，即使当事人对决定可能产生的后果做了正确的估计。

（一）当事人错误的估计

允许当事人自己作出决定的主要依据，是基于与你相比，当事人处于一种更能预见后果的地位。可是，在某些情况下，尽管当事人更为熟悉某种情况，但他们也可能作出一些在你看来是错误地估计了后果的选择。当一个当事人选定了一种在你看来不能产生他预期后果的方案时，你该怎么办？以下例子说的就是这种事。

> 庄先生和李女士结婚15年，孩子12岁。庄先生因为有了婚外情人，提出要与李女士离婚。李女士请你作为她的代理人。庄先生提出如果李女士同意离婚，他愿意给予李女士补偿。在你看来，他想要给李女士的补偿比李女士通过离婚诉讼所获得的补偿要少得多。于是，你和李女士就继续诉讼或者接受庄先生的条件这两种选择的后果进行了讨论。李女士非常明确地表示，她知道判决对她来说结果可能会更好，但她还是要接受庄先生的条件。她断定，接受庄先生的建议，将会使丈夫认识到她是一个相当好的人，由此丈夫不会继续要求离婚。

在这种情况下，李女士也许会比你更了解庄先生以及他可能对此作出的反应，并且与你相比，她显然也处于一种更能对丈夫态度进行预见的地位。然而，你应当确信无疑，李女士的预见是错误的：抛弃妻子的丈夫因妻子接受了离婚条件而回到妻子身边的可能性几乎等于零。因此，你不能同意李女士接受她丈夫的建议；更进一步，你应当向她提出，她的预见可能是错误的，接受庄先生的条件并不能产生她所希望的后果。

在法律咨询中，像李女士这样的错误预见，绝非独一无二的事件，而是带有普遍性的现象。研究表明，人们经常使用荒谬的推理策略，而且当事人的感情冲动可能进一步损害他们的预见能力。因此，机械地接受当事人的预见，常常不能得出一种令人满意的解决方案。当然，当你向当事人指出错误预见的时候，你应当用一种确保当事人进行自我评价的方式进行评论。

(二) 当事人违背公序良俗

当你因为不认可潜伏在当事人的某项选择中的价值观念，从而不同意其某项决定的时候，更加艰难的考量会出现在你面前。像李女士那样的当事人对一项决定可能产生的后果做了错误预见，你可以把逻辑和经验作为你提出异议的基础。但需要注意的是，当一个当事人基于一种与你相冲突的价值取向而作出一项决定的时候，你不能以当事人的思维违反逻辑作为你反对的理由。如果你提出异议，则表示你认为你的价值观念比当事人的价值观念更为重要。在当事人的决定并不违反法律或并没有明显的不道德时，"当事人中心说"要求你应该以当事人的价值观念优先。

然而，即使当事人的决定具有法律效力并且明显地违反道德，"当事人中心说"有时也允许你表明你与当事人的价值观念存在冲突。你不要完全放弃你做律师的自主权。某些当事人甚至乐于了解别人的价值观念，并可能通过这些价值观念受益。但是，"当事人中心说"又确实影响你强调你的价值观念的频率和采用的方式。

就你表达观点的方式而言，当事人自主的原则要求你注意不要过分地强调你的价值观念，从而忽视当事人作出决定的能力。而且，如果你希望对当事人的决策施加影响，那么当你在陈述你的价值观念的时候，作为战术上的考虑，你也应当斟酌适当的表述方式。因此，与一个你不赞成其价值观念的当事人进行的谈话，和与一个就某项决定的后果做了错误估计的当事人进行的谈话，很可能是截然不同的。你可以含蓄地告诉后者，他（或她）可能是"错误的"，但是对于前者，你通常必须使用承认而不是诋毁当事人价值观念的语言。只有在承认当事人价值观念的合法性的前提下，当事人才可能"听"你的。

以下例子将说明，当事人的决定如何依赖于你不愿意接受的价值取向，你又应该如何对这类情况进行干预。

第十三课
咨询、建议和决策

> 假定你的客户万发公司是一家规模庞大的开发公司。万发公司投资了一个工厂，并将该工厂出租给兴盛公司。兴盛公司以较低的薪金雇用了大约 100 个社会失业人员。由于兴盛公司延迟交付租金，万发公司的副总林总向你进行咨询。通过沟通，你了解到，兴盛公司每月都在支付租金，但支付时间总是拖延，而且每月总要克扣一点租金不付。目前，兴盛公司已拖欠了 10 万元租金。你和林总一道对万发公司应该怎么办及这样做的后果做了分析，林总决定终止与兴盛公司的租约，并收回其所欠租金。如果兴盛公司不同意，万发公司就起诉。这样，万发公司便能够以更高的租金重新出租该工厂。林总指出，万发公司对 10 万元的拖欠租金并不是十分关心，但为了股东的利益，万发公司希望该工厂能够创造更多收益。

林总对万发公司能够从该工厂重新出租中获得更多收入的预见是正确的，你对此深信不疑。因此，林总的决定无论在逻辑上还是在法律上都不算"错"。然而，在你看来，他的决定在道德上是"有错误的"。即使兴盛公司每月支付的租金都有克扣，万发公司也可以因其出租工厂而获得一笔确定的资金。你认为兴盛公司通过聘请失业人员而产生的社会利益比万发公司从出租工厂获取追加利益的愿望更为重要。在这样的情况下你可以向林总指出，他做了一个错误的选择吗？

对这一问题做"肯定"的回答符合以当事人为中心的原则，也符合你的职业自主权要求。你那些被你视为社会利益的东西不断进行追求的兴趣，使你把道德问题纳入关注的问题之列。首先应承认林总价值观念的合法性："最大限度地增加万发公司的利益，并且保护其股东，这些都是重要的考虑。"然后，你可以要求林总考虑：兴盛公司是注重社会利益的，他自己的决定可能对兴盛公司产生巨大的影响。然而，如果林总不同意你的观点，除非你打算让林总另找律师，或者，除非在道德规范许可的情况下，你打算要求林总放弃他的主张，否则你应当允许林总的观点优先。

你对当事人的价值观念发表不同意见的频率也是一个麻烦问题。在事物的发展过程中，当事人可能作出众多与你的价值观念相冲突的决定。例如，在万发公司一案中，林总也许要你采用一种"没有限制"的诉讼策略以达到公司利益最大化，而你却认为公共利益应当得到更好的保障。同样，林总可能要你起草一份新的租约，从而按照你不赞成的价值观念，将先前由兴盛公司租赁工厂出租给某一个加重污染的化学品制造商。

只要当事人作出在道德上会使你担忧的决定，你都得表明你的价值观念吗？对此进行"肯定"的回答，可能会在某种程度上使你成为让当事人厌倦的"道德先生"，通常也会使你和当事人的对话成为道德说教。毫无疑问，几乎没有当事人希望代理人对他们的决定进行经常性的道理审查，因此虽然我们没有用以确定你就道德问题发表意见的频率标准，但我们确信，你就这些问题发表意见仍应有所节制。而且，如果你提出道德问题，而当事人拒绝予以考虑，你的再选择应是认可当事人的决定，或要求当事人自愿地另找律师，或要求当事人放弃他的主张。

(三) 律师与当事人的其他价值冲突

1. 律师不愿冒险

律师作为对各种好计划都想泼冷水、爱唱反调的人，在他们看来，打算做生意或提起诉讼的当事人，常常过分低估了事情将有变得糟糕的危险。但在当事人看来，你的反对意见太过轻率。当事人不顾前途未卜的将来，依然我行我素的愿望，可以在某种程度上反映出他们对可能发生的后果的错误预见，但经常出现的情形是当事人承认你所认识到的风险，然而对是否值得冒此风险的问题，却与你看法不同。在这种情况下，谁的价值观念应当优先？

当你和某当事人道德观念不同的时候，当事人的价值观念是至上的且在许多情况下应当优先。当然，在对可能出现的后果进行讨论的过程中，你可以将风险及风险出现的可能性通报当事人。而且，在你没有作出当事人不欢迎你作出的某项通报的情况下，你可以提出你的观点：某项风险不值得去冒。但尤为重要的是这一决定应由当事人去做。

2. 当事人对律师职业技能的干预

当当事人的决定与律师的职业习惯标准相冲突的时候，律师及当事人的自主权便出现最直接的冲突。例如，一个诉讼当事人可能拒绝对方当事人提出的诉讼延期的要求，而按照你的惯例又可能允许这类要求，或者某当事人也可能希望在辩护状摘要中提出一项观点，而你却认为这类观点相当空洞乏力并且不值得提出。

第十三课
咨询、建议和决策

同样地，进行交易活动的当事人可能希望采用你认为是含混不清且难以在合同中表达好的语言。在以上各种情况下，按照当事人的要求行事，似乎有损于你的个人标准，可能损害你在律师界的声誉，并且由此影响你在未来获得代理当事人的业务的可能性。

如果说代理人只不过是"受雇用的工具"，那么对这些冲突的简短回答应当是这样的：既然当事人的愿望既不是非法的，也不是违反道德的，那你就没有权利对此提出你的异议。不过，作为一个职业律师，你在进行法律实务的时候，也有独立于当事人的兴趣。那么，你无疑能够向当事人通报，他的某项决定违反了你的职业准则，并且也能够要求当事人作出更改。但当你这样做的时候，也要记住，当事人可以拥有要求你从事被你视为冒犯你职业标准的那些行为的合法理由。因此，你劝说当事人更改一项决定的时候，也要承认当事人价值观念的合法性："你不想给他们诉讼延期的机会，这是能够理解的，这样做可以给他们以最大的压力。我对这一决定的考虑是，当对方当事人的律师遇到麻烦且不能在法定的时期内作出答复时，我差不多总是同意对方的诉讼延期的要求。坦率地说，我也希望并且也差不多总是从其他代理人那里获得同种待遇。根据我刚才所谈的，你愿意重新考虑你的决定吗？"

小结

你可以向一个当事人提出，某项决定错误地预见了其后果，可能是违背道德的，对风险没有做足够的考虑，或与你的职业标准相冲突。如果一个当事人牢牢地坚持某项决定，拒绝接受你的观点，你将如何回答呢？你作出的反应可能是"我将撤退"，甚至在你对你的经济利益做了考虑之后，你也可能坚持做这样的反应。由于本书讨论的是如何确立并维持律师和当事人有效关系的问题，因此，本课不讨论什么时候道德规范允许你撤退的问题。

第十四课 LESSON 14

案件决策的标准流程

第十四课
案件决策的标准流程

我的同事曾经开过一个玩笑说:"律师最大的对手不是对方律师而是自己的当事人。"

这句话不是很中听,却也从一个侧面说出了律师与当事人之间的关系的确异常丰富而且对双方来说都极富挑战性。如果一定要在现实生活中找一种关系来比喻律师和当事人的关系,我们一向都愿意用"医生和患者"打比方。行医需要执照,律师也要;患者生了病,当事人也遇到了问题;医生给患者诊断开药,律师打听当事人的问题并给出解决问题的建议。呵呵,这个比方是不是相当生动啊?

那好,就让我们借用医生给患者治疗的过程来说明法律咨询中案件决策的流程吧。

一般来说,医生总是根据病情把患者分为一般患者和危重患者。针对一般患者,医生通常根据一套既定的诊疗规范和流程来确诊、治疗,比如中医的"望、闻、问、切";而对于危重患者,医生就需要考虑更多的方案和因素来进行确诊并实施治疗,其诊疗流程与一般患者也显著不同。

参照上述方式,我们把律师所遇到的当事人(包括当事人的问题)也分为常规型当事人和非常规型当事人。我们建议,为常规型的当事人提供法律咨询时,可形成一套标准的流程来帮助当事人作出决策,防范法律风险,体现律师后盾与护航者的价值。本课将重点介绍这个流程,以供读者参考。

聪明的读者一看便知,所谓的标准流程也仅能给出一般普遍适用的标准,对于个案差异,除本书中其他课程谈及的应对非常规的当事人——如不愿意思考解决方案的当事人,或不愿意作出决定的当事人,或基于不现实的预判作出决定的当事人等——的方法外,还需读者在参照本课介绍方法的基础上结合当事人的特点和案件的特别情况,灵活加以运用。

法律咨询

■ 第一节　重申律师应该保持中立者的价值观

佳德公司收到买方中交公司要求其承担逾期交货违约责任的律师函。该公司总经理汪总找到高律师咨询应对措施：

高律师："汪总，现在中交公司要求贵司承担逾期交货的违约责任，您能告诉我双方就供货及违约有什么约定吗？"

汪总："我们向中交公司供应木材，约定根据中交公司书面供货要求，在中交公司指定时间内将该公司所需的木材供应到指定地点。中交公司每个季度给我们结算一次货款。若我们未按照中交公司要求的数量及时间向其提供木材，则需按日向中交公司支付 1 万元违约金，逾期供货超过 30 日，中交公司有权解除合同。"

高律师："那在合同履行过程中，贵司是否确实存在逾期交货的情形，具体情况如何呢？"

汪总："好像是上个季度，也就是 4 个月前，中交公司发函要求我们向其供应 3 吨木材，交货时间为 1 个月内，但是这批货物我们一直到上个月才交给中交公司。当时中交公司也没有提出异议，此后也一直没有提起这个事情，现在直接发来了律师函。"

高律师："我知道了，也就是说，贵公司在上个季度的供货中，逾期 90 天左右，对吧？"

汪总："按照交货记录，是这样的。"

高律师："按照双方约定，逾期超过 30 日中交公司有权解除合同，如果贵公司希望继续跟中交公司合作下去的话，是不是考虑按照中交公司要求向其支付违约金呢，这样就可以保持与中交公司之间的合作关系了。"

汪总："中交公司对我们来说确实是大客户，他们的木材需求量在我们的供货计划中也是首屈一指的，我们的确不想失去这个大财神，但是高达 90 万元的违约金也确实有点让人难以接受啊！还有没有其他的办法可以帮助我们既不失去客户，又不用承担

第十四课
案件决策的标准流程

> 高额的违约金呢?"
>
> 高律师:"如果贵公司期望留住中交公司这个大客户,那么支付违约金不失为明智之举。对于违约金的数额,贵公司可以考虑与中交公司协商适当降低,这样也能减少贵公司所承受的资金压力。你看接下来我们就着重探讨如何与中交公司商谈违约金数额,可以吗?"
>
> 汪总:"好吧。"
>
> ……

在总结案件咨询的流程之前,我们给律师们提一个简单的建议,在你为当事人提供法律咨询的过程中,你应当力求保持中立者的面貌。你立即就会反驳,律师作为当事人利益的守护神,在当事人与交易相对方之间不可能绝对中立。这个说法我完全赞成。

何为中立者?我的意思是,在与当事人讨论他可能有的备选方案时,律师应该保持中立者的形象,而不能对某种方案有偏向性。比如高律师,见面伊始就站在佳德公司已经违约的地基上展开会话,通篇都是讲佳德公司如何违约、如何降低违约损失,让汪总既无话可说,情绪上也很沮丧。高律师的初衷虽好,却违背了律师保持中立者角色形象的原则,咨询的结果恐怕也很难让当事人满意。

律师对可能的解决方案保持中立的目的,一方面是鼓励当事人向律师提供所有与其问题的相关信息——包括法律方面和非法律方面的,另一方面也是促使当事人积极与律师讨论各套解决方案的利弊。事实上,无论是对心理素质好、承受能力和决策能力强的当事人,还是对天生就把律师当作专家和权威人士加以依赖的当事人来说,律师采取中立者的面貌,都更能激发当事人全面向律师传递信息的热情。如果你过于表现出对某一特定备选方案(尤其是当事人可能承担责任的方案)的偏爱,极有可能让当事人在情感上认为你没有替他着想,于是他也不愿意,或者不由自主地放弃去思考问题的其他解决方案及其后果,这样你也不会得到真正有用的信息。

因此,即使你第一眼就已经洞察到当事人在事实上和法律上别无其他选择,你也不要一开始就向当事人直陈你的结论。记住,尤其在结论对当事人不利的时候，你的坦率会让当事人本能地排斥你所说的一切。如此一来，你既无法有效通过与当事人的会谈来掌握案件的信息，也不能向当事人提供自己选择解决方案和承受后果的合理机会；更有甚者，当事人可能会固执地认为你不愿意，也没有办法维护他的利益。

为了让当事人满意，我们让高律师再演出一次：

佳德公司收到买方中交公司要求其承担逾期交货违约责任的律师函，该公司总经理汪冒找到高律师咨询应对措施：

高律师："汪总，中交公司的律师函我看过了，你能帮我介绍一下情况吗？"

汪总："昨天收到他们律师函后，我找合同来看过。合同约定我们向中交公司供应木材，并且要在中交公司指定时间内将他们买的木材供应到指定地点。双方每个季度结算一次货款。如果我们逾期供货的话，要按日向中交公司支付1万元的违约金，逾期超过30天，中交公司就可以解除合同。"

高律师："那你有没有核实，中交公司说的情况是不是真的？"

汪总："我也问过销售部的经理，他说应该是上个季度吧，也就4个月前，中交公司发函要求我们供应3吨木材，交货时间为1个月内。这批货物一直到上个月才交给他们。当时中交公司也没有提出什么要求，现在突然就发个律师函来了。搞不清楚怎么回事。"

高律师："嗯。你有没有查过是什么原因导致了延迟发货呢？"

汪总："我正在叫他们查。"

高律师："你叫他们仔细一点，把买卖合同、中交的需货通知、发货单等和这单生意有关的资料都找出来，我们安排律师研究研究。"

汪总："好的。"

接着打电话给销售经理安排收集资料。

高律师等汪总安排完了，再问："以前我们和中交公司做生意，有没有延期交货的情况？"

汪总："有过好几次，但是时间都不是太长。"

第十四课
案件决策的标准流程

高律师："那他们有没有提出过要付违约金呢？"

汪总："没有，从来没有。我们的合作一直很好。"

高律师："依你分析，这次他们为什么会提这个问题？"

汪总："对了，昨天收到律师函以后，我打了个电话给中交公司的总经理袁总，他说他已经调到中交集团总部，现在中交公司由新任的丁总负责。我又立刻给丁总打了电话，想请他帮忙通融通融，可人家虽然很客气，但是也没有松口啊！你说这里面有没有什么蹊跷？"

高律师："你的意思是说这个人事变动对这件事情有影响？"

汪总："有可能，有可能。我得好好打听打听。"

高律师："对，是得打听清楚。另外，不知你注意到没有，如果销售经理说的话没错，我们延期交货就有 90 多天了。按照合同约定，中交公司有权解除合同。但他们并没有这样要求啊。你想想，如果我们不答应支付违约金，会不会影响双方之间的合作呢？"

汪总："嗯，有道理。中交公司是我们排名靠前的大客户，佳德公司不想失去这个'财神'。如果不付钱他们就要终止合作的话，我们当然要再考虑考虑。但是，全照合同约定算，90 万元呐，他们也太过分了啊！"

高律师："让我再想想，如果我们确实延期交货又找不出什么理由，看看能不能有什么两全的办法。你能和中交公司方面的其他人再沟通一下吗？"

汪总："我琢磨琢磨。"

思考片刻后，高律师说："你看这样好不好？你继续想办法和中交公司的人沟通，探探他们的底线。我呢，根据公司提供的材料先论证我们到底应不应该承担违约责任，回头再向你报告论证的结果。不过，你要有个心理准备，假如我们真的违约，中交公司收不到钱就要终止合作的话，我们该怎么办？"

汪总："我要和董事长再商量商量。如果佳德公司同意付钱，有没有什么办法能够少付一点呢？"

高律师："这个要看合同有没有约定，或者中交公司会不会同意。如果没有约定，他们也不同意，法律上倒是有规定，违约金高于损失，可以请求降低。这样，我们做两手准备，在沟通和论证的同时，我可以先考虑一个降低违约金的方案供佳德公司参考，

259

法律咨询

> 你看行吗?"
>
> 汪总:"好吧!"
>
> ……

当然第二场的剧本也不一定是最好的效果,你可以接着写下去,直到找到中立者的最佳感觉。

小贴士 窗户纸很薄,一下子捅破会让当事人情感上难以愉快接受。把握好咨询的节奏虽然有点困难,但是肯定值得你下功夫去琢磨。

第二节 标准流程

一、准备

案件咨询一般应该从准备性的介绍开始。我们先看一个律师为交通银行发放担保贷款所作的准备性介绍的案例,再通过分析案例来总结准备环节的技能。

案例一

刘律师:戴行长,关于是不是要向佳帆公司发放贷款,最终还需要交行结合银行贷款的相关规定作出决定。现在,我想我们要做的是对佳帆公司提供的抵押房屋是否存在法律瑕疵,以及这些瑕疵可能会给银行带来何种风险等问题进行讨论。目前,我得到的情况是佳帆公司只提供了一套房屋作为抵押物,交行也已经基本上决定向佳帆公司发放贷款。但是,我还是想通过我们接下来要进行的讨论,进一步对佳帆公司抵押物的优良性作出评估,贵行也可以据此决定是否需要对佳帆公司所有可能提供担保的财产及保证人加以其他的考察,或者是否在现有条件下向佳帆公司提供贷款。您意

第十四课
案件决策的标准流程

> 下如何？
>
> 戴行长：噢，也就是说，我们今天将重点分析佳帆公司提供抵押的房屋的优劣，及对其可能提供担保的其他财产、保证人等进行进一步评估。我同意你的归纳，我认为这些都是我们在发放贷款过程中所面临的重要法律问题，弄清楚这些问题是非常必要的。
>
> 刘律师：好的。很高兴您能赞成我的意见。那就让我们从讨论……问题开始吧！

上述案例一中，刘律师的讲解清晰、简洁，对于像银行这样的"常规型当事人"来说，这个讲解已经足够充分。刘律师第一句话便指明了当事人才是最终决策的主角，同时也强调了银行决策过程中不可忽视的法律风险，以及各项解决方案可能存在有利及不利的法律后果，需要银行进一步分析评估。刘律师在激励银行发挥主动决策的积极性的同时，不忘鼓励戴行长全程参与各项方案的论证。

一般情况下，我们建议把准备性讲解作为律师帮助当事人作出案件决策的标准流程的首要步骤；同时，其也是讨论有关主要决定的开端。进行准备性讲解的目的，一是提醒当事人注意到随后进行的讨论中的主要问题，以及讨论的哪些内容可能涉及当事人的愿望和需要；二是建立律师与当事人之间的良好互动，鼓励当事人对讨论中的问题进行全面参与，进而争取在律师的协助下作出决策。

从技巧上说，准备性讲解没有必要长篇大论，简要表达观点即可。不过，并非所有的当事人都能够通过一开始的简要陈述就能准确地捕捉到讨论的要点。因此，在讨论过程中，当事人的话题可能会偏离讨论要点，在当事人一方参加讨论的人员较多时，这种情况会更为严重。如果前述情况发生，你可以在必要时委婉地提醒当事人回到讨论的要点上来。

二、弄清当事人的目标

如果把律师帮助当事人作出决策的过程假设为一次航行，准备性讲解起到的作用是划定每次航行的海域及航行方向。要高效完成航程，接下来要做的便是寻找航行目的地，即弄清当事人的目标。只有弄清目标，当事人才能了解不同解决方案的差异，及这些差异将对其决策产生的影响，并作出明智的决定。因此，发现当事人的目标，通常应成为准备环节后，与当事人进行对话的第一步。在此过程中，律师也可以借助于准备性讲解，循序渐进地帮助当事人理解并表明其目标。

发现目标之前,你需要对当事人的目标进行分类。

(一) 总体目标与具体目标

本节中我们所讨论的"目标",与前文讨论涉及的在与当事人最初接触中需要发现的当事人的目标有所不同。与当事人接触之初,律师所了解的是当事人的初步问题,双方商谈的中心问题往往是当事人的总目标,是当事人主要和核心的目标,这个目标在初步问题确定后可能会发生重大变化。随着咨询的深入以及势态的发展,律师需要就众多的阶段性、辅助性问题与当事人商讨。这时,仅仅依靠最初了解到的总目标是无法解决具体问题的。因此当你就单个的阶段性、辅助性决定与当事人商讨时,发现当事人的具体目标是非常必要的。

下述案例二将形象地为读者展示具体目标与总目标各自的作用及其区别所在。

案例二

张律师在与江城公司的最初接触中,了解到该公司需要筹集资金来完成他们在滨江路一个项目的开发建设。经过与张律师的多次商议后,江城公司在申请银行贷款、合作开发建设、委托发售定向信托资金等若干方案中,决定采用合作开发的模式筹集资金。在对合作开发建设方案的讨论过程中,该公司又将面临合作方资质要求、项目以何方为主进行建设、各方出资比例、利益分配原则等众多的阶段性、辅助性决定。

很明显,在案例二中,张律师在最初接触中了解到江城公司"筹集资金"这一总目标后,并不能据此就直接地发现该公司其后在资金筹集方式、合作方的确定、与合作方的权利义务安排等具体问题的目标,因此律师有必要就具体问题及当事人的目标与当事人进行商讨,以便进行随后的工作。

(二) 发现目标的妙招

发现当事人的目标如同航行途中寻找灯塔,可以使律师始终站在当事人的角度确定其需要解决的问题,这也是"当事人中心说"的根本要求。从发现目标入手进行你的咨询工作,能够有效地避免对当事人的问题简单的就事论事,不至于总是机械地回答当事人就某个问题提出的咨询,甚至只能对当事人的问题做些干巴巴的法律条文解释,让当事人产生正在翻阅法律词典的感觉。从发现目标入手进行你的咨询工作,当事人会感到是在与活生生的具备高等智商及专业知识的专家进行面对面的交流,这不仅可以使你事半功倍,而且有助于增加律师与当事人讨论行业问题的自信和动力,在律师与当事人之间建立良好的互动。

我们来看一段张律师与江城公司肖总就案例二中的具体问题展开讨论的对话:

> 张律师:肖总,听说公司现在考虑采取合作开发的方式完成滨江路地块的建设,您能谈谈公司作出这个决定的原因吗?
>
> 肖总:没问题。上周与你沟通过几次以后,公司又进一步研究了资金筹集的问题。大家比较一致的看法还是认为不管贷款或者发售定向信托资金,最终负担整个项目建设的只是我们自己,先不说贷款和发售定向信托资金需要的担保,单只是融资后的还款压力我们也感到难以承受,所以还是倾向于寻找合作者。尽管这种方式会使我们放弃一些收益,但按公司目前的能力来说,要完成如此大的项目开发,寻找一个风险分担者也不失为一个好办法呀。
>
> 张律师:是啊,合作开发确实可以缓解公司在资金筹集及对外承担责任方面的压力,但合作方的选择标准很重要,公司在这方面有什么想法呢?
>
> 肖总:我正想和你商量这个事。你知道,西区那个跟国有企业合作的项目真把我们搞得头痛,所以这次我不想和国企合作,国企的内部决策程序太复杂,非常影响效率。我打算找一家资金比较充裕或有融资渠道和能力的私营企业来合作。
>
> 张律师:还是房地产公司吗?
>
> 肖总:开发资质我们自己有,合作方就不一定非得是房地产公司,我们想还是我们公司来操盘。
>
> 张律师:那还是找一家非房地产公司为好。这一阵房地产正火,想进入这个行业的资本很活跃。你们有没有考虑具体有哪些合作条件呢?
>
> 肖总:具体是这样的……
>
> 张律师:我知道了。那我们先商量……问题吧!

上述对话中，律师采用了提问的方式作为确定当事人目标这一工作的开端。第一句话首先通过总结方式归纳了江城公司需要筹集资金这一背景，并用开放型的询问鼓励当事人把其考虑确定合作开发方案的因素和盘托出。紧随其后，第三句话把当事人的注意力引向讨论合作方案的一个具体问题——选取合作方的标准，也就是合作方需要具备哪些条件。张律师又采用了一个开放型提问，给了肖总极大的发挥空间。最后，在基本明确江城公司对各项可能的具体问题的目标后，张律师通过对话就带领肖总进入具体问题的讨论。

在发现当事人目标的讨论中，当你意识到当事人不愿讨论其具体目标时，可以通过"优势激励法"来鼓励当事人说出他的真实想法。比如你可以说，"不好意思，我没听清楚您的想法，您的意思是……""哦，这样的话，我就能够更好地发展哪些建议不符合公司的真正目标，不至于走弯路"；或当律师面对因对目标还没有一个清楚认识，从而无法明确表达目标的当事人时，律师可在引导过程中加入"欣赏性的言辞"的方式，激励当事人提出其目标。例如，可激励当事人："您知道，作为直接接触交易的主体，您可称得上这方面的专家，您对目标的任何看法，都会给我们此后的讨论带来重大帮助。"

这里提醒读者注意一点，一开始的讨论可能无法囊括当事人所有辅助问题的目标，而且随着对话的继续，当事人的目标也随时可能改变，因此在以后的对话中，根据具体情况采用这种开放式对话方式明确当事人的目标也是必不可少的。

三、确定备选方案

明确当事人目标后，紧接着就应着手带领当事人寻找达到该目标的各项备选方案，为分析各备选方案的利弊及后果，从众多备选答案中确定一个最有利于实现当事人目标的备选方案做好准备；而不是在当事人不愿意或者没有能力的情况下，要求由当事人主动提出其已经预想到的备选方案。这样极容易导致当事人反感，心里不禁泛起律师无用武之地的嘀咕。当事人主动提出其预想到的可供备选方案，只能适用于当事人自身具有强烈的表达愿望，并且对如何完成自己的目标有很清晰的认识的情形。即便如此，此类当事人提出的备选方案也可能存在这样或那样的问题，不能直接为律师所用，也可能不具有任何的参考价值，但是律师不必对当事人进行打击，只需含蓄地提出其他方案与当事人共同探讨。

> 当一个女性当事人请教律师如何在离婚过程中尽量多地分得夫妻共同财产时，律师可以一个简短的揭示性语句做铺垫："好吧，夏若小姐，对于你的来意我已经很清楚了，接下来就让我们来讨论一下究竟有哪些选择可能有助于实现你的目标。"然后，律师应当带头开始寻求备选方案："夏若小姐，按照我国《民法典》的规定，目前对于夫妻一方离婚时可尽量多分财产的情形包括，夫妻一方存在不忠实的婚外情等过错行为导致双方感情破裂，继而离婚；夫妻一方婚后为了家庭放弃工作，对照顾家务、双方老人及孩子等付出较多心血的……这些都可作为你实现多分财产目标的借鉴。你看我们接下来是不是就你们夫妻双方之间是否存在前述情形展开详细的讨论呢？"
>
> 此时，若律师开口就让当事人自己提出解决方案："夏若小姐，你能不能先告诉我你现在能想到什么方法可以使你多分财产。"当事人不禁要想："这个律师是真的对离婚不在行呢，还是故意刁难我呢，我如果知道有什么方法的话，我何必求救于律师。"有时不等律师开口，当事人可能就会迫不及待地强调："郑律师，我已经想好怎么对付那个'死鬼'了，他在我们结婚后一直对我爱理不理，从不正眼瞧我，对我造成了重大的心灵创伤，而且他还连同我婆婆一起疏远我，使我找不到家的归属感，以这个为理由，可以要求多分财产了吧。"这时律师可以含蓄地将当事人带领到切实可行的备选方案上来："夏若小姐，我相信你所说的确实属实，但是这种情形并未得到法律法规的明确规定，现行《民法典》规定的情形有……"

通过一系列的讨论后，当事人将逐渐明确何种方案是切实有效解决其面临问题的选择，而哪些方案仅是当事人一厢情愿的想法。此刻律师可以引导当事人根据其更为熟悉案件来龙去脉的优势，提出其他可能备选方案的时机也趋于成熟。律师可对当事人说：

> "夏若小姐，这些就是我所想到的备选方案。参照这些规定及类似情形，你认为在你的案例中，还可能存在其他的备选方案吗？我愿意洗耳恭听。"

法律咨询

遇到自信十足而又滔滔不绝的当事人时，律师可以适当鼓励当事人提出其心里已形成的特定解决方案，或者当事人利用其条件优势可以预想到的比律师更加广泛的备选方案。继而对当事人提出的备选方案加以探讨，分析利弊，最终帮助当事人确定最有利于目标实现的解决方案。

无论是律师还是当事人首先提出可能的解决方案，在"确定备选方案"的工作步骤中，我们中肯地告诫读者，无论你有多少的专业术语，抑或与当事人有多么的相见恨晚，千万别忍不住围绕当事人的问题，对特定的备选方案进行法律理论的广泛评说。除非当事人明确表示其有这种需求，希望就此倾听律师的意见，否则律师在这一工作步骤中最好将讨论的范围限定于律师、当事人可以发现的解决方案内。

四、确定后果

案件决策标准流程的第四步，也就是带领当事人讨论各种备选方案后，律师就得预见各备选方案可能产生的后果，分析各种备选方案的优劣利弊，各方案项下可能的法律和非法律后果，为当事人的最终决策指明方向。

确定后果的工作步骤是案件决策咨询流程的重中之重，也是考量律师执业经验、执业技巧的首要方面之一。故而，对备选方案后果的确定，不仅需要涵盖各方案可能存在的法律后果，而且还需要囊括该方案可能带来的非法律后果。其中，律师作为专业人士，能够预见方案所对应的法律后果不难，但是对于是否能够预见非法律后果，就需要律师掌握与当事人提出讨论问题涉及领域相关的专业知识、背景情况及社会生活常识等方方面面的知识，这无形中对律师提出了更高的要求。

（一）预见是律师对客户的最大贡献

当事人带着疑问来到律师办公室时，有的对目标懵然无知，还有的对备选方案不知从何下手，更多的是对各项备选方案背后的后果预见缺乏判断能力；更有甚者是三者的集合，需要律师一一协助解决。当律师一步步帮助当事人弄清目标、确定备选方案后，当事人最终将选取哪个解决方案，将取决于律师对于各项备选方案之后果的预见。这种预见，是律师通过大量类似案例累积、结合法律理论素养，在当事人提供的交易背景材料的基础素材上作出的；这种预见，是当事人无法取代的分析论证，是律师最重要的价值体现，同时是律师对客户的最大贡献。

预见后果牵涉对未来可能出现的风险加以预测的问题，是对未来某种可能性的说明，律师不能借助"算命先生"类似开天眼等故弄玄虚的方法信口开河，律师的预见必须建立在以对事实的某些认识的基础上。这就要求律师在与当事人交谈的过程中，应尽量获取与预见后果相关的基础信息和事实根据，充分发挥自己在类似案例的诉讼、非诉经验，对各种备选方案未来可能出现的风险加以预测。

有时当事人往往希望律师对某种预见是否确实会实际出现作出保证，而某些律师自信满满地为当事人打包票，以期给当事人留下深刻的印象，但其没有料想到的是，一旦该种预见难以成真，律师会适得其反地失去当事人的信任。因为任何预见都是对未来可能性的描述，这种可能性因为当事人基础材料的不完善、日后事态的变化等因素存在1%～99.99%的发生概率，一旦律师给当事人打包票而这种可能性又未能成真，当事人就要对律师的能力打上大大的问号。

另有一点，"保持中立者角色形象"的原则也应始终贯穿于律师的预见过程，律师对各项备选方案的后果预见时，应不偏不倚地向当事人阐述各方案的优劣和可能产生的后果。

（二）对法律后果的预见

后果预见中，更能体现律师基本执业价值的当属对法律后果的预见，这也恰恰是"法律建议"的核心所在。对法律后果的预见是律师的本职工作和根本责任，当事人最希望从律师那装置有闪着狡黠之光眼睛的头脑中得到的，也是对各项备选方案的法律建议。放弃继承亡故父亲的遗产是否还需背负亡故父亲的债务？公司为股东提供担保应完善何种程序才能规避法律风险？以非货币出资设立有限责任公司将会受到何种限制？……这些都是当事人需要从律师处获取法律建议的问题。

（三）对非法律后果的预见

除法律后果的预见外，当事人通常还希望从律师处获取对非法律后果预见的增值服务。虽然当事人不会强求律师提出非法律后果的建议，而且律师以非法律后果预见属于"当事人交易条件"而非法律风险为由拒绝出具非法律后果建议的行为，也不会使人感到尴尬，但是要想成为一个为客户信任、愿意与之深入交往的律师，对非法律后果的预见必将列入律师的必修课。

非法律后果包括实施某种特定的解决方案可能产生的经济、社会、心理、政治以及道德方面的结果,在现阶段中国特色社会主义国情下,非法律后果还包括和谐、发展、信访、审计等方面的结果。涉及当事人当庭否认以往实际发生事实是否会给其带来不诚实的道德评判,通过诉讼要求对方承担违约责任是否会比通过和解方式解决纠纷使当事人付出更多经济成本,拖欠施工单位工程款可能造成民工群访等不稳定社会因素,与国有企业签订合同完成交易的过程将可能受到审计部门的质疑。凡此种种,都涉及非法律后果的预见。作为专门从事某项领域交易的专家,当事人常常要比律师更加了解某项特定备选方案可能面临的非法律后果,此时,律师不妨鼓励当事人一起来完成非法律后果的预见工作。

(四) 将当事人带入决策的探讨过程

确定后果的终极目标即就可能出现的后果向当事人进行咨询和商议后,最终完成案件的有效决策。下面,我们来探讨一下如何将当事人带入决策的讨论过程。

1. 对备选方案进行分析

案件决策标准流程的第四步——预见后果,需要从对第三步骤所确定的备选方案进行分析入手。

如果律师无法对备选方案的有利因素和不利风险进行清晰、完整的识别,就会使你的当事人难以有效地选择解决问题的最有效方案。就像同时对机器人输入截然相反的命令会使机器人不能运转一样,当事人如果不能分门别类地梳理出特定备选方案的后果,他在作出决策时也会变得举步维艰。律师引导当事人确定备选方案后,应当将分析各项备选方案的利弊作为带领当事人进入决策探讨过程的先决步骤。

2. 要求当事人讨论方案

当事人某个特定目标的实现,往往会同时存在几项可供选择的方案。与当事人具体展开讨论前,每项备选方案之间不分伯仲,没有上下高低之分。为了坚持"当事人中心说",同时为了体现"中立者的角色立场",律师应以当事人的意志为转移,按照当事人意愿选择首先讨论的备选方案。律师可以这样征询当事人的意见:"夏若小姐,经过讨论,我们已经确定了备选方案,要么是努力证明你先生有婚外恋造成你们婚姻破裂,要么是在你放弃工作为家庭付出很多的基础上博得

第十四课
案件决策的标准流程

法官对财产分配的情感倾斜。你认为我们从哪个备选方案开始讨论为好？"

鉴于首先讨论哪一个方案应由当事人作出的决定，这样该备选方案的讨论就更能吸引当事人的注意力，因此这种询问方式也能够有效激发当事人积极地参与方案讨论。

3. 首先让当事人自己分析可选方案的后果

当事人前往寻求律师帮助，已将律师置于"专家"地位。律师对备选方案的分析，会阻滞当事人参与讨论的活跃思维。如前文所述，当事人作为某项领域的交易专家，其对备选方案的非法律分析往往远甚于律师，如果律师首先抛出自己对备选方案的分析意见，当事人可能在害羞、不敢班门弄斧等心态的影响下，不再积极表达自己对备选方案的观点认识，从而也使律师失去了从当事人处收集信息的大好机会。故在当事人选定首先讨论的备选方案后，律师应先充当信息收集者，在当事人没有受到律师意见干扰的情况下，首先让当事人分析备选方案的优缺点。

着手询问当事人的想法的时候，律师仍需保持"中立"的态度，不使用带有倾向性的语言评论当事人提出的有利及不利因素。

询问当事人对备选方案所预见的后果时，律师可选择：

（1）只询问当事人对某项备选方案的有利后果的认识，如提出："不如你先告诉我，你所能想到的以你丈夫外遇为由要求多分财产的有利因素吧？"

（2）同时询问当事人对某项备选方案的有利后果和不利后果的认识，如："那你觉得外遇方案的优缺点。换句话说，也就是其有利因素和不利因素分别有什么呢？"

（3）只询问当事人对某项选择的不利后果的认识，如提出："就你目前的状况看，采取外遇方案可能将遇到什么困难呢？"

通常，上述三种方式也没有必然的先后顺序，究竟采用何种询问方式，律师可以根据当事人对备选方案作出的反应加以判断。以夏若小姐离婚案为例，如果其对"丈夫外遇"这一备选方案表现出极大兴趣，那么说明其可能意识到就其自身状况而言，采用该方案对其相对有利，故律师可以采取方法（1）来完成对当事

法律咨询

人意见的询问。相反，如果夏若对于"丈夫外遇"方案显现出担忧的情绪，律师则可以从方法（3）着手。再不然，律师可以选择方法（3）作为询问的开端。而这种选择确定询问方法的标准，也是建立在"当事人中心说"基础上的。

抛出获取当事人想法的问题——选择上述三种方式中的任一方式，先开放后封闭的提问法对于获取当事人的所有想法也屡试不爽。以下请看一个引出当事人预见后果的例子。

案例三

蒋律师是王大爷的代理人。王大爷年近古稀，妻子早年亡故，两人没有子女。王大爷眼看自己近年来身体越来越差，于是想提前安排自己的后事，考虑应当选择谁作为他的遗赠扶养人。王大爷所想到的候选人是他的侄子王小海以及他的邻居小白。经过与律师的商讨后，王大爷确定首先对他的侄子王小海作为候选人这一备选方案进行讨论：

（1）蒋律师：王大爷，你觉得王小海作为你的遗赠扶养人有什么好处？

（2）王大爷：他始终都是我的侄子，与我有血缘关系，从亲疏上说我应该选他，而且他也愿意接受给我养老送终的工作。

（3）蒋律师：这些都很重要。我能够感觉出你对此是经过深思熟虑的。除此之外，你觉得由王小海赡养你还有其他好处吗？

（4）王大爷：我想，与小白相比，照顾我的生活起居对于王小海来说在时间和精力上都不是一个太大的负担。

（5）蒋律师：你觉得选择王小海还有其他明确的理由吗？

（6）王大爷：我了解王小海比小白更深一些，因而我想他应该会更加可靠。

（7）蒋律师：选定遗赠扶养人确实需要信得过的人，对此我能理解。概言之，似乎王小海与你更亲，在时间和精力上也充裕得多，并且他也更加可靠。你觉得选择他为遗赠扶养人还有其他好处吗？

（8）王大爷：我能想到的就只有这些了。

（9）蒋律师：好的。但我觉你可能还需要考虑一些其他的因素。如在耐心和经验方面，王小海与小白之间是否存在较大的差异呢？

（10）王大爷：噢，王小海确实不够细心，在照顾老人上也没有经验，但是他老婆在这方面很在行，他老婆家里就有两个老人需要照顾。

（11）蒋律师：好吧。在保证你现有的朋友和生活环境不变的前提下确定扶养人，你觉得是否可行？

（12）王大爷：……

上述案例三中的询问方式，是典型的先开放后封闭的提问方法。通过这种询问方式中的开放型提问，可以使当事人以开放性的思维揭示出其所能够认识到的一切后果。如案例三中的第（1）（3）（5）（7）项提问，蒋律师首先通过第（1）项询问引导王大爷主动考虑其选择王小海作为遗赠扶养人的所有好处，在意识到王大爷可能尚未穷尽所有好处的情况下，蒋律师追加第（3）（5）（7）项提问，继续鼓励王大爷将其所想和盘托出。另外，通过封闭型提问，可以明确当事人是否认识到还有其他可能的后果，或者对某项具体后果持肯定还是否定态度，而封闭型提问一般以身处类似境地的当事人所可能面临的共同的关键问题为宜。在开放型提问与封闭型提问之间，往往需要一定的过渡，如案例三中第（9）项提问。

还有一点需要提请注意，当事人回答封闭型提问时，可能不会给出明确肯定或是否定的回答，如案例三中第（10）项回答，王大爷并没有明确表示王小海没有照顾老人的经验到底会不会影响王大爷的最终决策。如果律师认为有必要弄清当事人确定的意思，则可以继续提出一个明确封闭型问题，如"那您认为王小海不善于照顾老人会成为你否决他的因素吗"，从而得到当事人明确的肯定或否定回答。

4. 引导当事人的思维方向提高讨论效率

在采用上述询问法引出当事人预见的后果过程中，虽然几乎所有的问题都由律师逐一问出，颇具条理性，但当事人在回答问题时，将会因为他常常在"肯定""否定"某个特定备选方案之间徘徊，而作出跳跃性的回答，使当事人的回答偏离律师的问题。有时，当事人从A备选方案跳到B备选方案，再跳到C备选方案的跳跃，这也会导致当事人不能系统、顺序地回答律师提出的问题。

法律咨询

当事人思维跳跃的危险性不仅止于当事人不能系统、顺序地回答律师提出的问题，更有甚者，可能律师也将被拐到其他地方，使接下来的讨论完全偏离最开始商讨的初衷，更无法收集特定备选方案的显著后果。那么，如何才能有效处理当事人如小兔般跳跃的思维？

技巧一：拨乱反正。讨论开始的时候，律师应当只对一项备选方案发问，当当事人从 A 备选方案跳到 B 备选方案时，及时将当事人拉回 A 备选方案的讨论上。同理，如果当谈论围绕 A 备选方案的肯定理由进行，而当事人思维已然跳跃到 A 备选方案的否定理由的，律师仍坚持将当事人拉回讨论 A 备选方案的肯定理由上来。

技巧二：跟着当事人走。当当事人思维发生跳跃时，律师也可以跟随当事人所提到的问题进行发问，例如，在讨论 A 备选方案的肯定理由时，跟随当事人的回答又对 A 备选方案的否定理由发问。

技巧一与技巧二看似两个对立的方法，律师遭遇当事人思维跳跃时究竟是将当事人拉回原来讨论的问题上，还是跟着当事人的思维继续前进，应当根据"中立原则"来确定。所以，在开放型询问中，常常会交叉运用技巧一和技巧二，发生律师跟随当事人思维进行跳跃的现象。此时为了防止律师不能揭示备选方案的显著后果，则需要借助技巧三完成备选方案的讨论。

技巧三：以图表记录当事人对后果的预见。律师"中立者的角色形象"要求不能一味将偏离主题的当事人拉回原位，适当时也需顺着当事人的思维前进，故此我们极力主张，律师应当在备选方案的后果讨论中，就每项备选方案的有利和不利因素制作一份图表，记录下当事人对所有备选方案的后果分析，帮助从中发现每一备选方案的显著后果。表格的制作可参照下表：

备选方案	有利因素	不利因素
A 备选方案		
B 备选方案		
C 备选方案		

第十四课
案件决策的标准流程

下面，我们就以案例形象地向读者展示如何灵活处理当事人的跳跃思维：

案例四

邹律师代理一个名叫澳达房地产公司的开发商，该开发商名下拥有多处物业。现澳达房地产公司打算向天光商贸公司出租一处房产。邹律师代理澳达房地产公司与天光商贸有限公司磋商具体的租约内容。双方交易的背景情况为，天光商贸公司将承租澳达房地产公司所有的一块2000平方米的场地，该场地位于一个偏僻的露天商场，租期为5年。现在，除天光商贸公司的履约担保条款以外，租约的其他所有条款均已达成一致。天光商贸公司提出，除非澳达房地产公司修改租金条款，否则该公司将不同意澳达房地产公司提出的履约担保条款。更具体地讲，澳达房地产公司要求天光商贸公司按年销售总收入的5%支付租金，且无论如何，每年租金保证不得低于120万元。然而，承租人天光商贸公司方面提出，只有在每年最低租金降到96万元时，他们才愿意签订履约担保条款。此时，邹律师正和负责租赁招商的澳达房地产公司副总经理盛总商讨对策。

邹律师和盛总都认为，要获得天光商贸的履约担保，唯一办法就是同意天光商贸公司减少每年最低租金金额的要求。针对这一交易，邹律师与盛总经讨论确定的备选方案包括：

（1）坚持履约担保的要求，同意减少每年最低租金金额；

（2）放弃履约担保的要求，以120万元的年最低保证租金成交；

（3）终止与天光商贸公司的谈判，将该场地出租给愿意以年销售总收入的7%支付租金，并保证每年付足108万元最低租金为条件来承租该场地的蓝浩公司。

为确定每个备选方案的后果，邹律师与盛总展开讨论：

（1）邹律师：盛总，您愿意首先讨论这三个备选方案中的哪一个呢？

（2）盛总：我们先谈谈坚持履约担保的方案吧！因为这是我公司倾向于接受的方案。

法律咨询

（3）邹律师：你认为采纳这一方案的好处是什么？

（4）盛总：噢，如果天光商贸公司同意订立担保条款，这对他们确保商业活动盈利确实具有刺激作用。其实，每年减少24万元的最低保证租金对于我们公司也算不了什么，但是如果按照5年租期计算，每年主张这24万元，确实又能刺激天光商贸公司注重管理和销售业绩的提升。而且，现在我们的许多资金都来源于承租人的销售收入，所以我们更希望选择一个具有高质量管理水平又能注意发展前景的承租人。如果我们选择蓝浩公司作为承租人，那我们不能获得上述好处。

（5）邹律师：是的。所以，选择蓝浩公司的不利一面在于其不那么注意管理，因而其销售收入可能减少，进而公司的收入也随之减少。那坚持担保条款还有其他好处吗？

（6）盛总：天光商贸公司可以将顾客招揽到购物中心来。天光商贸公司经营的品牌及商品质量比蓝浩公司的好。因此，顾客因受这些商品的吸引，便会将更多的资金花在该商店内。整个商场的人气也因此被带动起来。

（7）邹律师：因此选定天光商贸公司的另一个肯定理由，就在于他们比蓝浩公司可以吸引顾客向商店投入更多的资金。这也就意味着蓝浩公司一栏里多了一个否定理由。

（8）盛总：我必须认真考虑。蓝浩公司名声很响，它的名气肯定比天光商贸公司大，因此蓝浩公司也可以吸引更多的顾客。

（9）邹律师：选择蓝浩公司又多了一个肯定理由。你还知道选择蓝浩的其他理由吗？

（10）盛总：对于蓝浩是否为我们提供有关销售总收入的确实数据问题，相对而言，我们对此担心较少，蓝浩公司是全国性的公司，他们使用的是标准的记账程序，如果公司经营失败，他们提供假账目的可能性也许更小些。

（11）邹律师：所以，选择蓝浩公司的另一项肯定理由就在于他们的销售量数据更可靠，由此对于租金所占数额是否正确这一问题也更容易了解。

（12）盛总：是的。

（13）邹律师：选择蓝浩公司还有其他理由吗？

（14）盛总：我现在还未发现。

第十四课
案件决策的标准流程

（15）邹律师：放弃履约担保条款，与天光商贸公司订立租约，你觉得怎样，这样做有好处吗？

（16）盛总：很难找出什么好处。让他们作出支付最低租金的保证只有在他们经营失败的时候才有意义，并且我认为经营失败的情况是不会出现的。如果我认为经营失败，我们也就不会与他们谈判。对于我方来说，担保是关键，它可以使商店获得高质量的管理，而这恰恰又是使商店的运转有利可图的重要因素。

（17）邹律师：所以没有担保，就没有强化管理的刺激因素。

（18）盛总：是的，而且……

……

（40）邹律师：你还想到其他与蓝浩公司进行交易的否定因素吗？

（41）盛总：还没有。

（42）邹律师：好吧，既然我们已经谈论了每项备选方案，那我们应当确信我们已经对每一项备选方案可能出现的后果都作了考虑，也许我们可以着手对坚持要求天光商贸公司提供履约担保这一备选方案作最后讨论。就这一备选方案的肯定因素而言，迄今为止，我们列举出来的就有：你相信他们高质量的管理将密切注视商业活动的开展，你相信天光商贸公司有可能招揽更多的顾客。现在，还有另外一个明显的连你也没有注意到的好处，那就是如果天光商贸公司拖欠租金，履约担保将对此提供额外的保护，你认为我说得对吗？

（43）盛总：确实如此。

（44）邹律师：好吧，现在我再向你提几个与坚持担保可能带来的好处有关的问题。在天光商贸公司承租期间，澳达房地产公司会不会将该购物中心出卖？坚持担保会不会使购物中心的销售对他人来说变得更有吸引力？

（45）盛总：就该中心的面积，承租人的类别以及租约条款看来，我想不会。

（46）邹律师：在这里，坚持担保会不会助长澳达房地产公司相对于未来承租人的谈判地位？

（47）盛总：可能会的。这一点是我未曾考虑到的。

（48）邹律师：好吧，我们把这一点列为坚持担保的另一好处。

（有关选择天光商贸公司的"肯定理由"的更进一步的对话略去。）

……

> （54）邹律师：现在我们来检讨一下坚持履约担保的否定理由。迄今为止，我们似乎还没有提到任何否定理由。你能想出一些吗？
>
> （55）盛总：现在还想不出来。我想这也许是我有些偏爱这一备选方案的原因。
>
> （56）邹律师：也许这就是你最终要寻求的备选方案，但仅仅是为了弄个明白，请允许我充当一次吹毛求疵的人，再问你几个问题。坚持担保会不会有损于你们与天光商贸公司长期以来建立的关系。
>
> （57）盛总：这……

上述对话所显示的层次性和灵活性都是很明显的。第（1）项提问，旨在"要求当事人确定讨论的开端"，当事人以第（2）项明确首先讨论方案（1）后，律师便开始采用开放型提问让当事人分析方案（1）的有利因素。尽管盛总在第（4）项回答的最后部分跳跃到方案（3）的否定因素上，但律师巧妙地运用技巧一［第（5）项］，将盛总拉回讨论备选方案（1）的好处上。我们可以看到，由于当事人一开始就强调了澳达公司比较倾向于方案（1）的选择，所以律师为得到当事人对方案（1）的有利因素的系统回答，将当事人拉回最初讨论问题的做法，正是体现了"当事人中心说"和律师"中立者的角色形象"。

当盛总的思维再次跳跃到否定选择蓝浩公司的问题上［第（6）项］时，律师通过第（7）项提问对此予以承认，向当事人发出继续讨论否定选择蓝浩公司的问题，此处首次出现与技巧二的交叉使用。但当盛总在第（8）项回答中将话题由肯定天光商贸公司转向肯定蓝浩公司时，邹律师意识到当事人对选择蓝浩公司也产生了浓厚的兴趣，继而采取中立态度，采用技巧二，将话题转至选择蓝浩公司的其他肯定理由［第（9）项］。这种转移是适当的，因为当事人先后三次将话题由最初确定讨论的对天光商贸公司的选择问题转向蓝浩公司，这无疑说明了当事人对考察蓝浩公司的极大兴趣，邹律师放弃有层次的死板商讨的做法是适当的。

邹律师在第（9）项提问将话题转移到选择蓝浩公司的好处问题上以后，一直将话题停留在这一问题上，直到当事人在第（14）项回答中表明他再也找不出好处时为止。在第（8）项回答和第（10）项回答中，当事人指出了选择蓝浩公司的肯定理由，这些理由分别在第（9）项提问和第（10）项提问中得到了邹律师

第十四课
案件决策的标准流程

的认可。然而，在承认这些肯定理由的时候，邹律师并没有转而注意盛总对选定天光商贸公司所隐含的否定理由。这种不注意错了吗？答案是没有。并不是每次当事人对某项后果的构思隐含着其他问题时，律师都要对这种转移话题现象予以注意。仅仅对当事人真正注意到的后果予以承认——例如，"因而蓝浩公司可以招揽更多的顾客"——对律师保持中立态度来说，已经足够了。

邹律师以第（15）项提问提出第（2）种备选方案（放弃履约担保的要求）的讨论时，当事人的思维还没有主动转移至该方案，在此之前对另外两种备选方案的肯定和否定因素的审查也还没有完成。读者可能会认为邹律师的话题转移时机很不恰当。但在对某项备选方案进行系统研究之前，简单地提提各项备选方案，这在某些时候可以使中立原则得到最好的实施。该第（15）项提问还可以作如下表述：

> "你已经提出了选择蓝浩公司的三方面的理由。看来，你在这方面已经形成了一些看法。下一步我们也许应该对你在这方面的看法做一个更详细的探讨。现在，我们来考察一下不要任何履约担保而与天光商贸公司签约这一备选方案。你认为这一备选方案有什么好处？"

这样表述似乎能够更加理解、同情当事人的观点，因此让当事人将思维转移到对天光商贸的选择问题上也就更加容易。

经过39个回合的讨论，邹律师适时停止了开放型问题的提问，转而过渡到第（40）~（42）项的封闭型提问。第（42）项对前面已经明确的一个备选方案的好处做了总结，然后就该备选方案可能带来的其他好处提出问题［第（44）（46）项也采用了同样的表达方式］。第（54）项将话题转向同一备选方案的"否定因素"上。然而，由于前面的谈话还没有提到这一备选方案的"否定因素"，因而邹律师在寻求否定因素的时候使用的是公开提问。当仍然没有找到否定因素时，邹律师转而采纳封闭型提问［第（56）项］。第（56）项由于明确了询问可能的不利因素并不意味着要否定该备选方案，所以邹律师仍然保持了中立的态度。在这样的情况下，邹律师才提出了一个有关不利因素的问题。邹律师可以用与此相同的方式,将讨论转向其他备选方案及其"肯定"和"否定"因素上。

最后,我们将上述对话中的第(44)(46)项与前述案例三中蒋律师和王大爷对话中的第(9)(11)项做一番比较。在案例三第(9)(11)项中,蒋律师仅仅指明了某项选择的其他可考虑的因素,并且只询问采取哪一思路,而在案例四第(44)(46)项中,邹律师却巧妙地暗示出坚持担保将会有利的两个理由。因此,与蒋律师的第(9)(11)项相比,邹律师的第(44)(46)项提问显得不是那么"中立"。另外,盛总在第(45)项中的回答是明确的,他并不认为缺少担保是不利因素,而王大爷在第(10)项中的回答要含糊一些。因此,像案例四第(44)(46)项那样不甚中立的提问与诸如案例三第(9)(11)项那样的中立提问相比,也许更有可能获得明确的回答。故而,从理论上讲,究竟使用何种形式的封闭型提问,律师可以灵活选择。值得注意的是,在某些情况下,由律师提出某项因素是好还是坏,可能会由于律师表明自己的偏好而使当事人的回答带有倾向性。在上述与盛总的对话中,由于对后果的实质性讨论先于提问[第(44)(46)项],因而第(44)(46)项似乎并没有做过多的暗示。

在上述案例四中所运用到的各项技巧中,邹律师灵活采用了处理当事人跳跃思维的技巧一和技巧二,同时,邹律师还制作了下列图表以帮助其发现当事人对各项备选方案的倾向性与偏好:

备选方案	有利因素	不利因素
坚持担保,减低最低保证租金	(1) 刺激天光商贸公司抓管理,促销售;(2) 带动商场人气;(3) 天光商贸公司拖欠租金时有所保障	无
放弃履约担保	无	—
选择蓝浩公司	(1) 蓝浩公司名气大,吸引客户;(2) 蓝浩公司记账规范,销售数据真实	蓝浩公司不注重管理,销售前景差

5. 讨论律师所预见到的后果

如前所述，预见是律师对客户的最大贡献，在对备选方案后果的预见中，律师工作不能仅限于收集当事人对后果的预见。收集当事人信息，只是为律师提出预见所做的铺垫，为了能够更好地给当事人服务，协助当事人确定最契合其利益最大化的有利方案。律师预见的时间顺序并不当然固定，可以将其并入与当事人预见的讨论过程（以下简称"并入法"），也可以等到当事人的预见完成后再作讨论，进而用律师预见到的后果补充当事人预见的后果（以下简称"补充法"）。

"并入法"与"补充法"各有利弊，具体采用何种方法可根据下文的利弊分析及个案讨论情况加以确定。"并入法"的好处在于律师与当事人之间可以就特定备选方案的某一特定因素进行深入讨论，通过律师法律知识、类似案例经验等专业素养，与当事人对交易背景的了解，行业专业知识等的结合，更有利于双方碰撞出思想的火花，获取更加意想不到的效果。但也正是律师的法律知识、类似案例经验等专业素养，将会使当事人自然而然产生律师是案件讨论专家的想法，一旦律师在当事人预见后果的同时，并入自己对备选方案的预见分析，当事人则可能呈现消极状态，拒绝主动思考，律师也就不能再了解到当事人的真实想法。而"补充法"的好处也恰恰是"并入法"的不利因素，律师待当事人完成预见后再行透露自己想法，有时还会在预见时表现出对当事人之前预见的肯定及认可，增加当事人的自信和心灵上的舒适感。可是这种舒适感不久就会被"补充法"的弊端所驱散，但当律师预见后果与当事人不同，甚至相互矛盾时，律师需要作出相应的解释。这种情况下，要说服当事人接受律师的观点将有些困难，因为当事人已经产生了被强制的感觉，会认为律师之前要求自己说出预见，反过来批判自己的预见真是处心积虑；从某种程度上来说，这也会伤害到当事人的情感。

因此，在评判该使用何种方法作出自己的预见时，律师可根据当事人的性格，个案的讨论情况，再结合"并入法"及"补充法"的优缺点确定预见方案。当然这两个方法也不是完全对立、截然分开的，律师也可以在对备选方案的讨论中交叉使用这两种方法。例如，当当事人预见 A 方案的有利因素时，律师认为该种有利因为存在一定的问题，又从此前与当事人的接触中发现当事人的性格不太能够接受事后批评的意见，此时律师便可决定采用"并入法"就该问题的有利因素发

法律咨询

表自己的看法，与当事人进行深入的讨论。待当事人完成所有的预见后，律师再就其他非突出性的问题作出自己的"补充"预见，这样便可减少采取前述两种方法的不利因素，使案件决策的讨论顺利进行。

下面就让我们回到案例三蒋律师与王大爷的那段对话，看看律师是如何给出预见的：

王大爷正打算为自己后事着想，寻找一个遗赠扶养人，他提出的候选人包括他的侄子王小海和他的邻居小白。假设王大爷选择遗赠扶养人的一个法律后果是需要以与受遗赠人签订遗赠扶养协议的形式明确各自应该完成的工作。现在，我们按前述案例三进一步展开这番对话。

（11）蒋律师：好吧。在保证你现有的朋友和生活环境不变的前提下确定扶养人，你觉得是否可行？

（12）王大爷：噢，我再强调一下，小白似乎是最符合这一条件的人选。他就住在我隔壁，因此我们生活环境大同小异。另外，王小海住在本市以外。不过尽管我很喜欢小白，我似乎还是更了解王小海一些。这事很难决定，也许到其他地方居住并非完全不能接受。

（13）蒋律师：从长远来看，基于对王小海的了解，你与小海相处会觉得更愉快？

（14）王大爷：真有这种可能。

（15）蒋律师：王大爷，我觉得这并不是一项容易作出的选择。值得高兴的是，通过我们的讨论这个问题会逐渐清晰起来。但你的结论是，一方面选择小白的肯定理由在于你可以保持现有的朋友和生活环境，另一方面，从长远看，你与王小海相处将会觉得更愉快——这是一个更值得肯定的理由。是这样的吗？

（16）王大爷：我想是这样的。

（17）蒋律师：另外，这里有一个法律上的问题，我想有必要在此提出来。但我不确定这一问题对你来说有多么重要，这一问题涉及你选定遗赠扶养人后，需要与扶养人签订一份遗赠扶养协议，明确双方之间的权利义务。

（18）王大爷：什么是遗赠扶养协议？

（19）蒋律师：遗赠扶养协议就是你与扶养人之间就扶养人如何对你尽到扶养义

第十四课
案件决策的标准流程

务，其应该完成什么工作，以及在其完成扶养任务后，扶养人可以在你死亡后获得你的遗产的协议。这份协议的签订可能会有点伤害你与你侄子王小海之间的亲情，你是否这样认为呢？

（20）王大爷：噢，我相信我的侄子。我们是不是一定要签订这份协议？

（21）蒋律师：为了明确双方之间的权利义务，最好这样。否则，一旦出现任何意外，你可能不能获得很好的扶养和照顾。

（22）王大爷：那必须在协议上把某些话说得很明确，对吗？

（23）蒋律师：是的。我们经常说先小人后君子。所以说，指定你的侄子作为你的扶养人，一个不利因素就在于双方签订的遗赠扶养协议中将出现王小海不按约扶养你时应承担违约责任的内容。而该份协议可能会使你和王小海之间的感情疏远。选择小白可能就不会出现这方面的问题。

（24）王大爷：在选择他们二人问题上还有无其他法律上的不同要求？

（25）蒋律师：还不确定。如果你愿意的话，可以将遗赠扶养协议提交公证部门进行公证，并对你愿意提供出来作为遗赠的财产也逐一清点，制作清单。公证的费用一般在几百元至千元。无论指定谁作为扶养人，公证的程序都是一样的。但我想我应当问问你，王小海是否会同意完成公证程序呢？

（26）王大爷：我想只要他能够同意签署遗赠扶养协议，那么办理公证对他来说应该也不难办。为了办理公证他非得在签订协议的时候大老远从其他城市跑一趟吗？

（27）蒋律师：不一定，可以通过信件将协议寄送给他后，他委托当地的公证机构完成他签订协议的公证。好吧，了解了签订遗赠扶养协议和办理公证的相关问题后，我们回到备选方案的肯定因素和否定因素这一实质问题的讨论上来。你还认识到其他方面的肯定因素……

上述第（11）项是一项有关揭示王大爷所预见到的后果的问题。第（13）项试图进一步明确当事人在第（12）项中的含糊回答。第（15）项中的第一部分是一项积极听取当事人意见后对当事人表现出的不安所作出的反应，这可以起到安抚当事人的作用，并且可以拉近与当事人之间的距离；第二部分指明了每一选择都有一个好处，并明确了选择小白的理由更充分。蒋律师在第（15）项中不做进一步的说明，且并未顺着当事人将话题转向潜在的备选方案的否定因素的讨

281

论,这么做避免了不重要的话题转移,同时也防止不分情况的转移话题的僵化思维。

第(17)项是当事人作预见向律师作预见方面的转折点,蒋律师在此采用了"并入法"将自己对后果的预见纳入了讨论过程中。蒋律师在当事人提出一个对比选择两位候选人的优缺点的时候,插入了自己的预见。由于这种插入与讨论的话题有逻辑联系,因而王大爷也可能会自然而然地注意蒋律师的预见。毫无疑问,话题从王大爷觉得基于其对王小海的了解,其与小海相处会更愉快,转移到讨论选择小海的不利因素上——签订扶养协议会影响王大爷与小海的感情,可能会使王大爷产生律师在否定他的地位的想法。但是,蒋律师在前面积极听取当事人的意见后所作的回答,以及"我不能肯定这一问题对你有多么重要"这句话,将消除任何否定当事人地位的嫌疑。

第(18)项"什么是遗赠扶养协议"的问题意味着,即使是一个普通的法律术语也可能相当难懂。有幸的是王大爷的提问促成了对它的解释[第(19)项]。相比较而言,在第(25)项中,蒋律师在没有当事人询问的情况下主动对"公证"的基本内容进行解释,这也正体现了律师对当事人需求的理解。

第(21)项验证了之前关于律师预见包括法律预见和非法律预见的内容,因此律师需要同时掌握法律知识和非法律知识。法律知识用以说明签订遗赠扶养协议的必要性;非法律经验则使蒋律师能够认识到签订该协议可能会影响王大爷与侄子之间的感情。

当然,上述例子并非适用于任何情况的模式。但是,我们还是希望它能有助于读者对律师和当事人究竟如何进行合作以揭示备选方案可能出现的后果这一问题做个初步理解。

6. 书面整理讨论结果

当事人思维的跳跃造成了后果预见的无序性,在当事人预见过程中并入律师对备选方案的后果讨论,更增加了总结各项备选方案有利因素和不利因素的难度。前文提到的图表可以有效地克服律师总结的难度,有条不紊地记录下当事人对后果的预见及律师的讨论,清晰明了地告知律师当事人对某项备选方案的偏爱,以及律师对该项备选方案的法律和非法律后果的预见情况。

另外，图表的制作可以作为资料保存，将整个案件决策的讨论经过形象地记录下来，使无法当场作出决策的当事人事后追寻讨论当时的情形，并在此基础上作出最后的决策。

而在讨论接近尾声之际，这张图表不应只简单含有当事人对后果预见的内容，应当加入律师对该备选方案的有利因素及不利因素的讨论。

备选方案		有利因素	不利因素
A 备选方案	当事人观点		
	律师意见		
B 备选方案	当事人观点		
	律师意见		
C 备选方案	当事人观点		
	律师意见		

五、让当事人决策

任何工作都应有始有终，案件决策的讨论也不例外。律师与当事人经过四个步骤的讨论后，尤其是在备选方案及其后果全部明确出来以后，律师应当将最后的一步工作，也是案件决策讨论的重头戏交给当事人完成，由当事人登场作出最后决定。

完成该步工作，律师无须做得过多，通常询问当事人的选择即可。例如：

> 蒋律师：王大爷，我们已经讨论了每个方案的好处和可能出现的问题，你想由谁作为你的扶养人呢，王小海还是小白？
>
> 王大爷：综合各方面的因素，我最终还是觉得×××比较合适。

法律咨询

  对话进行到此时，当事人可能已经忘记部分备选方案的讨论情况，此时律师不得不简要地总结各项备选方案及其可能出现的后果。此时我们大力推荐的图表制作就派上用场。律师可以参考图表并对其记载的内容做一番总结。例如：

> "盛总，我将我们之间的讨论制成了图表，上面记载了各项备选方案的优劣，如果你仍然对是否坚持由天光商贸公司提供履约担保的问题犹豫不定，那么这个图表也许对你会有所帮助……"

  如果来访的是公司等类似的当事人，来访人员通常不能当场作出决定，需要公司各领导人员会议讨论后决定。此时律师可以将图表交由当事人带回，并约定下次见面时间；或者律师可以会谈结束后将整理完成的图表发送给当事人，以供当事人议定最终方案。

> **小贴士**　准备、弄清当事人的目标、确定备选方案、确定后果到让当事人决策，是一个法律案件的基本决策流程。其中的技巧其实是各种单一技巧的综合运用。你需要反复实践才能熟练掌握和运用。

第十五课 LESSON 15

标准流程的例外运用

第十五课
标准流程的例外运用

通过前述第十四课的阐述，我们带领读者游历了案件决策的标准流程中的五大步骤：准备—弄清当事人的目标—确定备选方案—确定后果—让当事人决策。标准流程的总结固然能给读者提供一套普遍适用的操作方案，但我们需要再次强调，这套标准流程并不是放之四海而皆准的，它的适用有两个前提条件：一是律师所面临的当事人是所谓的"常规型典型性"当事人，这类当事人对自己面临的问题和所处的交易背景都有清楚的认识，能够清晰地解释他们的目标，凭借自己对各项备选方案后果预见的分析能够独立作出决定；二是无论情况如何改变，当事人的目标、达到该目标的备选方案以及这些方案的后果都不会因之发生变更。

马克思的辩证唯物哲学告诉我们，事情是发展变化的。律师不可能面临两件完全相同的案件，也不可能遇到两个完全相同的当事人，所以律师为当事人提供商议咨询时，必须结合个案的情况不断修正第十四课所述标准流程的实际应用，这样才能更好地为当事人提供服务。本课及以下各课就将抛砖引玉地提供一些咨询和商议过程中的常见事例，向各位读者提供部分适用修正后标准流程的范例。

■ 第一节 目标不明确的当事人

当事人并非法律专家，他们来拜访律师时通常都怀揣疑问，要么他们对自己的目标并不明确，要么就是因为他们面临太多的选择，对备选方案的后果预见左右摇摆，导致难以作出决定。就如同下面这位迷途的当事人：

> 律师："和先生，很高兴我们能够再次见面。我刚与主道广告公司的代理律师谈了一下，他们对贵公司打算出售的写字楼很感兴趣。不过，他们又指出，因为这个房屋的售价太高，他们可能无法一次性全部用现金来支付房款。他们提出可以部分用现金支付、部分以为贵公司发布广告应付款项抵债的方式支付，如果你有兴趣可以跟他们公司的丁总谈谈细节。"

法律咨询

> 当事人："这个我还不太拿得准，主道广告公司是暂时拿不出全部的现金呢，还是一直都拿不出来。你知道，本来我们已经在同崔氏集团商谈这笔交易了，就是因为他们不一定能拿得出这么多的现金，所以我们才转投其他买家的，现在我还真是不知道该怎么办了。"
>
> 律师："别着急，和先生，就算你与崔氏集团的生意没做成，这也并不当然意味着你不能通过与主道广告公司交易而得到所需的现金呀。"

遇到这类当事人，律师最需要做的是帮助当事人寻找他的目标，并在情况发生变化时坚持锁定目标。而目标的确定并不一定永远都位列标准流程中的"确定备选方案"的前面，因为律师向当事人提供咨询的轨迹常常是往复的曲线而非一条直线，律师常常不得不在除开准备性讲解的四个步骤——弄清当事人的目标、确定备选方案、确定后果、让当事人决策中前后往复。比如，对话已经进行到备选方案后果的预见，但是在讨论过程中当事人可能突然意识到他还有别的目标，此时律师就不得不带领当事人回到弄清当事人的目标、确定后果的步骤。

尽管我们已经认识到标准流程并没有充分反映出律师咨询与商议活动的往复性，我们仍然希望通过标准流程中的各个步骤使律师更得心应手地来帮助当事人在一种不断变化、纷繁复杂的情形下，找出各个问题最有效的解决办法。接下来，我们探讨一些在弄清当事人的目标这一步骤中常见问题的处理技巧。

■ 第二节　不知道目标的当事人

要推动咨询和商议的顺利进行，律师需要在开始探讨某个问题的决定时，首先弄清当事人的目标，这有助于律师根据当事人的目标提出各种备选方案。但不是所有的当事人都对自己的目标了然于心，也不是所有的当事人都能够明确地将自己的目标表达出来的。有些当事人寻求律师帮助时，根本不知道自己究竟想干啥，这时律师将如何处理呢？

一、没有特定目标的当事人

假设场景一：遗产安排问题。

> 律师：如果你想确立一份遗嘱，那你心中有什么具体的想法和目标呢？
> 当事人：我也不知道，不管怎么样都行，只要一切都能顺顺当当就好了。

假设场景二：诉讼的问题。

> 律师：你想起诉保险公司到底想得到什么呢？
> 当事人：他们真的欺诈了我，我想的就是要他们对我所遭受的一切付出代价。

前述两个例子中的当事人都不知道他们具体的目标是什么，比如，确立遗嘱的当事人目前想立一份遗嘱，但是他想通过这份遗嘱达到什么目的，是想阻止某人来继承遗产？是想知道确立一份遗嘱需要什么内容？还是想知道遗嘱确立后如何确保各继承人能够按照遗嘱顺利解决遗产问题？他所说的"一切都能顺顺当当"对目标的确定一丁点帮助都没有。至于打算起诉保险公司的当事人，他是真希望通过法院审理来揭露一下保险公司经营黑幕？还是想通过诉讼获得保险理赔？还是其他的什么呢？这两位当事人对自己的目标都没有足够的认识。

遇到这类当事人，律师可以先弄清楚当事人要完成一件事情的原因，然后再通过封闭型的问题确定当事人的目标。如继续前述确立遗嘱的例子：

> 律师：那你能不能告诉我，你为什么想要订立遗嘱呢？
> 当事人：就是我那几个不孝子，之前对我都不闻不问。现在一听说我的老房子要拆迁了，拆迁安置款项还有点可观，就每天都到家里面争分拆迁款的事情。这不还没

法律咨询

> 有拆迁呢,他们就都瞄上我的钱了。现在我的身体越来越不好了,看在他们始终是我子女的份上,虽然之前他们没有对我尽到应尽的赡养义务,但是我怕我死后这几个不争气的东西为争财产打得头破血流,所以我想把他们各自可以分得多少财产说清楚。
>
> 律师:那您是不是就是想通过订立遗嘱平息各个子女之间的争论呢?
>
> 当事人:大概就是这样的,我就是不知道每个人分配多少份额才能使他们闭嘴。

通过律师的进一步询问,当事人说出他心中的真实想法,从而律师通过一个封闭型的提问确定了当事人的最终目标。

二、无法明确目标的当事人

假设场景三:离婚案件。

> 律师:小王,现在你和妻子的离婚官司已经经过了一次庭审,双方对孩子的抚养和财产分割问题争议相当大,现在你妻子坚持要求你放弃部分财产分配权才肯把孩子抚养权给你,你是怎么考虑这个问题的呢?
>
> 当事人:我想牺牲一切获得孩子的抚养权?……不对,她婚后对于家庭收入一点贡献都没有,就只知道花钱,我不想她分多财产。哎呀,还是不行,这样我就不能得到孩子的抚养权了。我拿不定主意了,难道不能两全其美吗?

如同对待没有特定目标的当事人一样,律师遇到这一类当事人时需要以一系列封闭型问题逐步帮助当事人确定其目标。

但是,即使面对封闭型提问,某些当事人仍然无法在有关问题上集中精神,甚至会心不在焉。比如,前述遗嘱当事人可能回答说:"真是很难讲清楚,特别是现在我简直不能集中精力来思考这些问题。"在这种情形下,无论律师怎么敦促当事人确定目标,可能都无法获取想要的结果。最好的办法是暂时放弃目标的追寻,转而进入进行下一步骤的讨论,通过后果预见的讨论促使当事人讲清楚他们的目标。比如,当该遗嘱当事人在后果讨论中得知遗嘱会需要明确各继承人的继承份额时，其就可能会说明其所立遗嘱的具体目的所在了。

■ 第三节 中途改变目标的当事人

经过准备性讲解后，律师顺利在弄清目标环节收集到当事人所想要达到的目标，但不承想在进入下一步甚至在经过所有步骤的讨论进入决策环节时，当事人的目标发生了改变。这种改变可能因当事人所遭遇的处境改变，交易对方易人，当事人通过后果预见和律师的讲解后意识到新的东西，当事人将有关问题与朋友们作了一番商量等情况而发生。这也是相当正常的，也符合前文关于咨询和商议是循环往复的过程的论证。因此，在进入下一步讨论或最终作出决定之前，律师往往应该暂停一下，确认当事人最初的目标是不是已经发生改变。否则，匆忙作出的决定只能使决策变成"无的之矢"。

假设场景四：一起做生意。

一位当事人（王羲女士）想要另一个人（肖华）加入她目前独立经营的盒饭生意而向律师询问该怎样做。张律师从初次的交谈中得知，王羲女士的主要目标是想把盒饭生意改为饭店经营以获取更多的利润，具体想法是她自己仍集中精力负责盒饭生意，让肖华来经营将要开张的饭店。在第二次商议中，张律师和王羲女士商讨她与肖华之间分担风险的形式。王女士的选择包括：二人合作开办一家公司，或者保持个体工商户的形式而雇用肖华来管理饭店。商议之初律师自认为经过第一次的商谈，已经完全知晓了王女士的目标，便立即着手讨论其所能想到的几种备选方案。可上次会面以后，王女士的目标很可能已经变了。如果的确如此，上述二人合开公司或王女士自己设立个体工商户，委托肖华经营的选择，对王女士的意义就会因为其新目标的出现而有所变化，或者必须考虑别的选择。因此，在进入下一步前律师应按如下所示的方法首先查实一下她的目标：

律师：王羲女士，上次与你会谈后我调查了一些情况，下面我们谈谈把生意扩大

法律咨询

> 的办法。不过，让我先看看我是否对你的目标理解对了。从我们初次的谈话来看，你扩展生意的目的是要多赚钱，但扩展后你自己仍然希望集中精力搞盒饭生意，是不是这样呢？
>
> 当事人：的确如此，我一直都是这样想的。但我们第一次交谈后，我逐渐变得对肖华不太放心了。她经验是很丰富，但我发现我们在想法上总是有很大的出入。我有自己的一套做事的方法，并不想完全不管饭店的经营。我还是希望她来负责饭店的经营，不过我也想能对她的所作所为有所监督。

王羲女士的回答透露了两个信息：其扩大经营的总目标本身是明确的，没发生任何变化——多赚钱。但是，其同时表示肖华现在变得"不这么让人放心"，希望适当掌握饭店的经营管理权。这个辅助性的目标与之前所述的雇用肖华独立经营管理饭店的目标有所不同，可能将导致备选方案的变化。

所以，当律师向王女士确定其目标是否发生变更时，如果王羲女士表示目标依旧，那么律师可以开始下一步工作的准备。但是，当王女士提出某些辅助性目标或细节有所变化时，律师也就不得不与王女士详谈一下这个问题，这样律师才能确定王女士的新目标对有关可能的选择产生了什么影响。在开始详谈变化之前，律师也应首先考察一下这个新目标是否与最初的目标非常一致，要是与之一致，律师仍然可以不加耽搁地继续下一步讨论。如若不然，这个新目标将可能导致当事人对问题产生了与以前截然不同的看法，那么律师就很有必要弄清当事人的新目标的所有细节。不管怎样，在当事人说出了改变了的目标时，律师可以按如下方法进行询问：

> 律师：既然你有这样的考虑，我想我们最好先停一下，看看我们的认识是否一致。根据你最近的了解，你并不想完全不管饭店的经营，而希望能有点发言权，对吗？
>
> 当事人：正是如此，我希望能有点控制权，我不愿看到放野马的局面。
>
> 律师：除此之外，你的目标还有别的变化吗？
>
> 当事人：没有了。我非常想开一个饭店，我也乐意与肖华一起合作。
>
> 律师：好的，我想可以把这生意安排成某种形式，使你对饭店的经营有所控制。现在让我们看看有哪些形式可供选择吧……

假设场景四仅是咨询与商议活动往复性的初步体现，这种往复性可能将贯穿决定作出前的整个讨论。如上述王羲女士与肖华的例子还可能出现下述往复情形：

> 第二次商议时，王羲女士决定让肖华以完全合伙人的身份加入她的生意，双方投资设立一个有限责任公司。几天之后，律师和她共同商讨合作协议的初稿。当讨论到协议中双方出资比例和最低出资额的条款时，王羲女士称希望自己能在新设公司中占控股地位，并且双方投入的注册资本总额不低于50万元。在其后的谈判中，肖华的律师声称肖华坚持各自占50%的出资比例，这样她才能确信王羲女士有合作的诚意。

面对这样的往复，律师接下来就协议中有关出资比例的约定提出与王羲女士进行商议之前，就需要核实一下王羲女士的合作目标是否有所改变。面对肖华的坚持，王羲女士会作出改变其合作目标的反应等问题。

第四节　参与当事人的决策执行过程

咨询和商议的往复性，决定了标准流程中的几大步骤将以这样的顺序进行：准备性讲解—弄清目标—确定备选方案—发现新目标—决定新目标—确定备选方案—……弄清目标是继准备性讲解后的首要任务，该任务由于咨询和商议活动的往复性一直贯穿活动始终。当事人首次确定总目标后，在该总目标的执行过程中仍可能发现新的辅助性目标，甚至在某个辅助性目标执行过程中也将引发其他新的辅助性目标，进而使商议过程呈螺旋式上升状态，最终完成当事人的总目标。例如，一位当事人的总目标是要求用人单位支付违法解除劳动合同的赔偿金，经过一番讨论该当事人选定了诉讼的方案，在诉讼方案的执行中将面临诉讼请求为何，如何收集、提供证据，是否需要申请证人出庭作证等辅助性目标的确定。这些目标都需律师在决定的执行过程中帮助当事人加以实现。

决定执行过程的任务包含有：帮助当事人落实其所选定行动方案的有关选择方案和具体实施步骤。例如，一位当事人决定以入伙到某合伙企业的方式做生意，入伙决定的执行过程中,势必需要落实这样一些选择:入伙时间、入伙条件、入伙后如何对合伙企业的财务管理加以控制、退伙程序以及合伙人发生争议时如何处理等。在这些备选方案均得到落实后,便须确定完成入伙的各个步骤:入伙前对合伙企业的财务状况、经营状况做尽职调查,根据调查结果与原合伙人协商前面所述各项选择的条款,双方协商一致后签订合伙协议,办理合伙企业的变更登记手续等。

鉴于决定执行过程涉及有关方案的选定和其具体实施步骤的确定,都需要足够的法律专业知识,当事人对这些知识一无所知,或者一知半解。因此,除非当事人本身具有丰富的法律知识和法务从业经验,否则他不会对决定执行过程可能涉及的法律选择有足够认识。如前例中,一般的当事人并不会熟悉如何确定诉讼请求才能对其最为有利,也不会知道如何有效收集组织证据才能证明其所提出的各项主张,更不会知道如何约定"退伙"条款才能保障其退伙时的权利。因此,当律师与当事人探讨某项决定的执行时,应对所涉及的法律选择作出适当的解释,告诉当事人他们采取这些步骤和选择能达到什么目的。

比如,假设场景四中的王羲女士选择在与肖华的合作协议中写入一个仲裁条款,但其并不知道仲裁条款有何作用,以及会帮助她实现什么目标。此时,律师不能说,"王羲女士,你选择在合作协议中约定仲裁条款,你希望它能帮助你达到什么目的呢",而是需要向当事人作出适当的解释;这种解释通常以简明的一句话完成,"王羲女士,让我们考虑一下与肖华的合作协议中是否应该有一个仲裁条款。通常约定仲裁条款可以提供一种比诉讼更快的纠纷解决途径,同时在仲裁过程中双方当事人可以自己选定仲裁员"。

再如,当事人已经确定诉讼方案,律师与其讨论是否申请证人出庭作证的问题,对于申请证人一事,律师也可作出适当解释:"华先生,我想与你商议一下是否需要证人出庭作证,我考虑的四位证人是砼外加剂厂的总工程师以及他手下的三个人,这样做主要是为了搞清砼外加剂厂所提供产品的制作流程,而他们所做的解释对于确定你从该厂购买的产品有没有缺陷很重要。"

做出适当的解释后,律师可视当事人对解释的反应,确定是进一步解释当事人的选择,还是进入确定备选方案及预见后果的讨论步骤。

第十五课
标准流程的例外运用

　　适当解释的步骤针对一般当事人作出；对于熟悉某种技巧，经验丰富的当事人而言，律师无须进行该步工作，直接在确定目标后进入确定备选方案的讨论。因此，如果律师正在为一位帮助本公司处理过上百件劳动争议案件的当事人起草雇佣协议，律师可以直接问当事人在雇佣协议中写入一个竞业禁止条款对于其而言能达到什么目标。又或者，假设场景四的王羲女士主动提出要求在合作协议中加入仲裁条款时，律师可推断其已经对该条款的意义有所了解，律师可以直接问她，"你希望利用这个条款实现些什么目标呢"。明确当事人的目标后即可进入下个步骤的讨论。

> **小贴士** 标准流程并非绝对真理。在标准流程之外，你需要根据客户目标的变化以及交易双方达成的条件，随时调整你的咨询程序。

第十六课 LESSON 16

提出咨询意见的八个建议

第十六课
提出咨询意见的八个建议

案件咨询标准流程的第三步是确定备选方案。在第十四课中，我们提出除非当事人主动要求首先表达自己的观点，否则律师应首先提出自己对可选择方案的建议。给出备选方案的建议，通常需要律师结合自己对法律规则及程序的认识、法律执业经验以及对当事人问题背景情况的了解来作出，这些选择会涉及法律和非法律的内容。本课将继续探讨一些向当事人提出法律及非法律备选方案时所遇到的情况，以及各种情况的处理方法。另外，在确定备选方案的讨论中，无论是律师还是当事人首先提出解决方案，当事人始终都会对备选方案提出自己的观点，而且往往希望律师对其观点给予回应，本课将在最后部分对如何应对当事人的观点给出建议。

第一节　直接提出能够满足当事人需求的建议

假设场景一

A 开发公司是某小区开发商。该小区房屋交付使用前门前绿化工程尚未完成，A 公司将该工程发包给 B 公司施工。B 公司因施工需要占用部分市政道路。某日，一出租车经过施工地段，未发现前方有人施工，车速过快，撞击路面石块飞起砸伤正在做工的木某。木某送医救治后，以 A 公司、出租车公司、出租车驾驶员为被告诉至法院，要求各方赔偿其医疗费、伤残赔偿金等费用共计 20 万元。

A 公司就如何应对诉讼案件咨询王律师的意见：

律师：对木某的请求，我想贵公司可以考虑以下几种方案：

第一，申请追加 B 公司为被告，因为该公司在占道施工过程中未设置警示标志，其应承担赔偿责任，而非贵公司向木某赔偿。

法律咨询

> 第二，与 B 公司协商，要求其直接向木某承担赔偿责任，款项可以从贵公司应付给该公司的工程款中抵扣。
>
> 第三，与木某和解，降低贵公司可能承担的赔偿金额。
>
> 第四，追加保险公司为被告，要求其承担交强险范围内的赔偿责任。
>
> 您看，贵公司认为哪种方案比较契合贵公司对案件的期望，或者你有其他可供选择的方案没有呢？
>
> 当事人：我被弄糊涂了，既然我们可以要求追加 B 公司为被告，从而免除我公司的责任，为什么我们还要与木某协商，又或者为什么要求追加保险公司为被告呢？如果我们不承担责任的话，就没有必要这样做了啊！

对于当事人面临的问题，可供选择的解决方案不止一种。如前述案例，律师最初能够预见到的备选方案就有四种。但是我们看到，在律师一股脑儿把所有的备选方案推向当事人时，当事人非但没有豁然开朗的感觉，反而觉得非常困惑。究竟何种方案对其才是最合适的？为什么在有比较好的方案以后还要考虑其他备选方案呢？这些备选方案对我都适用吗？律师提出所有的解决方案后，当事人可能出现这样的疑问。

在当事人咨询律师意见的时候，律师没有必要把所有可能的选择都告诉当事人。当事人来寻求律师帮助，是想通过律师的分析实现其最终的目标，而不是与律师进行长篇大论的法律知识探讨，也不是与律师闲话家常。律师需要做的，就是找出适合当事人目标和处境的撒手锏，直指问题要害。由此，对一个流动资金严重不足的当事人，律师建议其以现金方式支付某项开支根本不具有可操作性，同样当律师了解到房东赶走房客是想收回房屋解决自己面临的无房居住的问题时，向房客建议坚持继续居住该房屋将是无济于事的。在上述各项例子中，就当事人各自的具体情况而言，律师泛泛提出的选择对当事人毫无意义。

> **小贴士** 我们告诫读者，面对特定当事人时，不要大而全地提出任何可能的选择。某种程度上，律师提供的选择越多，当事人越有可能找到其满意的一种。但是，提供一大堆令当事人头晕目眩并与其切身利益无关的大杂烩，反而收不到任何效果。律师只有仔细倾听各当事人的个别境遇，提出并改进各种建议，形成的选择才会对当事人有所帮助。

第二节 律师应当将提出超越当事人自身经验的建议作为职业理想

律师为当事人提供法律咨询和服务，其体现的最大的价值在于律师具有给当事人提供各种备选方案建议的能力。机械地背诵法律条文、熟练地翻阅最高人民法院的司法解释，不是对律师的要求，这几乎是每一个了解汉字的中国人都能够完成的工作。即使能够详细阐述立法背景以及法律条文释义，这也不是一个好律师的表现，因为学者、专家正是以此谋生的。

一、律师要拓展法律知识以外的视野

无论律师掌握的法律知识是多么渊博，如果他（她）对当事人面临问题的专业知识、行业背景一无所知，或者对社会生活常识等没有相当丰富的经验，其仍然没有办法提出可供当事人选择的更好方案，无法得到当事人的高度认同。

如果身为一名专门从事某专业领域的律师，如婚姻家庭事务律师、公司劳动法律事务律师、金融证券律师、知识产权律师、房地产法律事务律师等，除该专业领域的法律知识外，还需了解这些专业领域的行业知识。公司劳动事务律师需要对公司人事管理、公司运作等有所了解，知识产权律师需要对专利技术等的制造过程等有所熟悉。那么，如果因为广泛接触案件所致，身为一名"万金油"的律师是否就不需要对特定行业知识有所掌握呢？答案是否定的。因为在为某一特定当事人的问题提供咨询时，律师至少应当对该特定问题涉及的专业知识有所了解。一名立志从事或即将从事律师职业的学生、助理，更需要在日常的学习中，加强非法律知识的经验积累，拓展法律知识以外的视野。

二、法律之外的见识能够提升律师的价值

法律实践不同于理论学习的最重要的一点，是法律实践极富创造性和满足感，律师可以通过提出备选方案，而后根据实践操作改进备选方案获得提升，这是在法学院学不到的知识。为了提出并改进各种备选方案，以使当事人能够据此实现其最终目标，律师必须熟悉产生那种利害关系的背景，包括行业知识、心理学、生活常识等。

假设场景二

康律师为下列三位当事人提供咨询服务：

当事人一：赵先生是海鲜产品及冷冻设备的供应商，其承租库房的租期尚未届满，房东就向他发出要求限期搬离的通知，赵先生向律师咨询如何向房东要求赔偿。

当事人二：朗昆是一物管公司的总经理，针对清洁工、保安、维修工人等的管理，向律师寻求如何建立合适的规章制度和作息制度的建议。

当事人三：张一帆和梁茜是一对夫妇，他们想做婚前财产公证，就财产的划分和公证流程向律师寻求帮助。

面对三位当事人的问题，掌握下述基本法律知识是必不可少的。

1.《民法典》关于诚实信用原则、违约责任形式的普遍规定，以及该法对于房屋租赁合同的专门规定。

2.《劳动法》《劳动合同法》关于劳动时间、劳动强度、规章制度的制定、发布流程的相关规定。

3.《民法典》就夫妻个人财产、共同财产所作出的规定等。

对一名想要获得 60 分的律师来说，了解上述法律的基本规定勉强能够达标，要是能够多掌握一些司法解释、政策法规对这些事务的影响，从而给当事人提出建议，可以在 60 分的基础上适当增加分数。但是这样的律师，严格意义上讲只能被称为法律工匠，其工作的满足感仅来自法律条文这些死板的砖瓦的枯燥堆砌，他所提出法律咨询和建议往往不能使当事人解决实际问题。真正优秀的律师，应

第十六课
提出咨询意见的八个建议

该拓展自己的非法律知识面,为当事人提供切实可行的操作办法。

假设场景二各例中,除了基本的法律知识外,律师还需要以下知识以便找到可能的解决办法。

1. 与当事人的问题有关的"行业"的一般运作情况:对供应商赵先生来说,相关的"行业"包括海鲜产品的保存、运输、存储及冷冻设备的经营等;对朗总来说,物管公司对小区物业管理服务流程及内部人员安排调整等,就是解决该公司面临问题所需的基本行业运作知识;对张一帆和梁茜这对夫妇来说,包括婚前财产公证对夫妻感情可能造成的影响。

2. 类似问题普遍可供选择的解决办法:对供应商赵先生的问题处理,律师需要熟悉房东提前解除租赁合同应承担违约责任的具体形式;对朗总的问题,律师需要知晓其他类似小区物业公司的管理方法;对那对夫妇的问题,婚前财产的划分及申请公证机构进行公证的流程尤其重要。

3. 特定当事人的需求:赵先生与房东的合同对提前解约如何约定;朗总所在的物管公司现行有效的管理制度及该公司对此次制度调整的期望是什么;那对夫妻是否都对婚前财产公证持赞同观点。

很多读者看到这里可能会有些疑惑,怎么到现在也没看出来所谓的非法律知识有什么好处呢?下面我们就进一步剖析非法律知识如何与实际案例的结合,以及其带来的好处。

了解上述三方面知识有助于律师认识到其他可能的解决办法。以假设场景二中的当事人一为例,如果律师仅仅知晓合同法的相关规定,就只能够给出当事人这样的简单建议:"非到合同约定的租赁期限,出租人不得解除租赁合同,否则出租人应赔偿提前解除租赁合同给承租人造成的损失。"而这样的建议是在没有考察赵先生的房东是否有合同约定的解除权,以及房东的提前解约究竟会给赵先生带来何种损失的基础上作出的,这样的方案没有解决当事人的根本问题。试想,如果律师熟悉地掌握前面所述的三方面知识,那么他就可以轻而易举地给出当事人提供其他可能的解决方案。

当律师知道赵先生与房东的租赁合同的确约定了房东提前 3 个月通知赵先生即可解除合同,那么律师就能判断赵先生只能放弃拒绝搬迁的方案,转而要求房东补偿因提前解约造成的损失。更进一步，如果康律师熟练地掌握海鲜产品的保存、运输、存储及冷冻设备的运输知识，那么他就能据此向赵先生提出如何计算赔偿项目的建议。

同理，针对当事人三的问题，如果仅以法律规定回答当事人的咨询，只能机械地回答：“法律规定夫妻可就各自的婚前财产作出公证，婚前财产主要是指双方结婚前各自享有所有权的财产。”这样的回答不仅没有找准当事人办理财产公证的核心所在，还适得其反地增加了当事人的疑虑：“那如果是我们婚后的财产能不能约定为一方所有呢？”因为如果当事人三决定办理财产公证的主要目的是将部分婚后的财产约定为一方个人所有，此时，律师不假思索地用《民法典》的规定机械提出的建议，往往不能使当事人获得满意的答案。

由此可见，无论律师对法律原则、法律条文的掌握是多么渊博，离开有关问题的"行业"背景知识的支撑，律师仍然无法提供全面的、切实可行的备选方案。只有通过非法律知识的不断积累，才能向优秀资深律师的道路不断迈进。

三、虚心向当事人请教

非法律知识的掌握要求，使部分律师陷入不分类别、毫无取舍的广泛追求知识面的误区，一般正常人的大脑容量和时间精力有限，不可能全面掌握方方面面的知识。对于当事人所处行业的运作原理，当事人所面临问题的背景情况以及当事人对同类事件的处理经验等知识，当事人通常比律师更熟悉。因此，从某种程度来看，律师虚心向当事人求教有关"行业"的非法律知识及当事人在类似活动中的普遍行为，有利于促使咨询和商议活动高效完成。

当事人向律师阐述"行业"非法律知识时，容易加入自己对备选方案的个人判断，律师在听取当事人的介绍时，应注意收集当事人谈话所透露的纯事实描述，针对当事人提出的备选方案，可以结合本书其他内容所介绍的技巧加以处理。因此，律师需要和当事人一道谋划以便了解有关"行业"的情况并有选择性地运用这种了解来提出解决问题的备选方案。

下面的例子形象地说明如何与当事人讨论"行业"非法律知识，并据此提出可能的备选方案。

以假设场景二中的赵先生为例，对话可能如此进行。

第十六课
提出咨询意见的八个建议

（1）律师：赵先生，刚才我们提到虽然《民法典》规定出租方不能无故任意解除合同，但是我认为我们还是有必要逐一梳理一下你在合同履行过程中是否存在违约行为，这样才有助于我们提出更加全面的解决办法，你意下如何？

（2）当事人：谢谢你的提醒，我认为这样的考虑是非常有必要的，我在租金给付方面……这样看来我想我没有任何违反租赁合同约定的地方。

（3）律师：好的，那合同是否约定房东可以提前解除合同呢？

（4）当事人：我想应该是的，合同中约定了房东提前一段时间通知我，就可以解除合同，但是没有说合同解除后怎么处理！

（5）律师：从现阶段形势看，如果你必须搬迁的话，将会遭受什么样的损失呢？据我处理类似案例的经验看，通常海鲜产品在运输途中保鲜、保活的成本都比较高，这部分费用可以计算在你的实际损失里面，其他的你还能考虑到什么损失吗？如果我能够多了解一点你的情况，也许我们能获得更好的解决办法。

（6）当事人：目前我留存在仓库内的海鲜产品不算多，最近海鲜产品的生意不是很好，所以我也没有进很多的货，虽然这类产品的运输和保存成本偏高，但是这对我来说不是主要的问题。我在仓库内放置的冷冻设备部分是组装好的，而且都是大设备，要想整体搬运几乎是不可能的，如果将其拆零后运输，这些设备重新组装的难度很大，甚至有可能无法重新组装，而这部分涉及的费用比较高。

（7）律师：这的确令人担忧。你能估算出这笔费用具体的数据吗？

（8）当事人：当然可以，但我要回去跟财务人员核对后才能提供确切的数据。

（9）律师：没有问题，你随后把数据提供给我也可以。那么你认为此次搬迁对于你的经营会不会造成影响？

（10）当事人：肯定会有影响的，我在这里做了很长时间，给客户留下的联系地址也是这里，所以如果我更换地方的话，肯定会因为很多人找不到新的地址而丧失部分业务的。

（11）律师：对于这个问题，我想可以通过在现有仓库附近寻找新的承租地点的方案解决，你还能想到别的办法吗？

法律咨询

> （12）当事人：在附近寻找新租处是一种可以试试的方法，这要取决于当时附近是否有地方。
>
> （13）律师：这个问题确实比较复杂，那我们还是先看看在搬迁过程中可能存在哪些损失吧。你还能想出其他的可能的损失吗？
>
> （14）当事人：暂时就是这些了。

第（1）（3）项以律师的法律知识为出发点，引出当事人对自身个案履行情况的回答，这是律师收集当事人对于特定需求方面的信息。进而律师通过第（5）项提到了他在海鲜产品运输、存储方面的经验，同时为了获取当事人对于"行业知识"的进一步解释，律师虚心向当事人请教，询问当事人可能想到的损失项目。据此我们可以看到，尽管律师很可能在先前收集情况时已经了解到有关当事人经营的情况，或者已经积累了类似案例的经验，但是对于个案当事人的具体情况，律师不可能事先全盘掌握，这类信息只有从当事人处获取。

还有的时候，存在当事人也无法解释的专业知识，这时，律师不得不向专家请教，以便了解有关"行业"究竟是什么样子，这些专家可能是专攻某个领域的律师，也可能是某个经营领域的交易能手。通过各种渠道熟悉行业的运转情况，可以促使律师认识许多可供选择的方案，同时也是成为一名合格的法律咨询者的必由之路。

> **小贴士**　掌握法律条文、法律理论等基础知识是对一个律师的基本要求，但只满足这个要求尚不能很好地为客户提供更加符合实际的、更多可供选择的方案建议，只有运用非法律知识以外的行业、社会、心理、生活常识等知识，才能逐渐成为急当事人之所急的优秀律师。对于非法律知识的学习和领会，有时也可以采取适当的方式从当事人、资深律师、某个领域的专家身上获得。

第十六课
提出咨询意见的八个建议

■ 第三节　适当解释当事人不太熟悉的建议

如果以军事演练的演习场比喻商议和咨询过程的话，那么当事人的目标可以看作战士们即将攻击的对象，这样的目标可能如羽毛般飘逸，也可能如石头般坚硬，甚至如碉堡般难以攻克。而攻击这些对象的武器可以选择长矛、步枪甚至坦克。用坦克攻击羽毛，可能不但攻击不到目标，还将伤及无辜；这就涉及选择不同的武器攻击目标的后果分析。律师商议和咨询的过程中，攻克当事人目标的武器就是一个个可供选择的方案，这些方案对实现当事人目标会有什么样的后果，需要律师与当事人在标准流程之"确定后果"的步骤中加以完成。但如果期望当事人能够积极参加到此后关于某种选择可能后果的讨论中，律师常常需要在确定备选方案的时候，向当事人简要介绍一些当事人不太熟悉的武器的功能——备选方案的基本特征。因为，如果当事人不了解某种选择的特征也就无法估计其可能带来的后果。

在确定备选方案的过程中，对某些当事人不太熟悉的选择不作任何说明，可能违背律师"中立者"角色形象的原则。如果此前未对有关备选方案做简要说明，当讨论进行到"确定后果"阶段时，当事人百分之百地会首先将这些不熟悉的备选方案放到讨论的第一步，即使当事人本来对它并不感兴趣。这样不利于让当事人首先陈述其最关心的选择的利弊，从而有损律师在讨论中保持中立的机会。

那么，应基于什么来认定当事人对某种选择很可能不熟悉呢？这里的认定标准包括当事人是否很老练，其对某一领域是否很在行，一般普通民众对这种选择是不是熟悉等。

现在我们以实例分析来展现如何向当事人解释备选方案基本特征的技巧。

这里有律师在咨询和商议过程中向当事人建议的三个备选方案。

法律咨询

> A:"选择之一是进行诉讼。"
> B:"我建议这个问题可以采取在合伙协议中写入一个非竞争条款来解决。"
> C:"我们可以给蒲跃龙先生按'封顶线'缴纳养老保险。"

就 A 方案而言,即使再不老练的当事人,作为一般普通民众也会对诉讼,也就是所谓的打官司有所了解,因此律师无须对此进行说明。如果当事人对于某个案件采取诉讼可能花费的时间、承办法官的确定方法、举证期限等存在疑问的话,律师可以留待下步"确定后果"的工作中与当事人详加探讨。相反,就 B 方案、C 方案而言,非从事该行业的专业人士可能并不熟悉"非竞争条款"和"封顶线"的含义,为使"确定后果"的谈话能够顺利进行,律师就有必要对 B 方案、C 方案提及的专业词汇作简要说明。例如,可以说:"非竞争条款的规定可以防止一位合伙人同时从事与本合伙协议约定交易相同的经营,从而形成对其他合伙人不利的竞争。"以及"让我解释一下,'封顶线'是缴费工资基数最高不能高于上年度本市(地)社会平均工资的×××%。"

确定哪些问题该向当事人作出说明后,律师又该如何掌握应该说明到什么程度呢?笔者认为,简要的说明点到为止即可,过多的冗杂的解释反而达不到什么效果。长篇大论地说明非竞争条款的含义、约定情形、约定的作用以及该条款可能引致的对方当事人的态度等,容易把当事人弄得云里雾里。再者,律师对某个备选方案过分细致的说明,可能会让当事人产生律师对某种选择有所偏爱的错觉,这就违背了律师应"保持中立者角色形象"的原则要求。

> **小贴士** 在确定备选方案时,根据当事人对某种备选方案的熟悉程度判断,适当简要地对某种当事人不太熟悉的备选方案作出说明,点到即止,将有助于"确定后果"讨论的顺利进行,同时也能够有力调动当事人参与后果分析的讨论,使律师始终保持中立者的角色形象。

第十六课
提出咨询意见的八个建议

■ **第四节　让当事人了解备选方案的法律后果**

除简要介绍武器的功能外，律师在第三步工作——确定备选方案中，还应该解释一下运用某种武器发出子弹后可能出现的 N 种情况，尤其是对于当事人不熟悉的备选方案。

当事人要在下一步确定后果的讨论中，享有合理机会审视各种备选方案的利弊，必须以其了解各种备选方案的利弊为前提。以本课第三节的 A 方案为例，除非当事人知道进行诉讼可能有哪些后果，否则他在"确定后果"的步骤中将无法对接受和解与进行诉讼这两种选择进行比较。

确定当事人不熟悉备选方案的方法与本课第三节所述相同，对于该选择后果的简要解释，可以按照下列方式进行："我认为诉讼最大的可能是贵司可以通过诉讼延缓向对方退还货款的时间，为贵司资金周转争取有利空间，但是贵司希望借此获得赔偿金的机会很小。"

解释某种选择的可能后果通常也会遇到本课第三节探讨过的那种困境：律师究竟应该说明到什么程度呢？一般来说，各种选择都有 N 种可能产生的法律后果，从"最好的可能"到"最坏的可能"。如果律师试图说明每种可能产生的后果，可能使当事人产生疑惑，并有悖律师"中立者"的角色形象。因此，律师应该只简要说明某种选择最有可能产生的有利法律后果和不利法律后果，详细地分析比较留待在"确定后果"中完成。

> **小贴士**　说明可供选择的方案后，还需说明该方案可能的后果，才能使当事人有效地加入"确定后果"的讨论，对于备选方案的后果说明无须长篇大论，简要说明该种选择的法律后果即可。

法律咨询

■ 第五节　好的建议应尽量选择不影响当事人倾向的表达方式

有这样一个有趣的事例，当某机构向社会不特定公众展开问卷调查时，其发出两种不同问题的问卷，一种是询问人们是否有过同性恋行为，另一种是询问人们有过多少项同性恋行为。结果调查显示，第一种问卷揭示同性恋行为的范围可能性要比第二种问卷小得多。第二种问卷的问话暗示了调查者已经预料到被调查者有过这样的行为，因此被调查者不会因为给出肯定性答复而产生让调查歧视和反感的感觉，其可以相对放心地回答这类问题。

前述现象表明，不同的提问方式会影响答案的内容。在律师咨询与商议过程中，不同的提问方式也会导致当事人给出不同的答案。例如，律师多从"得"的方面措辞来说明某项选择，当事人接纳该项选择的可能性越高；相反，如律师多从"失"的方面来说明某项选择，当事人可能将排除该备选方案。虽然我们一再强调，律师"中立者的角色"要求律师应不带趋向性地向当事人陈述各项备选方案的利弊，但律师不经意的措辞方式也可能影响到当事人对方案的选择。

> 比如，因 CPI 指数影响，某承租人梅女士正与房东商谈降低租金标准，打算将月租金从目前的 2 万元降低到 1 万元，而房东则坚持 1.5 万元的价格。梅女士就此咨询律师的意见。作为梅女士的咨询顾问，可以以下述两种方式之一来说明房东的还价：
>
> （1）"梅女士，如果你接受房东的还价，与现在的租金相比，你每月将赢得 5000 元。"
>
> （2）"梅女士，如果接受房东的还价，与你的提议相比，你每月将损失 5000 元。"

按照本部分开篇事例显示的经验看，律师以第（1）种方式作出说明，梅女士更有可能接受房东的还价。

综上，因为语言表达和当事人接受信息的方式不同，律师想要保持绝对的中

310

立几乎不可能，但律师至少可以在了解这样的现象后，将可能对当事人的影响降至最低。

> **小贴士** 意识到律师可能不经意间影响当事人的选择，并非要求律师神经过敏地留意自己所说的每一个字。相反，认识到绝对中立的不现实性，有助于强调遵循"当事人中心说"的重要性，更有助于律师将这种影响降至最低。

■ 第六节　律师的建议被当事人否决时如何应对

作为有独立思考能力的当事人，他们在与律师讨论"备选方案"时，很可能基于各种各样的原因当即否决律师提出的建议。

比如，杨律师遇到的这位心直口快的当事人：

> 律师：肖总，贵公司应诉这个案子，我想提交厂家出具的证明报告能够有效地证明我们的产品不具有任何质量问题。
>
> 当事人：这也许是个办法，但之前厂家就告诉我们这份报告不能用作诉讼，如果将这份报告提交为证据，将可能影响我们以后和厂家的交易关系。

当事人的态度明确表明其不建议采取律师所述的方案，否决了律师的提议。遇到这种情形，部分律师给出这样的答案："根据本书所述的'当事人中心说'，律师应该不加争辩地默认当事人的否决，转投其他备选方案的讨论。"给出这种答案的出发点固然重要，但是这种处理只是机械理解"当事人中心说"的结果。真正的"当事人中心说"则要求律师甄别当事人否决律师提议的原因，采取不同的应对措施。具体有如下三种情况。

一、当事人已经考虑过该方案，并充分了解该方案的后果

这一类当事人通常会表现出对律师提议的强烈反对，且能够提出有力的根据。比如，某当事人因故需要远行，就其财产代管人的选取咨询律师意见。当律师建

议某人作为代管人时,当事人明确表示,"我之前已经考虑过他,但他有赌博的恶习,如果我将财产交给他管理的话,他很可能会将我的财产拿去作为赌资,所以我绝对不会不考虑他"。在此,这位当事人显然考虑过这种选择,知道可能的后果,并认为无法接受这种后果。这时,律师就可以不再考虑这种选择。

二、当事人错误预见该方案的后果

有时,当事人可能对某种选择的后果做了错误的预见,或者由于律师疏于对某种选择做足够详细的说明,使当事人无法全面理解某种选择的后果,从而否决律师提出的建议。比如,前面那位心直口快的当事人立即否决了提交厂家报告的选择,是因为她可能错误预见了厂家对他们提交报告作为证据的态度。

遇到这类当事人,律师应该了解当事人的担心所在,通过进一步分析阐述将方案的利弊全面呈现给当事人后,再由当事人作出决定。这样的说明可以在备选方案的确定步骤作出,也可以在后面的备选方案的后果分析中作出,具体的时间以当事人的态度及个案咨询情况为准。

三、当事人期待更好的选择

某些时候,当事人可能认为律师建议的成本过高,或这样的建议未满足其心理预期,期待更好的选择。律师判断一位当事人仅仅是因为期待更好的选择而否决目前的方案时,可以先继续进行其他有关讨论;当另外一些选择也被当事人否决时,再来讨论首先被其否决的方案。

这里我们只罗列出当事人当即否决律师建议的几种常见原因,除此之外,还可能存在形形色色的原因致使当事人不能接受律师提出的建议,但是无论何种原因,律师处理否决的原则都是统一的——首先分析否决的真实原因,再根据不同的情况作出灵活处理。

> **小贴士** 你的建议被当事人否决时,应区分否决原因、当事人期望等因素作出不同的处理,不分青红皂白地默认当事人的否决,并非真正意义之"当事人中心说"的体现,而是机械的教条主义和本本主义。

第十六课
提出咨询意见的八个建议

■ 第七节　如何反对当事人的决定

在当事人给出的多项备选方案中，可能有些选择实际上是行不通的，这正是考验律师处理技巧及经验的时候，如果有下述两种选择，你会选择哪一种呢？

第一种方式：立即向当事人表明你对这些建议的反对态度。

第二种方式：不当即表达对这些建议的反对，待开展下一步骤的讨论时，仔细向当事人阐释该等建议的不利之处，以使当事人放弃该备选方案。

如果你的答案是第二种方式，那么我们不得不遗憾地告诉你，你再次犯了机械主义的错误，这样的选择不是"以当事人为中心"的本质体现。相反，真想贯彻"以当事人为中心"的理念，则应选取第一种方式处理当事人提出的不适当备选方案。

对于当事人提出的不当建议，律师通常应该在进入"确定后果"步骤之前就使当事人放弃，以免其对该备选方案抱有不切实际的期望，丧失了解其他备选方案的合理机会。这里有几个不当建议的例子：一位承租人可能建议以出租人未履行房屋维护义务为由提起诉讼，以迫使出租人同意其转租行为，但他不知道这样做可能引发出租人的反诉，使自己丧失继续承租房屋的机会；一位当事人可能要求律师在协议中加入争议解决条款，约定一个与协议履行地、签订地和协议主体、标的物都八竿子打不着的法院管辖。

然而，律师如何才能有效又不使当事人产生反感地对这些不当的建议提出否定意见呢？

假设场景三

一位气急败坏的当事人来到律师办公室，讨论如何向侵权人主张权利的相关事宜：

律师：尹先生，对于你刚才所述的事情，你目前所能想到的方案是什么呢？

法律咨询

> 当事人：他们对我干出这样伤天害理的事，我一定要上法院告这些家伙！让他们付出应付的代价。
>
> 律师：对于你所经历的痛苦和你现在的心情，我完全理解。但遗憾的是，我们没有他们侵权的证据材料，要是真的提起诉讼，法庭会以证据不足驳回你的诉讼请求。所以，我认为目前这种选择是不该加以考虑的。

假设场景三中的律师为了达到使当事人放弃不当建议的目的，以一种体恤当事人经历和心情的态度来回答当事人的建议，同时向当事人解释了其反对该建议原因——缺乏侵权的证据材料。假设场景三中的律师之所以这样做，是因为他认识到当事人的建议常常反映其真实的动机和期望，因此用体恤的回答表明律师对当事人动机的理解，容易使当事人从情感上接受律师的意见和建议。

但是，仅仅提出表明反对的态度和原因，尚不足以使当事人完全信服，很多时候律师需要寻求另外的解决办法来实现当事人的目的，或者请当事人主动考虑其他可能性。

> 当事人：那我们拿他们就没有任何办法了？我不甘心。
>
> 律师：这里还有一些其他的选择，或许你可以假意与他们协调，从而获得他人承认侵权的直接证据，那时再起诉也不晚，你看怎么样？或者你还能想到其他的方法吗？

小贴士 对当事人提出的不适当的建议，律师应当快刀斩断，立即向当事人表明反对态度，同时向当事人提供其他可供选择的解决办法。

第八节　耐心对待咨询过程中的反复

前文我们多次提到，咨询和商议是一条往复循环的曲线。它不仅体现在目标的改变和确定目标步骤的往复，同时也体现在备选方案的确定、更新上。

一、"确定后果"时返回并作出另外的选择

确定当事人的目标后，律师通常只需带领当事人确定实现该目标的关键选择，这些关键选择不可能囊括所有实现当事人目标的备选方案。事实上，在"确定备选方案"步骤中穷尽各种各样备选方案的可能性极小，也颇不现实，过多的选择可能会使当事人超负荷而妨碍其思考有关问题。

"确定备选方案"步骤列出的各项选择的效果，在历经后果讨论后才会显现出来，而在后果讨论中所明确的一些利害关系，使律师和当事人回头寻求其他选择成为必然。新的备选方案确定后，进行新的后果分析，这样往复行进直到当事人作出最终的决定。

假设场景四："确定备选方案"与"确定后果"步骤的往复例证

当事人欧阳艳是一个民事诉讼的被告，面临高达 50 万元的侵权赔偿诉讼。其就诉讼的应对与律师展开讨论。

首先，律师通过与欧阳艳的初步交流，确定欧阳艳的目标是希望尽快解决纠纷。

其次，律师与当事人讨论确定实现前述目标的办法是向原告提出和解要约，和解的方案有两种选择：第一，给原告 50 万元现金，但部分现金需要四处筹措。第二，将欧阳艳所有的一套房屋提供给原告抵债，其市价约为 50 万元。

最后，律师与当事人讨论前述备选方案的后果时，欧阳艳意识到：实施第一种方案，欧阳艳将对外举债，她不愿面临四处负债的局面；实施第二种方案，意味着欧阳艳就丧失了该套房屋可能有的增值。

法律咨询

> 通过后果分析后，欧阳艳觉得前述两种备选方案都无法接受，律师与其再次回到"确定备选方案"的步骤，提出新的选择：与原告协商将补偿金额降低至欧阳艳可能承受的现金限度，或者由欧阳艳采取分期支付现金。

二、因情势变迁返回确定另外的选择

咨询和商议活动的循环往复，不仅意味着当事人在对后果的分析中可能意识到新目标，而且意味着当事人所处环境发生变化时需要确定另外的备选方案。比如，房价狂跌时，出租人可能将改变以往租赁合同的强势地位，变得更迁就承租人提出的某些承租要求。同样，历经诉累的当事人再次遭受指控时，可能将一改全力以赴进行激烈抗辩的态度，认为调解结案更为省事。

由于外部世界发生变化的影响，当事人对案件的态度或观点也会随之发生变化，确定不同的解决方案迫在眉睫。这些不同的解决方案，可能是律师与当事人之前已经否定过的备选方案，也可能是经过分析确定的新备选方案。

> **假设场景五**
>
> 律师：赖总，法院通知下周再次开庭审理昌祥公司诉贵公司的诉讼案件，我看我们有必要对开庭的相关细节再做一番讨论，没有问题吧？
>
> 当事人：怎么说呢，我现在对诉讼不是很热衷了，我们对于开庭的讨论是不是还有必要进行呢？我现在有点不确定了。
>
> 律师：是什么让你突然改变想法的呢？
>
> 当事人：这个案件从起诉、举证、开庭，一审判决、二审判决，再到高级人民法院裁定发回重审，前前后后经历 5 年时间了，公司内部的经办人员几次易人，现在除了我之外，几乎没有人能够把整个案件的来龙去脉搞清楚了。再说为了这个诉讼案件，我们公司不知道投入了多少的时间、精力和金钱，现在我们公司打算开展另外一个大型的新项目，希望集中人力、物力全面投入到新项目的建设中，不想再为这个案件耗费更多的精力了。

第十六课
提出咨询意见的八个建议

> 律师：你说的这些确实是贵公司不得不考虑的因素，也许你还记得，我们最初商议案件的应对措施时，我曾建议过以与昌祥公司和解的方式结束这个案件，但我们对此讨论后，贵公司最后还是决定积极应诉，一拼到底。现在既然贵公司的经营规划发生变更，而且最近昌祥公司也通过法院告诉我们他们有调解的意愿，也许我们该重新考虑一下当初我的建议，你看呢？
>
> 当事人：好的，但我对你先前所讲的有些记不清了，所以……

小贴士　备选方案的确定，可能因后果分析以及情势变迁等原因发生变化，律师需要及时捕捉当事人的最新动态，不断地在两个步骤之间往复前进，直到当事人作出最终决定。

第十七课 LESSON 17

协助当事人分析决策后果
——第十四课的深化

第十七课
协助当事人分析决策后果——第十四课的深化

选择解决方案是直击当事人目标的一个个武器，是通往罗马的条条大道。通往罗马的路有很多，每一条都有行走的快乐和艰辛，选择甲路可能需要翻山越岭，披荆斩棘，但却可以用最短的时间到达目的地，看见荆棘背后的灿烂；选择乙路可能通畅无阻，但中途需要改变策略，寻求他人帮助才能实现目标。每条路的选择都存在有利和不利的一面，律师与当事人商定的备选方案也不例外。

律师与当事人确定了备选方案，仅仅是将实现目标的道路摆在眼前，究竟备选哪种方案实现当事人的目标，最终决定的作出必须依赖于当事人对各种备选方案的后果有足够清晰的认识和预见。一旦各种选择摆上桌面，律师就应该与当事人一起搞清楚其可能有的法律后果及非法律后果。对后果的讨论，将直接决定当事人能够选择的相对合适的方案。

本课将探讨在"确定后果"这一过程中常常需要的各种技巧，以及各种促使当事人理解并参与讨论的各种方法。

■ 第一节　对当事人预见的后果进行分析

本书第十四课曾经讨论过，确定后果的工作步骤是案件决策咨询流程的重中之重，也是考量律师执业经验、执业技巧的首要方面之一。在开始后果分析时，律师应在当事人未受干扰的情况下，首先分析当事人备选方案的后果。

以下我们就将分两部分简要讨论律师应如何对待当事人对后果预见的分析。

一、帮助当事人评估备选方案结果的好坏

研究表明，人们往往更容易接受某项事物的积极面，也就是有利面。当事人对后果的预见往往带有强烈的感情色彩，这使他们可能无法清晰地对某项后果有利或者不利之处进行准确的预见。但是，对后果之有利或不利的认识，对当事人决定最终方案将产生实质性影响，因此如果律师能够帮助当事人清楚地预见种种方案可能带来的是有利后果还是不利后果，将给当事人提供一个客观、合理的机会来作出决定。请看下面的例子：

假设场景一：事例一

律师：瞿女士，我们接下来还是先讨论到底采取什么方式来拿到你应得的赔偿吧。

当事人：那我们就先讨论一下起诉是不是最好的选择。

律师：你能说说你对提起诉讼的看法吗？

当事人：据我所知，进行诉讼意味着问题长时间得不到解决。

律师：是有这种可能。但你认为诉讼的这个缺点对你来说是有利还是有害呢？

当事人：从目前的情况看，我不愿意将这个问题马上解决，这对我来说应该算是一大利好。

假设场景一：事例二

律师：向城市规划部门申请调整该房屋的规划用途对贵公司有什么益处吗？

当事人：最大的益处是我们可以增加几千平方米的非住宅物业用以销售，回收更多的销售款。但另一方面，如果申请调整规划，之前已经购买房屋的购房人会不会提出异议呢？

律师：你认为之前的购房人可能反对这项申请吗？

当事人：是的。

律师：因此，必须要与他们进行周旋，应对他们可能提出的异议，就可能成为申请调整规划的一个不利之处，是这样吗？

当事人：我认为是这样。

上述两个事例中的律师，都采用了反复要求当事人对其后果预见表示肯定或否定的方法，帮助当事人评估各种选择对其而言究竟是好还是坏。这样的做法有助于当事人充分认识各项备选方案的利弊所在。

二、帮助当事人判断其预见是否确有支撑

"仁者见仁，智者见智"这句话，告诉我们一个社会大众普遍认同的道理：对

第十七课
协助当事人分析决策后果——第十四课的深化

于每一项事务的估量，每个人心中都有一杆秤，这杆秤是否相对客观公正直接导致当事人对后果估计是否准确。而当事人心中那杆秤就是其作出后果评判的根据，有时这些根据会介入感情色彩而显得失之偏颇，不那么充分，也使当事人的后果预见不那么客观。

假设场景二

（1）律师：夏总，接着刚才的讨论，如果反过来考虑，向邹丹晨提一个签订5年期限的雇佣合同的建议有什么不妥之处吗？

（2）当事人：我担心我们一旦提出这个要求，她会中断谈判而到别处去应聘工作。

这个例子中，律师正引领当事人估计备选方案的非法律方面的后果——与本书第十四课的建议相符，而当事人也这样做了。这段对话的问题是：夏总的回答让人无法判断其对后果估计的根据是什么，他对后果的估计是否准确也因其未曾明确估计后果的依据而显得那么扑朔迷离，此时律师无法帮助当事人加深对有关问题的理解和讨论，除非律师对当事人的依据进一步考察。

接着上面的例子，律师可以这样继续对话：

（3）律师：从公司引进人才的角度出发，邹丹晨中断谈判另寻他处肯定是你所不愿见到的，但你凭什么断定邹丹晨会作出这样的反应呢？

（4）当事人：呃……我想可能仅仅是我对销售人员的了解，一般情况下售房人员都是在有房销售的情况下才会供职于某公司，没有楼盘销售她们就只有很低的基本工资，没有提成收入，而期望用5年的雇佣合同套住邹丹晨，我想她会基于这个因素而转投其他公司。

（5）律师：5年之中贵公司可能出现无盘销售的情况吗？

（6）当事人：现在看起来不会，但是谁知道呢，谁也说不清楚以后会发生什么事情。

> （7）律师：你认为邹丹晨会与其他售楼人员一样看待签订相对较长期限合同的事情吗？
>
> （8）当事人：我想是这样。
>
> （9）律师：刚才我们分析了与邹丹晨签订5年雇佣合同的种种好处，但即便邹不同意约定5年期限，你凭对她的哪些具体了解可以认定她会中断谈判，转投其他企业呢？
>
> （10）当事人：没有，仅仅是预感，我根本不了解她。
>
> （11）律师：关于她可能会对一个5年合同的提议作出何种反应这一点，你还能想到什么吗？
>
> （12）当事人：真的想不到了。

在前述对话中，当律师以第（3）项进一步探究夏总的"邹丹晨会中断谈判转投其他企业"的预见依据时，夏总的回答只是售楼人员对这类合同可能作出的一般反应［第（4）项］。未彻底明确夏总预见的真实基础，律师接着又再进一步询问售楼人员的普遍反应是否会笼统适用于邹丹晨［第（7）项］，以及夏总认为邹丹晨可能中断谈判的其他有力根据［第（9）项］。由夏总的回答我们可以看出，夏总作出预见的依据仅仅是售楼人员的普遍反应，其对邹丹晨是否真会中断谈判转投其他企业几乎并没有什么具体客观事实基础。这样的结果可能让部分人感到灰心，认为发现当事人的预见毫无根据或是根据不充分只会让当事人感到不舒服。其实不然，无论律师最后是证实了当事人预见根据的可靠性还是发现这些根据并不充分，这一过程总是有利于当事人加深对有关问题的理解。至于当事人可能的不适感，律师可以适当的安慰性语言抚平当事人的情绪。

抚平当事人情绪的时候，律师还不应忘记告知当事人其预见的不确定性，该预见可能将暂不纳入深入讨论的范畴。

第十七课
协助当事人分析决策后果——第十四课的深化

例如：

> "夏总，现在你可预见到的 5 年雇佣合同有可能的弊端，是邹丹晨会中断谈判。不过，通过我们刚才的讨论，这样的后果是否发生还具有很大的不确定性，我建议我们在它旁边加注一个星号，以提醒我们对此并没有非常有力的证据，且暂不深入讨论它。你同意这样做吗？"

另外，除了上述需要完成的工作外，读者还可以借鉴这个例子中律师揭示当事人预见根据时的方法：律师并不只是简单地询问当事人的根据是什么，他需要了解包括以下两方面的内容：一是交易对象所属行业的行为方式［第（4）项］；二是该特定的、正在被预见的交易对象本身过去的行为方式［第（9）项］。

> **小贴士** 确定后果的步骤中，首先应由当事人完成后果的预见，而律师需要做的是帮助当事人分析他们的预见，弄清当事人预见的有利面和不利面，探究当事人预见的根据，当发现这些根据不客观中立或者根据不充分时，需当即告知当事人这些预见尚不确定，暂不纳入深入讨论。

■ 第二节 讨论法律之外的问题

非法律知识的重要性已在第十六课"确定备选方案"步骤中得到充分论述，这样的知识对于丰富"确定后果"的内容一样有效。因此，在咨询与商议之"确定后果"步骤中，律师与当事人还需讨论法律之外的问题，具体讨论方法已在第十四课提及——用开放型提问在该步骤之初探寻非法律方面后果的同时，用限制性封闭型提问来探寻律师通常需要的那些具体的后果。下面两部分将简要说明律师如何以限制性封闭型问题讨论法律之外的问题。

一、展现律师在客户行业的知识

与"确定备选方案"相同，律师对非法律的"行业"知识的了解可以拓展律师的思路，使律师探寻其他可能后果，并能够以具体的封闭型提问探究那些可能存在的后果。无论当事人在预见经济的、社会的及心理的后果方面是否比律师在行，律师都应该掌握丰富的"行业知识"，这样你就可以以这些知识为基础提出一些专业方面的具体问题，帮助当事人认识到他们在回答开放型问题时不能预见的后果。

比如，假设场景二中的夏总是一位房地产公司的销售总监，而邹丹晨是一位资深营销人士，拥有丰富的销售经验和先进的销售理念，双方正在协商雇佣合同的条款。夏总提出一个签订5年雇佣合同的备选方案。

律师采用开放型提问询问5年雇佣合同可能的好处和弊端时，夏总的回答是：以相对较低的成本引入邹丹晨的经验和理念（经济的和心理方面的后果），并可以凭邹丹晨的人脉提升公司及楼盘的形象、提升销售业绩（社会的和经济方面的后果）。唯一可能的不利之处是，邹丹晨可能以中断谈判作为这种建议的反应（不确定的经济、社会和心理方面的后果）。

夏总对于备选方案的不利后果的分析显然是不确定的，再采用开放型的提问对获取更具体的答案将无济于事。若律师掌握营销方面的"行业"知识，则可以帮助提出封闭型问题，以促使夏总逐步认识到其他社会、经济和心理方面的利弊。

律师可以从经济、社会方面，采用封闭型提问帮助夏总明确5年聘用合同可能带来的影响：（1）邹丹晨是否有能力使夏总公司楼盘的销售策略发生彻底改变；（2）部分不认同邹丹晨销售理念的人员会否发生异动；（3）公司楼盘是否还能保持与同类楼盘与众不同的特色。而这些提问都将成为探寻夏总未曾设想的经济、社会方面的利弊的封闭型问题的基础。

二、展现律师处理类似问题的经验

如果你还沉浸在利用行业知识尝到甜头所带来的喜悦中，那么我们不得不来叨扰，希望你能将步伐迈向"日常经验"这条康庄大道上。与行业知识具有相同功效的日常经验也是探寻其他可能的社会、经济和心理后果的封闭式提问的来源。虽然有时二者在某些方面会互相重叠并使律师和当事人认识到同样的后果，不过日常知识的运用常常也能带领律师和当事人达到行业知识无法企及的领域。

第十七课
协助当事人分析决策后果——第十四课的深化

例如，假定你的当事人王华是一位国家机关的干部，其因涉嫌挪用公款罪被检察院立案审查。经调查你发现他挪用公款的数额小、时间短，但证据可能有些不足。检察机关建议王华自认罪行，并及时归还挪用的款项，这样检察院就能请求法院从轻处罚。面对认罪还款的方案，王华必须决定是接受该方案获得较轻的处罚，还是面对审判由人民法院利用"疑罪从无"的原则判决其无罪释放。这时，日常经验可以使律师从另一个领域帮助当事人探寻接受检察机关方案可能产生的有关后果，诸如：（1）王华的单位、家庭成员、同事和朋友可能表现出来的态度（经济和社会方面的后果）；（2）对其自尊可能产生何种影响（心理方面的后果）；（3）王华在将来可能有的后果情绪，如果他现在宁愿认罪而不力争获得清白的话（心理方面的后果）。

一系列的封闭型提问促使王华思考后，他可能更加清醒地认识到这些后果。

> **小贴士** 只知道法律知识机械运用的律师活该被抛弃。优秀律师的做法应是在利用法律问题开展咨询和商议活动的同时，利用行业知识、日常经验等放飞思想，探究更广层面的后果预见。

■ 第三节 把律师的预见告知当事人

在第十六课的讨论中，我们就已经首次论述了对法律后果的预见步骤，为接下来的"确定后果"进行铺垫。但是第十六课所述的"确定备选方案"步骤中的后果预见仅是对某些选择，尤其是当事人熟悉的选择后果的简要阐明，例如，律师对诉讼方案后果作出的简要解释："我认为诉讼最大的可能是贵公司可以通过诉讼延缓向对方退还货物的时间，为贵公司资金周转争取有利空间，但是贵公司希望借此获得赔偿金的机会很小。"可见，律师对备选方案的后果预见尤其是法律后果的预见是律师对当事人所做贡献的重头戏，更为详细的分析论证需在本节中完成。

一、从属性法律问题的预见

法律后果的预见既不是对法律条文的翻译，也不是对单一问题的简单描述，

法律咨询

它是各种从属性预见的综合体。预见诉讼、非诉交易的法律后果通常需要对整个诉讼过程或者交易过程各种可能发生的因素进行预见，从而加强律师预见的准确性。

（一）诉讼案件的预见

假设场景三

当事人翁某是一桩人身损害赔偿案件的被告，而徐律师是一名颇负盛名的资深诉讼律师。翁某慕名找到徐律师，希望徐律师能够代理其应诉。

（1）律师：当被告确实不是一件开心的事，但是你也不要着急，能告诉我究竟发生什么事情了吗？

（2）当事人：事情经过是这样的，我是一家自助火锅店的老板。张某一家两个月前到我店里用餐。其间张某的爷爷摔倒，送医治疗说是股骨骨折，现在他出院了，便起诉要求我们承担赔偿责任，提出的要求是赔偿20万元。

……

通过一系列的对话，律师明确当事人的目标是积极应诉，尽量免除或降低其可能支付的赔偿金。而确定的方案是准备证据应诉，然后在诉讼过程中看看有没有调解的可能。对诉讼的后果预见当事人发表了一些自己的看法，希望律师能够给出法律方面的建议。

（3）律师：既然我们已经明确了先行应诉，那就让我们看一下这一方案的可能后果。首先，原告在其住所地提起诉讼，不符合侵权行为的诉讼管辖规定，你需要考虑是否提起管辖权异议。

（4）当事人：如果这对我确实有利的话，我想是可以考虑的，提起管辖权异议对我有什么好处吗？

……（回到备选方案的确定步骤，对话略）

> （5）律师：其次听你的介绍，张某爷爷是不是在取菜路途因地面湿滑摔倒还不详，而且双方对此争议非常大，我认为凭现有证据，法院对这一事实作出肯定认定的可能性更大。这对我们是不利的。
>
> ……（再次往复回到备选方案的确定步骤，对话略）
>
> （6）律师：接下来，从法院判决类似案件的经验分析，他们将会适用《民法典》《最高人民法院关于审理人身损害赔偿案件适用法律问题的解释》等法律法规来处理这个案件，根据这些规定，我们将需要搜集一些相关的材料。
>
> （7）当事人：还有其他的什么可能的后果吗？
>
> （8）律师：其他就是因为个案不同，法官审理案件都有一定的自由裁量，我们必须把这些因素考虑进去。

从上例我们可以总结出，对于诉讼案件来说，从属性法律预见可能包括：

第一种是对程序性技巧问题预见［第（3）项］，这些技巧贯穿于整个诉讼案件，包括管辖权异议、申请回避、申请延期举证、申请追加被告等。程序性技巧的使用可能使双方获得由当事人较为熟悉的法院管辖案件、拖延案件审理时限等结果，具体这些结果对当事人来说是有利还是不利，则需要律师根据个案情况作出预见。

第二种是对法院、仲裁庭等裁判机构可能会如何认定争议事实的预见［第（5）项］，尤其在当事人各方提出的证据相互冲突时，裁判机构将如何运用证据规则认定争议事实的从属性预见，构成对法律后果预见的重要组成部分。

第三种是对法律适用的预见［第（6）项］，基于事实没有争议或是基于裁判机构对事实争议所做认定的预见，律师就裁判机构如何认定各方适用法律规则争议方面的预见，也将给予当事人更加全面的信息。

第四种是对裁判机构自由裁量的预见［第（8）项］，即使在法律和事实都清楚的情况下，一个问题的结果也可能取决于裁判者在决定审判结果方面，对此作出的预见也是从属性预见的一大表现。

（二）非诉讼交易的后果预见

非诉讼交易法律后果预见与诉讼案件法律预见的共通点，是该法律预见常常由各项从属性预见组成，也常包括诉讼案件从属性预见中的对法律适用的预见和

法律咨询

对裁判机构自由裁量的预见。具体而言，对法律适用的预见，体现为一项交易所涉及法律规定，该交易会因法律规定需要具备哪些条件，又或者会因违反规定而产生什么样的后果等。例如，在一份房屋租赁合同中，出租人用于出租的房屋尚未经过消防验收，《消防法》关于未经消防验收合格的房屋禁止交付使用的规定，是否会对合同的效力产生影响以及产生何种影响，属于律师需在后果预见中明确的从属性预见内容；自由裁量预见常常出现于交易双方对某项条款、某项日后可能发生事实发生分歧时，律师需要就裁判机构依据自由裁量标准可能对该条款、事实作出何种认定提出预见性的判断。

作出对法律适用、自由裁量的后果预见后，律师不应放弃探究行政管理部门、交易双方主管部门、监督部门等是否会就某项交易加以审查。比如，一项与行政机关的民事交易中，合同交易价格、履行情况都将成为审计部门对行政机关进行监督时的必要审查内容；律师需要对这样的审查将给交易带来的影响及后果加以分析。

二、预见多种可能性

向读者展示法律咨询与商议活动的每个环节时，我们自始至终都强调律师应该给予当事人"合理的机会"明确目标、确定备选方案、确定法律后果直至作出最后决定，而"合理的机会"的取得必须以当事人全面了解法律活动的信息为基础。律师在预见后果时也应当向当事人提供多种可能的后果，不管是黑豆、红豆、好豆还是坏豆，律师应当将整盘的豆子呈现在当事人面前，让当事人全面平衡各种豆子的好坏后作出决定。

虽然某种选择的"最有可能的后果"是当事人迫切关注的焦点，但是另一些可能性不大的后果，也可能成为当事人决定子弹出膛的关键因素。

比如，常律师正向一位对是否申请强制执行犹豫不决的当事人提供咨询，因该当事人在诉讼中未申请对被告的财产采取保全措施，被告已经将值钱的财产转移，现被告下落不明，常律师向当事人指出申请强制执行最大的可能是"被告没有可供执行的财产，当事人根据生效判决所享有的债权短期内将无法获得清偿"。如果常律师的分析到此结束，当事人很有可能作出不申请强制执行的决定，这样的决定是没有全面平衡所有可能后果的产物，不能保障当事人的权益。若常律师

第十七课
协助当事人分析决策后果——第十四课的深化

继续分析申请执行的其他可能后果"及时申请执行有利于日后发现被告下落及财产时申请法院恢复执行，以实现当事人的债权"，就给当事人提供了合理的机会来做决定。

同样的情况也将出现在非诉交易的后果预见中，律师只有全面向当事人提出多种可能的后果，才更有利于当事人作出最令自己折服的决定。例如，甲公司标书中供货条件是所有投标人中最高的，而货款又是所有投标人中最低的。律师对这样一份投标书可告诉招标人，其"最大的可能"是甲公司亏本经营此项买卖，而这种经营形式"最好的可能"是甲公司借此获得更多与招标人的合作机会，"最坏的可能"则是甲公司恶意低价中标，要求中途调价。

三、明确备选方案的结果对当事人的利弊

律师抛出的各项选择的后果同样存在有利和不利的一面，如同硬币对立的正反两面一样。为了给当事人提供作出决策的合理机会，律师不仅需要明确各项可能的后果，还需向当事人明确这些后果的有利和不利之处。在讨论后果的有利面和不利面时，某些律师容易陷入"泛泛而论"的误区，长篇大论的讨论在一般公众看来是有利或不利的某项后果，用这样的论述就是耗尽律师毕生的精力也无法切中当事人处境的要害。因为在一般公众看来这是最不利的后果，对某个特定当事人来说却可能是绝处逢生的好机会，所以律师抛出某项备选方案可能的后果后，应着重探究这种后果对当事人的利害关系，而非泛泛而论一般公众的判断标准。当然，在当事人无法确知某项后果对自己可能造成的影响时，律师可以借助一般公众的理解，帮助当事人明确其内心真正所想。

（一）最好的预见是让当事人自证利弊

> **假设场景四**
>
> 彭律师的当事人行宇地产公司是一家购物中心的开发商。该建筑刚刚竣工尚未验收，而因为某些原因其验收需要相当长的一段时间。为及早收回建设资金，行宇地产公司打算即时出租该建筑。下面是彭律师与行宇地产公司讨论该备选方案各项可能后果的对话：

法律咨询

> （1）律师：即时出租尚未验收的购物中心最好的可能是贵公司可以获取相当可观的一笔租金收入，回收一部分建设资金，减轻资金周转困难。这对贵公司来说应该算是非常有利的。
>
> （2）当事人：是这样的，我们公司除了这个项目外，正打算投资购买一块新的地块，建设另外一个项目，经过反复的论证，公司对新地块的发展前景相当看好，志在必得。但是，因购物中心的建设投入资金太多，公司现在亟须变现解决燃眉之急。
>
> （3）律师：虽然这个建筑所带来的收益相当乐观，我也不愿意泼您的冷水，但是我还是不得不告诉您，即时出租该建筑最大的可能是因违反我国《消防法》的有关规定，而使贵公司遭受消防行政管理部门的查处，同时主要负责人也将受到行政处罚。对贵公司来说，你认为这种结果是有利呢还是不利呢？
>
> （4）当事人：坦率地说，谁也不愿意看到这样的局面，但是基于该建筑建设过程中的一些特殊原因，我们与消防部门沟通过此事，我相信我们可以应对这个局面。
>
> （5）律师：既然如此，我们暂不考虑这个后果的不利因素。此外，我还想到虽然贵公司能够保证购物中心可以顺利通过消防验收，但是在该建筑出租后，承租人将对该建筑进行装修装饰，甚至是必要的改造，而这一系列行为将可能影响该建筑日后的消防验收。若真如此，一旦该建筑的消防验收受阻，双方将就各自的责任发生很大分歧，最终的责任认定将取决于专业机构的鉴定结果，或由法院对无法作出鉴定的内容自由裁量各自的过错，您认为这对贵公司而言是不是不利因素呢？
>
> （6）当事人：这样的后果是我们之前没有考虑到的，对我们来说也确实是件棘手的事情，需要仔细斟酌一下……

在这段对话中，彭律师向当事人展示了"即时出租购物中心"的"最好后果"[第（1）项]，这一后果经当事人第（2）项内容证实，与一般公众的理解相同，对本例中的行宇地产合同而言也是一大利好条件；还展示了"最大可能后果"[第（3）项]。通常，遭受行政处罚对企业或个人而言都是不利的因素，但是就本例的行宇地产公司而言，其认为这样的后果发生在其公司身上的可能性较小，故不列入不利行列；最后，律师提出消防验收的问题可能因"责任混同"而导致出租人、承租人发生纠纷[第（5）项]，并再次让当事人自证该后果是否对其不利。

第十七课
协助当事人分析决策后果——第十四课的深化

某项后果应归入硬币的正面还是反面——有利抑或不利,最好是由当事人自己划分,律师非特殊情况切忌越俎代庖。这样的特殊情况包括:律师确实对当事人的交易背景、经营过程等有着长年累月的认知,或者与当事人之间已经建立非同一般的信任关系,又或者是当事人无法自我诊断,需要律师诊脉把关。

(二) 对不同方案的后果利弊进行比较

很多时候,某一目标的实现存在多种备选方案,各种备选方案的后果利弊又相辅相成。A 方案的有利之处正是 B 方案的弊端所在,同时 A 方案的恼人后果又是 B 方案的喜人因素。通过不同后果利弊的联系对比,更能使当事人清晰分辨哪种方案对其最为合适。

假设场景五

顾某在报纸上看到某计算机销售商发布降价的广告。该广告称该公司某型号计算机原价 13 800 元,现价 11 980 元。顾某找到该销售商,以 11 980 元的价格购买计算机一台。后顾某了解到,早在其购买计算机之前,其所购型号的计算机售价就是 11 980 元。顾某遂以该销售商欺诈销售为由,起诉请求解除计算机买卖合同,并要求商家赔偿 11 980 元。

诉讼中销售公司提出调解方案"解除合同,赔偿 2000 元"。顾某对销售公司调解要约的选择包括:接受调解,并与销售公司商谈具体赔偿金额;继续进行诉讼直至法院判决。

律师:现在销售公司提出调解,你可以接受调解或是选择继续审判。两个备选方案有不同的结果,你想先谈谈哪种选择呢?

当事人:先说审判吧,我认为销售公司的行为让人愤慨。

律师:我理解你想借此打击商家不诚信行为的心情,所以我对这案子进行了全面的分析。双方就案件的争议主要有:销售公司是否构成欺诈,是否应向你承担赔偿责任,赔偿金额具体多少。如果能够证明销售公司之前的售价确实是 11 980 元,那么认定其构成欺诈的可能性较大(这也将最终取决于法院的自由裁量),进而其应向你支付合同金额 1 倍的赔偿金。但是现在你并不能提供足够证据证明销售公司此前的售价,

333

法律咨询

> 所以诉讼可能也不会给你带来想要的赔偿金额。
>
> 当事人：但销售公司此前确实是以 11 980 元的价格销售这款计算机的，我一个购买同款计算机的朋友可以作证。
>
> 律师：这样的证词极容易被销售公司以很多相反的证词推翻，这样一来你就无法得到赔偿了。
>
> 当事人：我得说这比我希望的要糟。
>
> 律师：我理解你的失望，但让我们进一步谈谈审判吧——你认为拒绝销售公司提出的调解而继续进行诉讼有哪些有利之处呢？
>
> 当事人：这样做可以得到一倍的赔偿金额，比销售公司提出的数额高多了。
>
> 律师：是的，这也许是一个有利之处，但这样的风险较大。我们来讨论一下和解的方案，怎么样？你认为和解对你有什么好处呢？
>
> 当事人：我想应该是可以马上拿到钱，而这可能也是诉讼不能达到的，诉讼要经过很长时间。
>
> 律师：确实如此，另外诉讼可能还有一个坏处，如果审判结果不好，你可能一分钱也拿不到。

前例对于和解和继续审判方案的后果分析，可以明确显示出这两种方案的利弊是相互补充的。例如，和解的好处是尽快拿到钱，而这恰恰是审判的弊端所在——要经历很长的时间；和解的坏处可能是顾某能够获得的赔偿金额比其预期的要少，而如果选择审判，则顾某可能获得他所预期的赔偿。但是，除了这些利弊外，判决虽然可能获得预期赔偿金额较多，但是就本案而言，在顾某不能提供有效证据的情况下，判决甚至可能导致其两手空空。

经过一系列的分析后，顾某最终选择和解，提出自己要求的赔偿金额 9000 元，并在法院主持下达成 5000 元赔偿的调解协议。

（三）善用对比图表

说到图表的使用，读者可以温习一下第十四课标准流程之"确定后果"步骤的内容。结合本课的方法，律师在与当事人讨论备选方案的后果时，可用以下更为完善的图表帮助分析：

第十七课
协助当事人分析决策后果——第十四课的深化

备选方案		可能后果	有利因素	不利因素
A 方案	当事人观点			
	律师意见			
B 方案	当事人观点			
	律师意见			
C 方案	当事人观点			
	律师意见			

四、控制预见的风险

由于案件会不断发展变化，以及许多不可控因素使然，后果预见本身存在各式各样的风险。律师天生"控制风险"的性格和执业习惯，会让律师在分析备选方案后果时倾向采用模糊的术语表达观点，如"胜诉的机会很大"、"这样做将在×××方面带来一定的风险"或者"我认为侵权的指控可能不会成立"等。有时当事人对这样的模糊语言产生困惑甚至误解，律师说"胜诉的机会很大"时只是传递60%的可能，但是某些当事人会把律师的意思理解为胜率是90%。

有时，律师还会遇到当事人明确概率百分比的要求，这样的要求往往让律师为难，而不明确又怕出现前面所述的误解，这种两难的境地确实让人进退维谷。这里，我们建议律师要谨慎决定确定性词汇的使用，确实遇到当事人的具体要求时，可以采取加上部分限定语，如"如果情况不发生变化""就目前证据材料分析"等；或者采用百分比区间方式回应当事人的要求，例如，"照现在情形看，胜诉的机会很大，可能为40%~60%"。

> **小贴士** 明确当事人对后果的分析后，律师通过对很多从属性法律问题的预见组合自己的观点，尽可能完善各种可能后果的分析，并让当事人确认后果的利弊。最后，在后果预见过程中还应掌握风险控制的基本技巧。

法律咨询

■ **第四节 避免一厢情愿**

　　当事人在咨询与商议活动中很可能"神游太空",律师正洋洋洒洒地讨论某项备选方案的后果时,当事人却心不在焉,或是当事人发表的意见与律师所讨论的问题驴唇不对马嘴,这使咨询的效率和功效大打折扣。律师在讨论中应时刻注意当事人是否在仔细倾听律师的谈话,一旦发现当事人没有听到律师发言的迹象,马上采取重复强调、提高声调,或是建议短暂休息的方式提请当事人回心转意。另外,为确知当事人理解的内容与律师真正所想表达的观点相一致,律师可以使请当事人复述律师所讲的内容,从而确保律师所述的内容已经现实被当事人接收,并确实被当事人理解。

　　以本课假设场景五为例:

　　律师:确实如此,另外审判可能还有一个坏处,如果判决结果不好,你可能一分钱也拿不到。

　　当事人:……

　　律师:虽然我不愿打断你现在的思路,但是我还是想确认一下你是不是意识到审判还可能存在的一个不利后果。

　　当事人:我仍然想不通,明明我的朋友可以证明销售公司存在欺诈,我的确应该得到赔偿金。

　　律师:我理解你的心情,但我们还是应该认清审判的各种后果,其中一种就是我刚才给你提到的,如果审判结果不好,你可能一分钱也拿不到。

小贴士　咨询服务不是律师一个人的单口相声。如果当事人没有听见律师所讲的内容,那么不管你运用了多好的技巧,对后果分析有多到位,你也无法帮助当事人达到咨询的目标。发现当事人注意力不集中时,律师要采取提示、强调、休息、重复等方法"挽回当事人的心"。

第十八课 LESSON 18

陪伴当事人作出决定

第十八课
陪伴当事人作出决定

经过前面几个步骤的不断往复的交流，律师运用各种技巧帮助当事人明确了各阶段的目标，并全面分析了有关备选方案的利弊，给当事人创造了作出决定的合理机会。在作出决定环节，有些当事人能够根据商议情况独立作出决定，这样的当事人就无须律师再多费心。而有些当事人却无法顺利得出结论，他们往往会就其应该作出什么样的决定咨询律师意见；有些当事人主观上愿意自己作出决定，但是客观上表现出极大迷茫和困惑，无法作出决定；还有些当事人是前面二者的综合体，他们要求律师就作出什么样的决定给予咨询意见，在律师加以解答后却仍然无法作出任何决定。

应对这些难对付的当事人，律师应以什么样的面貌出现？如何做才能使你的咨询服务活动画上一个圆满的句号？本课将一一作出解答。

第一节 依当事人的价值观提出建议

物超所值是每位消费者的普遍心理，作为法律服务消费者的当事人，同样希望自己支付的律师费能够购买到所希望的法律服务；其中，当然包括从律师的嘴里听到自己应该对案件的处理作出什么样的决定。有些当事人压根儿不知道自己该怎么办，所以希望律师给出建议；另一类当事人则是希望律师能够以自己的价值观和思维方式提出对决定的看法，以供自己参考。

一、不知道怎么办的当事人

这类当事人通常提出的问题是"我该作出什么决定呢"。这一问题隐含了以当事人的处境、价值观、道德观作为出发点，当事人应该作出决定的意思。律师作出回答时要掌握回答的时机和方法，要根据当事人的价值观提出建议。

1. 回答时机。回答当事人"我该怎么办"的问题时，律师应保障此前已经就某项问题与当事人进行过充分磋商，使当事人具备作出决定的基本条件。在律师判断此前的商谈尚不充分时，应以一种体恤和为当事人着想的诚恳语气推迟提出决定意见的时间，待商谈充分后再行提出建议。

2. 回答方法。以当事人的价值观根据，结合其对后果利弊的认识，提出意见后,把最终决定权交还当事人。

假设律师回答当事人过早提出的要求,可采取下列方式向当事人阐述推迟建议的原因。

假设场景一

(1)律师:倩颖,上次我们谈到,想请你的婆婆(丈夫的母亲)在你和丈夫的离婚诉讼案件中出庭作证的问题,你做好决定了吗?

(2)当事人:哎。回去后我想了很久,但是无论如何都理不清头绪,这件事很难作出决定。你看我需不需要申请她作为证人呢?

(3)律师:说实话,每个硬币都有两面,任何决定都不能达到完美。既然你说理不清头绪,我想可能是因为你还没有完全了解这个问题有哪些可能的利弊,不如我们先讨论一下申请你婆婆出庭作证可能出现的后果,让你更加清楚地了解其中的利害关系。如果讨论完之后你仍需要我的建议,我再告诉你我的想法,你看这样行吗?

(4)当事人:好的。

对话进行到这里时,某些当事人可能会因不愿意继续讨论某个决定的后果利弊而直接给出否定的答案,并希望律师立即给出建议。针对此类当事人,律师首先应当判断,在此前的"备选方案"及"确定后果"阶段,你与该当事人的讨论是否已经充分给予了他作出决定的"合理机会"。如果前面的讨论已经足够使当事人全面掌握信息,那么律师就可以给出适当的建议,否则律师还是应该坚持向当事人就重点问题作出分析。判断当事人是否已经具备作出决定的"合理机会",律师可以借鉴的标准前面已有论述,归纳起来这些标准有:某一项决定对实现当事人终极目标的重要性大小,以及律师从前与当事人所做的讨论是否确定充分,有没有新情况的出现等。

若上述假设场景一中的当事人就第(3)项内容作出否定回答,律师可以这样继续咨询:

第十八课
陪伴当事人作出决定

> （4）当事人：我记得上次我们已经讨论这个决定可能的后果了，我觉得没有必要继续讨论这一问题。如果再次讨论，在我看来有些浪费时间和精力。你是我的代理律师，我相信你的经验，你认为我该怎么办呢，我都听你的。
>
> （5）律师：好吧。但是，我不得不告诉你，我的建议还是不能代表你最终的决定，而且我也不能肯定什么决定是最好的。所以，如果我有说得有不妥的地方，我们还可以进一步探讨。我认为你要求离婚的诉讼请求能否得到法院的支持，关键在于能否证明你丈夫有赌博恶习而又屡教不改，但你的邻居都迫于你丈夫的威胁而不敢出庭作证。如果真是这样的话，我认为能够申请你婆婆作为证人对你来说是相当有利的。

此处第（5）项中，律师首先以当事人对离婚诉讼的终极目标以及当事人周围邻居的态度为基础，为当事人设身处地地考虑如何作出决定。在建议给出后，律师仍然将决定的权利交还当事人，由当事人拍板落槌。第（5）项的方法同样适用于律师继前文第（3）项与当事人充分磋商各种决定的后果后，当事人仍无法作出决定的情形。

二、想知道律师会怎么办的客户

某些时候，当事人对自己该怎样作出决定已经形成初步意见，但是为了更加确信决定的正确性，当事人需要找一个参照物，通过律师以律师个人的价值观为基础提出的意见，评判自己所做决定是否需要修正。

在提供咨询服务的过程中，没有谁规定，当事人用"我该怎么办"提问，是需要律师以当事人的价值观给出如何决定的建议；而当事人用"你该怎么办"提问，是希望律师以自己的价值观作出决定。因此，为确保律师的回答不会与当事人"鸡同鸭讲"，在当事人问到诸如"我该怎么做才好呢"、"如果是你，你该怎么办"或者"我希望自己的决定是对的，要是你，你也会这么做吗"这类问题时，律师应该先问一下当事人的真实意思表示，他究竟希望得到怎样的回答：

法律咨询

> 律师：你是想了解如果我从你的角度出发会怎么办？还是如果根据我自己的目标和价值观，我本人会怎么办？

若当事人明确想知道律师本人会怎么办，律师务必要在提出建议时指出据以作出决定的价值观和态度，这样，当事人便可以在评估律师的意见时将他们的观点与律师的观点做一比较。

> 假定当事人是一个投资公司，正面临一项高风险的投资，同时这项投资一旦成功就可以带来不低于300%的收益。经过前期的商谈，律师为该公司分析了投资的各项风险，并提出了一些控制风险的备选方案，但是这样一些风险控制条款仍不能做到百分之百保险。现该公司必须决定是否接受此项投资。
>
> 当事人：如果律师你处在这种情况，会作出何种选择呢？
>
> 律师：如果我没有理解错的话，你是想问如果以我的个性和观点看，我会做什么样的决定，对吧？
>
> 当事人：是的。
>
> 律师：这很难说，之前我们已经讨论了投资的诸多风险和可能的收益，这确实是一个高风险回报的投资，有点让人跃跃欲试而又心惊胆战的感觉。就我的性格而言，我还是希望有一些冒险精神，如果我有机会做这样一项投资，我会决定放手一搏。不过这只是以我个人的价值观来看的，你的想法未必与我一样，所以最终是否接受这项投资，还是要你作出决策。

> **小贴士** "该怎么办"是当事人作出决策时容易发出的疑问。受限于法律知识和经验的欠缺以及受向律师支付律师费的缘由驱使，当事人往往希望律师对其应该作出的决定提出建议。面对这样的问题，律师首先应该弄清楚当事人是希望知道"我该怎么办"，还是"你该怎么办"。无论是哪一个疑问，律师作出解答后都应把最终的决定权交还当事人。

■ 第二节　帮助当事人下定决心

前面部分中我们提到过这一类的当事人：律师已经与其就各种选择的后果与当事人做了充分的磋商，当事人已经了解并掌握了其中的利弊，但是仍然无法作出决定。导致这种决断障碍的原因其实很容易理解，任何一种选择都不可能完美，而多种备选方案之间的利弊又相互呼应，一种选择的好处同时也是另一种选择的弊端。当事人选择一种方案意味着他（她）将享受到这种方案带来的利益，同时也意味着他（她）承受该选择带来风险，失去其他选择的好处。本部分将讨论律师在为这类当事人提供咨询服务时将如何发挥作用。

一、患得患失的当事人

患得患失的外延不仅包括在得与失之间无法取舍，还广泛地包括在得与得、失与失之间无法决断的当事人。消极情感与积极情感并重的当事人常常在得失之间徘徊，对某几种选择持全面乐观态度的当事人也无法在两种以上的选择中驻足，而被悲观情绪笼罩的当事人更容易迷失方向。律师作为法律诊断的"医生"，应该借鉴医学中的帝王原则——对症下药，有针对性地诊断存在前述三种"患得患失"当事人的病症，陪伴其作出最后的决策。

由于每一类情感冲突都可能使当事人觉得没有哪一个单独的选择是真正令人满意的，因此冲突的感情就导致其无法决断。清楚地并设身处地地对这些冲突的感情进行分析识别，可以帮助当事人认识到冲突的不可避免性，从而使其下决心作出决定。

法律咨询

（一）无法权衡利弊的当事人

面对"得失"时的感情冲突是人性普遍呈现的状态，持有这种感情冲突的当事人在律师面临的当事人中所占的比例也最大。考虑一项选择时，当事人会同时考虑它的优点和缺点。

例 一

"接受被告提出的和解方案可以使我立即拿到赔偿金，不用经历艰难的诉讼和执行过程，但这样做会让我的亲朋好友认为我不敢与被告抗争，我不愿意他们把我看作一个胆小怕事的人。"

例 二

"签订10年租期的租赁合同，可以给我提供稳定使用房屋的机会，这样我也可以尽量放心地壮大我的业务。但是，万一我的生意发展不好，10年租期倒成了我的束缚了。"

这样的当事人相对来说能够比较理性地分析备选方案的后果，只是其在作出决定时惧怕面对这样的冲突所以无法作出决断，律师应该帮助当事人直面冲突的客观性。

继续例一的对话：

> 当事人：接受被告提出的和解方案可以使我立即拿到赔偿金，不用经历艰难的诉讼和执行过程，但这样做会让我的亲朋好友认为我不敢与被告抗争，我不愿意他们把我看作一个胆小怕事的人。
>
> 律师：确实如你所说，接受和解的确既有好处又有弊端，但是你知道，在损害赔偿中这样的冲突是任何人都无法避免的。你必须再考虑一下，从你的处境来看，对你来说哪一样东西更为重要，是实实在在的经济补偿还是亲朋好友精神上的理解，你需要在二者之间作出一个决断。

（二）乐观的当事人

映入这类当事人眼帘的只有各种备选方案的有利因素。那些可能存在的弊端并没有引起当事人足够的重视，或者说没有被当事人适当的理解。在这些当事人看来，接受了一种选择以及这种选择的益处，同时就意味着放弃了另一种选择的益处，手心手背的肉都无法割舍。比如，一位当事人可能说："如果在租赁合同中加入合同期满后自动续期 5 年的条款，我可以获得这几年的稳定收益；而如果不约定这种条款的话，我在合同期满后就可以根据市场租金价格重新招租，那样的租金标准要比现在合同约定的租金高得多，我现在不知道究竟该怎么办。"

应对这类当事人的难度其实远远小于应对消极与积极情绪并重的当事人，因为这类当事人通常只看到备选方案的一个方面，如果他们足够了解备选方案的不利缺点，就有助于作出决策。

例 三

> 当事人：在与你见面前，我对于要求侵权人赔偿的预期金额只有 20 000 元。但是，通过刚才的分析，我认为提起诉讼的话，我可以得到的赔偿金最少都是 30 000 元。如果法官在精神损失这一点上作出对我有利的认定，我有可能得到 70 000 元的赔偿。如

法律咨询

> 果我接受了侵权人的和解方案，我现在就只能拿到 25 000 元。两种方案对我来说都是非常有利的，我真不知道该怎么办了。
>
> 律师：的确，与你最初的估计相比，起诉或者和解都可以让你得到更多的赔偿，现在你不太肯定哪种选择更好，以至于无法作出决定。那么，我们可以再来看看这些方案对你不利的地方；然后，你再试着确定哪种方案更加令你满意。

（三）悲观的当事人

与全面乐观情绪的当事人相同，被悲观情绪笼罩的当事人往往只看到备选方案的一面，着重将备选方案的消极方面纳入其决断的考虑范围。这时律师需要做的是向当事人明确各项选择的有利因素，以鼓励当事人对某项选择作出认可。

例 四

> 当事人：如果现在就和解，我得到的费用远远低于我应该获得的赔偿，而进行诉讼又慢又费钱。
>
> 律师：看来你对这两种选择都不满意，它们使你感到像是成了司法制度的牺牲品，也许我们有必要考察一下这些备选方案的益处，并在此基础上确定哪一种选择让你觉得损失相对少一些。

二、帮助当事人评估得失的技巧

聪明的读者可能从前述的论述中已经总结出应对"患得患失"当事人的通用方法——再次与当事人评估各备选方案的得失，确定各种得失对当事人的影响，从而确定各种备选方案的后果的重要等级。

我们继续以例三探讨律师帮助当事人评估得失的技巧：

第十八课
陪伴当事人作出决定

> 当事人：在与你见面前，我对于要求侵权人赔偿的预期金额只有 20 000 元。但是，通过刚才的分析，我认为提起诉讼的话，我可以得到的赔偿金最少都是 30 000 元。如果法官在精神损失这一点上作出对我有利的认定，我有可能得到 70 000 元的赔偿。如果我接受了侵权人的和解方案，我现在就只能拿到 25 000 元。两种方案对我来说都是非常有利的，我真不知道该怎么办了。
>
> 律师：的确，与你最初的估计相比，起诉或者和解都可以让你得到更多的赔偿，现在你不太肯定哪种选择更好，以至于无法作出决定。那么，我们可以再来看看这些方案对你不利的地方，然后，你再试着确定哪种方案更加令你满意。你看从哪一个方案开始呢？
>
> 当事人：先从和解谈起吧。
>
> 律师：好的。通过和解可能得到的赔偿金额可能没有审判得到的多，但是该方案最有利的一点是可以及时拿到钱。从你现在的处境看，能够及时拿到钱对你来说是不是很重要呢？
>
> 当事人：之前我看病的钱都是找亲戚借的，亲戚家里也不是很宽裕，如果能够及时拿到这笔钱可真解了我的燃眉之急，对我来说确实很重要。
>
> 律师：接下来让我们看一下和解的坏处，与提起诉讼相比，和解得到的赔偿金额要少一些，赔偿金额的数额对你来说是不是越多越好呢？
>
> 当事人：如果能够拿到的赔偿金额越多肯定越好，但是我对此也不强求。
>
> 律师：那也就是说赔偿金额的大小对你来说只是一般重要。
>
> 当事人：是这样的。
>
> 律师：你认为和解还有其他什么后果吗？
>
> 当事人：大概就是这些吧，我想不出其他的后果了。
>
> 律师：那我们来分析一下提起诉讼的后果吧……

通过对备选方案得失的进一步分析，以重要等级划分每个后果对于当事人而言的重要性，这样可以使当事人更加清晰地理顺各项选择的利弊，尽管评估过程会显得有些冗长乏味，但这种方法可以有效地解决患得患失的当事人的难题。

三、律师应当给出建议

历经前述两个步骤的努力，仍可能有部分当事人无法作出决定，依然对备选方案举棋不定，需要律师给出建议。这样的建议可以是当事人提出了要求，也可以是律师自发根据咨询和商议的情况作出的。

律师给出建议前可以用"反面激励法"再次鼓励当事人作出决断。所谓反面激励法，就是告知当事人如果其在某个方案选择上举棋不定，结果实际上相当于当事人决定不选择这一备选方案。

比如，当事人对是否在某项买卖合同中约定"要求供方缴纳履约保证金"的条款举棋不定，实际上相当于决定不加入此条款，因为这一条款在当事人摇摆不定时根本没有办法写进合同。律师在对是否约定履约保证金条款给出建议之前，可以告知当事人：

> "刘总，今天是我们提出协议文本的最后期限，如果现在你还无法决定是否加入要求供方提供履约保证金条款的话，那么我们事实上将无法在合同中约定这一条款，等于放弃了这一备选方案，你是不是再考虑一下。"

反面激励法的使用不仅可以促使当事人作出决断，还可以使当事人意识到必须作出决定的重要性，使其在无法作出决断的时候仔细倾听律师的意见。或许当事人在这样的压力下能够最终作出决断，或许当事人仍然希望律师给出建议，这时律师就该宝刀出鞘，给当事人适当的建议。如果这样的建议是应当事人要求作出的，那么律师应该参照本课第一节的论述，区分当事人的真实意思是"我该怎么办"还是"你该怎么办"，分别以当事人的价值观和自己的价值观提出建议。如果当事人并未明确提出询问律师对决策的意见，律师也应从"当事人中心说"出发主动给出建议；不过这样的建议应该直接以当事人的价值观为基础作出，不能加入律师的个人情感和价值分析。

四、无法给出建议的情形

前文提到律师可能应当事人的要求，或是时机合适时提出自己对决定的建议。

但在纷繁复杂的交易中，律师可能会遇到无法给出建议的情形，如当事人的价值观扑朔迷离甚至相互冲突，或者交易条件的设定等超出律师能力范围的因素，都将导致律师无法给出建议，打破当事人情感冲突的障碍。具体无法给出建议的情形会因律师的执业经验、个性、价值观，当事人交易模式的不同而存在不同的表现形式。个案中，律师可在完成前文所述的分析后根据自身情况判断是否无法给出建议。

确实无法给出建议时律师不应该打肿脸充胖子，硬要向当事人提出建议。正确的做法应该是坦白向当事人提出无法建议的原因，并向当事人客观分析不及时作出决定的后果，鼓励当事人做进一步的思考，作出最后的决定。通常律师无法给出建议会加重当事人的挫败感，当事人前来咨询律师时抱着"揣着问题来，带着答案走"的心态，经过反复地讨论律师仍然无法给出建议，当事人的问题依然悬而未决，当事人会更加垂头丧气。为照顾当事人的情绪，律师在表达无法给出建议的观点时，应采取体恤、安抚、鼓励当事人的语气，抚平当事人心中的不安和沮丧。

假设场景二

李艾可拥有某小区 3 栋 2 层整层房屋的所有权。其拟将房屋对外出租，某意向承租人张某打算承租该房屋经营餐饮。实地考察房屋后，张某要求李艾可在房屋内增设以下设施设备：地漏式下水系统和独立于整栋大楼的中央空调系统，并提出若李艾可同意这种条件，其可以考虑一个较长的租赁期，适当调高租金标准。

对于张某提出的增设设施设备的要求，李艾可拿不准是否同意，尽管律师已经给李艾可分析了接受与不接受的后果利弊，同时也尽力分析了李艾可冲突的感情并明确说明了哪些后果最重要。但是，经过律师与李艾可的交流，律师感受到李艾可所犹豫的问题主要是"生意上的交易条件"和具体施工的技术要求等，对此律师缺乏足够的生意经验以及技术知识作出准确的决定建议，于是采用下列方式向当事人表明态度：

"艾可，增设设施设备不是一笔小的数字，而且涉及很多技术规范和施工工艺，但是设置这些设施以后，可以带来可观的租金收入。你对此无法作出决断也是情理之中

法律咨询

> 的事情。之前我们已经就各种方案的利弊进行了充分的分析，如果我真的能为你提供是否做这笔生意的决定，以及我确实掌握施工的技术规范的话，我会向你提出作出何种决定的意见，但我觉得自己的确在这方面缺乏经验，而任何决定导致的后果最终要由你来承担。如果你一直不做决定，张某很可能将承租其他人的房屋，所以你最好还是早点作出决定。我所建议的就是这些了，如果有什么需要帮助的，可以及时与我联系。"

小贴士 得与失是永远相拥出现的两兄弟。当事人做决定时也常常因为得失的情感冲突无法拍板。弄清当事人情感冲突的形式，有针对性地评估得失对当事人的重要性，并在此基础上应当事人的要求，以当事人的价值观或自己的价值观建议，或者自发地根据咨询商议活动的需要，给出决断建议。如果遇到确实无法提出建议的情形，应向当事人坦白无法建议。

第三节 当事人预见错误

人是具有思想的高级动物。正因为思想的复杂性，当事人所做的某项决定可能是错误预见的产物，也可能存在道德上的缺陷。从"当事人中心说"的角度出发，律师应该拨乱反正，提醒当事人冷静思考，将偏离航道的思想风帆驶入正轨。

一、律师有义务提醒当事人

实现当事人终极目标的过程中，会有许许多多的辅助性目标需要实现，也有许许多多的辅助性决定需要完成，其中任何一个环节出现错误，都会导致连接终极目标的链条被摧毁，背离当事人的真正目的。错误决定的产生有时源于错误的预见，即对一个决定可能的后果产生错误认识，律师在咨询和商议时一旦发现当事人出现这种情形，有义务提醒当事人，具体步骤如下：（1）引起当事人对错误预见的注意；（2）告知当事人律师认为可能的后果是什么，以及律师预见的根据；（3）阐明律师对决定的观点。

基于"当事人中心说"的考虑，某些读者可能会认为律师在这时提醒当事人

第十八课
陪伴当事人作出决定

会遏制当事人的自主性;其实不然,"当事人中心说"的主旨要求律师紧紧围绕当事人终极目标,为实现这个目标而与当事人展开一系列的讨论,当事人就某个决定甚至是最终决定所作的决断发生错误时,将偏离终极目标的实现,所以律师当即指出当事人的错误预见,恰恰是为了保证当事人在合理的机会下作出决定。

假设场景三

朱大场购有一辆汽车。其妹朱晓梅工作单位离家远,又要接送孩子上学。朱大场为了帮助妹妹减轻负担,将汽车借给朱晓梅使用。后来朱晓梅因经济困难,没有征询朱大场同意把汽车出售给杨喜,杨喜未按照合同约定的时间支付款项。朱大场知道此事后,打算起诉杨喜将汽车收回,朱晓梅向哥哥朱大场建议以杨喜未按照合同约定支付购车款为由要求解除购车合同,收回汽车。

(1) 当事人:我决定采纳我妹妹的建议,向杨喜提起解除合同的诉讼。

(2) 律师:我知道你最终的目标是想要回汽车,但根据我们的分析,按照朱晓梅的建议提起诉讼,并不能达到收回汽车的目的,而且会使你付出诉讼费的成本。按照《民法典》的规定,朱晓梅未经你的同意将汽车出售给杨喜,系无权处分行为,该协议未经你追认不发生法律效力,一旦你起诉要求解除合同,就意味着你认可朱晓梅出售汽车的行为,届时合同将被认定有效。而根据合同约定,虽然杨喜没有按照合同约定时间付款,但合同同时约定杨喜的付款以朱晓梅提供汽车产权证明为前提,故其并没有逾期付款,你无权解除汽车买卖合同。所以,我建议你应该考虑一下共同起诉朱晓梅和杨喜,要求确认合同无效,从而收回汽车。如果你最终还是决定接受你妹妹的建议,我也只好按你的决定去做,但前面所讲的风险你还需要慎重考虑一下。

(3) 当事人:我知道这个风险,但我就是不愿起诉我的妹妹,这样会伤害我们的感情,我情愿孤注一掷。

(4) 律师:如果你已经确实知晓这样的风险,而又仍然决定冒一下险,你当然可以这样做。但如果我是你,坦白地讲,我是绝不会冒这个险的,因为合同解除的诉讼胜诉的概率微乎其微;一旦败诉你和妹妹的感情不会因此增进很多,反而可能会因你

法律咨询

> 最终无法得回汽车心生芥蒂，影响两人的感情。当然最终决定还要由你作出，我会按照你的决定行事。
>
> （5）当事人：这确实是个问题，让我再想想。

这段话始终围绕当事人的终极目标——收回汽车而展开，第（2）项指出采纳朱晓梅的建议并不能实现收回汽车的目的，以引起当事人的注意，接着阐明该方案不能实现目标的原因，同时给出当事人另外一种选择的建议。与我们介绍的三个步骤相吻合。

听了当事人作出决定的原因［第（3）项］，律师注意到当事人其实已经知道其决定几乎不可能带来满意的后果，但仍然决定孤注一掷。为使当事人能够理性地作出决定，律师以体恤的语言表现出对当事人的理解［第（4）项］，同时再次向当事人指出如果以律师的价值观看，将会作出什么样的选择，通过对当事人错误预见的分析，向当事人强调最终的决定还是要由其亲自作出，给当事人理性地作出决定铺垫了合理的机会。

经过律师苦口婆心的劝解，当事人依然可能坚持相同的决定，愿意承受律师预见的各种风险和错误决定导致的后果，遇到这样的当事人，律师再不赞成当事人的决定，再有多么强烈的欲望希望当事人改变主意，只要当事人坚定作出决定，律师只能尊重当事人的意见，并按照当事人决定开展下一步工作。

二、律师不应要求当事人做道德圣人

"人非圣贤，孰能无过"。律师不能要求当事人做个圣人，要求当事人作出的决定毫无个人道德倾向，或者加入些许私心的考虑。实际上，很多时候当事人所作出的决定在某种程度上都会被看作"不道德"的，部分不道德可能违反社会风序良俗，是社会公众普遍认为的不道德；而部分不道德则是相对其他人甚至是律师的价值观而言被认为是不道德的。针对这两种不同的情形，律师应作出不同的应对。

（一）违反公序良俗的不道德

这样的行为不被社会大众认可，稍严重的将被社会大众唾弃，更有甚者其行为可能被认定为无效。律师意识到当事人作出的决定存在这样的不道德时，需要明确说明这些决定存在的问题，建议当事人考虑另外的备选方案。

例如，2000年发生在四川省泸州市纳溪区的遗嘱将遗产分配给"二奶"的案件，就是因为该行为违反了我国实行的一夫一妻制度，败坏了社会风气，违反公序良俗，法院判决确认遗嘱无效。

可见，违反公序良俗的不道德行为无论是在社会影响，还是在法律效力方面都给当事人带来对其不利的认定，故当事人的决定属于这类不道德行为的，律师应建议其考虑其他方案。

（二）损人利己、损人不利己的不道德

有些不道德未达到违反公序良俗的地步，也没有违反法律法规的规定，但是却可能对其他人的利益造成影响。有些当事人之所以作出这样的决定是想从中获得对自己有利的结果，而有些人作出这样的决定连自己都不能从中得到利处，即日常所说的"损人利己"或"损人不利己"的行为。有时，律师从自己的价值观出发，也会觉得当事人的决定有不妥之处。针对这样的不道德，是否表示非议则取决于律师的自主性。

律师确实忍不住就当事人所做决定做道德评判的，应注意评判的技巧，避免给当事人的决定挂上道德标签。从某种程度上讲，是不是不道德的行为其实因人而异，在律师看来不道德的行为，在其他人看来可能非常正常，如果律师动辄对当事人的行为冠之以"道德"的评判，会使当事人觉得律师认为他们居心叵测，也往往会使当事人产生逆反心理，拒绝倾听律师的意见。对话中应肯定当事人决定的合法性，婉转地表达律师对某种决定的不同观点，最后仍将决断权交还当事人，向当事人指出最终的决定仍然要由他们来作出。

假设场景四

余白帆自小孝敬父母，但其父母早故，为了延续对父母未尽的孝道，余白帆承租莱琴公司的房屋开设敬老院，收留了很多孤寡老人。3年后产权人莱琴公司拟收回房屋出租给一家商贸公司开设大型购物中心，但是苦于没有理由。后终于找到余白帆逾期交纳租金的机会，打算要求解除房屋租赁合同，搬迁养老院。

法律咨询

莱琴公司的这一决定本身并未违反法律的规定，但是律师认为收回房屋会让许多孤寡老人无处可依，故莱琴公司的律师决定向当事人指出：

> "贵公司收回房屋开设购物中心，能够收取更多的租金，贵公司获得更多收益的愿望是可以理解的，以余白帆未按期缴纳租金为理由解除合同也是符合《民法典》的相关规定的，但是收回房屋以后，很多老年人都将无处可去、无依无靠，希望你再考虑一下自己的决定。"

这段话承认莱琴公司的想法是合法的，没有使用"道德"这类字眼而表达了律师对该决定不同意的立场，并且指出最后的决定权仍在当事人。

三、带着决定来见律师的当事人

大部分当事人由于对某项问题的疑惑而寻求律师的帮助，他们通常愿意倾听律师的各种分析和论述，也愿意积极参与与律师的讨论。而部分当事人在与律师见面之前已经胸有成竹，做好了某项决定。这类当事人通常听不进去律师的诸多言论，也不愿意浪费时间和精力与律师讨论细节问题，其唯一感兴趣的是律师直接告知其决定是否正确、是否可行。例如，一位诉讼当事人可能不由分说地就拒绝对方提出的和解方案，直接要求律师对该方案的选择是否正确作出判断。

这类极端的当事人通常都不好对付，应付差事的泛泛评论当事人所作出的决定又不符合咨询与商议的要求，无法给律师和当事人合理的机会评判某项决定的后果。而有些时候，在律师没有了解当事人的目标，未通过与当事人谈论备选方案，各项备选方案的利弊分析的情况下，律师也根本无法对当事人作出的决定发表客观的意见。那么律师该如何打开这类当事人的嘴巴和耳朵，完成咨询和商议的相关步骤呢？

（一）开门见山

其中一种方法是开门见山地启发当事人与律师交换意见的意愿，采用体恤和利益刺激法完成此步工作。首先对当事人基于达到目标的心情表示理解，并以全面分析能够更好地实现目标为利益刺激点，激发当事人倾听及参与讨论的积极性，最后还需把最终决定权留给当事人，让其有种把控大局的感觉，这有利于当事人主动加入咨询和商议的活动。

> 当事人彩虹公司正就夕阳公司的不正当竞争行为提起诉讼，要求夕阳公司赔偿。诉讼中，夕阳公司向法院提出和解申请，并提出初步的调解方案。彩虹公司的董事长武总一口回绝了对方提出的和解要求，连讨论一下对方和解方案的欲望都没有。
>
> 当事人：我的调解方案就是诉讼请求的内容。该死的夕阳公司把我们害得好惨。想通过调解轻轻松松解决，没这么容易，我绝不让那些人如此占便宜，对他们的话我连谈都不想谈。
>
> 律师：我明白武总的心情，夕阳公司的行为的确给贵公司造成了很多损失，贵公司也希望他们通过诉讼得到点教训，但是我认为分析他们提出调解的动机，以及调解方案的具体内容，不仅有利于更加全面地掌握夕阳公司的想法，还可以给贵公司提供一个惩罚他们的机会，这样也更有利于贵公司目标的实现。更何况，我们讨论后，你仍然可以最后决定是否接受和解，是否向他们提出更好的调解要求，同时作为律师，我也有职责在你做最后决定之前，与你商议一下是否接受该要约的有关后果。你看看我们什么时候讨论一下对方的调解方案呢？

这一段对话采用了前文所述的开门见山的相关技巧，表示了律师理解当事人希望夕阳公司通过诉讼接受教训的心情，然后以讨论和解方案更有利于该目标的实现激励当事人同意讨论，最后强调讨论结束后当事人仍有最终决定的权利。

（二）犹抱琵琶

"犹抱琵琶半遮面"。律师在这里需要采用迂回战术，自然而然地与当事人开始商讨而不事先征得当事人的同意。除非当事人强烈拒绝讨论，否则律师无须就为什么需要开展讨论向当事人作出解释。

迂回战术也需要律师对当事人的目标表示体恤并强调当事人有最后的决定权。不过，与开门见山不同的是，律师可以不用征得当事人的同意便开始与之商讨有关问题。比如，对于前述的武总，可以这样回答：

法律咨询

> "夕阳公司的行为的确让人觉得愤慨,让他接受法院的裁决也是好事,如果贵公司坚持,完全可以继续与夕阳公司对簿公堂,不过,能告诉我夕阳公司给贵公司造成的具体损害以及贵公司不愿接受调解还有其他原因吗?"

"开门见山"和"犹抱琵琶"的战略,旨在与当事人展开深入讨论,而某些当事人可能无论如何都不愿继续讨论任何一个细节。此时,律师应首先为当事人分析其所坚持的方案是否能够实现;如果无法实现,律师可向当事人明确此种后果,然后建议当事人继续讨论。如果当事人坚持的方案并非无法实现,而这些问题重要性相对较低,也不是很复杂,那么律师不必进一步敦促当事人加入讨论;相反,如果这类问题非常重要而律师又比较负责,律师可以再一次表达希望当事人详细讨论的观点。

小贴士 出于各种原因,当事人作出的决定可能存在这样那样的问题,律师应采取方法提醒当事人对这些问题加以关注,委婉地提醒当事人考虑修正现有决定或选择其他方案。遇到咨询律师意见前已经作出决定的当事人,律师则需采用"开门见山"和"犹抱琵琶"的战术鼓励当事人在深入讨论方案后再行作出决定。

第十九课 LESSON 19

诉讼案件咨询实例

第十九课
诉讼案件咨询实例

虽然本书前几课内容中穿插了很多诉讼案件的讨论例子,但这些例子都是从若干事例的某个具体问题出发,向读者展示咨询与商议的技巧,读者可能尚不能通过那些散见的案例掌握咨询和商议技巧在诉讼过程中的系统运用。

一个完整的诉讼流程包括如下基本环节:(1)了解事实→(2)初步取证、分析论证→(3)提起诉讼→(4)完善补充证据→(5)开庭→(6)裁判,在(1)~(6)的过程中还会贯穿(7)和解的工作。经过提炼,诉讼的七步流程可总结归纳为起诉、取证、和解三大阶段。本课通过模拟案例,将咨询和商议活动的方法及技巧融入诉讼案件三大阶段的处理当中,并试图使读者找到咨询与商议五个步骤的任务以及如何与当事人的特殊兴趣、爱好和人格相协调的有效途径。

■ 第一节 案件基本情况

> 麦天舒和蒙恬经人介绍认识、恋爱,直至步入婚姻殿堂。二人婚后感情稳定,直到双方40岁时终于生育一子,取名麦豆。今年,麦豆长至13岁;她生性贪玩,喜好游泳。麦天舒和蒙恬二人平日工作繁忙,没有时间照顾麦豆,麦豆经常和邻居小孩外出玩耍。某日炎热难当,麦豆和小伙伴相约前往山脚水库游泳,游至湖心时麦豆突然抽筋,小伙伴听到麦豆呼救声赶往救援。但因相距太远,救援人员未及赶到救助麦豆,麦豆沉入水中溺水而亡。小伙伴上岸呼救,并回家通知麦天舒、蒙恬二人。
>
> 麦豆死后,麦天舒与蒙恬二人肝肠寸断,终日被丧子之痛折磨得寝食难安,故决定为麦豆讨回公道。
>
> 经查看水库周围,二人发现水库周边的防护墙年久失修,多处垮塌,行人可随意进入库区玩耍,而水库周围没有任何警示标志。夏天前往水库游泳的人很多,还有很多兜售游泳用品的商贩,以前游泳者溺亡水库的事情时有发生。经过多方调查了解,水库管理方是某国有单位,麦、蒙二人发誓要将水库管理方告上法庭,要求其给予巨额赔偿,并通过诉讼督促管理方加强水库管理,防止后来人再步麦豆后尘。随后,麦、蒙二人找到律师,希望律师对案件事实进行分析论证后,代理其向水库管理单位提起赔偿诉讼。

法律咨询

> 另外，麦天舒和蒙恬的父母素来疼爱麦豆，麦豆之死对四位老人打击太大，爷爷听闻噩耗晕倒被送往医院救治，产生了一定医疗费用。四位老人支持麦、蒙二人提起诉讼，就麦豆之死主张相应的赔偿。

■ 第二节 起诉

麦天舒、蒙恬来到律师办公室，近乎声泪俱下地向律师描述了上述情况，并将儿子的死亡火化证明，还有水库周围现状照片交给律师，希望律师代理其提起诉讼。律师听了麦、蒙二人的陈述后，认为需要对案件的前因后果加以梳理，并分析法律上的利弊后方能给出进一步的意见，故与麦、蒙商定第二次碰面的时间。

通过对案情的梳理，律师认为麦、蒙二人是否可以就麦豆的死亡，向第三人主张赔偿权利，取决于对麦豆死亡是不是天灾人祸的认定。通常情况下，对水库等公共设施内发生的人身损害事件都被理解为天灾人祸，所有的苦果都由当事人自己承担。但是，经过进一步的研究发现，《民法典》第1198条规定，宾馆、商场、银行、车站、机场、体育场馆、娱乐场所等经营场所、公共场所的经营者、管理者或者群众性活动的组织者，未尽到安全保障义务，造成他人损害的，应当承担侵权责任。根据这一规定，麦、蒙二人可以提起诉讼要求赔偿。要实现获得侵权赔偿、督促水库管理单位加强水库管理的目的。麦、蒙二人可选择的方案有：（1）向法院提起诉讼；（2）向管理方的主管部门反映情况，由主管部门督促水库管理单位赔偿麦、蒙损失，并完善水库管理。但是，第二种方案直接获得赔偿的可能较小，因为国有单位一般都不会接受直接支付赔偿款项这种处理问题的方式。如通过法院可以直接判决确认赔偿金额，届时管理方则必须履行法院的生效判决。此外，麦、蒙二人还可以选择通过与水库管理方调解、协商等比较友好的方式解决这个问题。

一番权衡后，律师的初步意见是，如果麦、蒙所述的事实全部成立，那么水库管理方在管理职责的履行上面存在一定的过错，所以应该对麦豆的死亡承担相

第十九课
诉讼案件咨询实例

应赔偿责任,除非该管理方能够举证证明其管理行为毫无过错。根据律师的经验,要让水库管理方这样国有性质的单位主动给付赔偿费用几乎是不可能的,因此如真要获得赔偿,麦、蒙恐怕真得走上起诉的道路了。

与麦、蒙约定的第二次会谈时间到来,律师与二人商谈具体的问题:

(1)律师:二位,我想我们今天的目的主要是讨论就麦豆的死亡,如何向水库管理方主张赔偿权利。我想这个问题的最终决定权还是在你们,我只能帮助你们分析一下这期间可能的方案和它们各自的利弊,不知你们清楚了没?

(2)当事人:知道了,我们将讨论向水库管理方维权的途径和可行性。

(3)律师:是的。在我们继续谈话前,我想我们最好确认一下二位的目标是否有所变化。我记得第一次会谈时你们提出的目标有两个:一是要求水库管理方赔偿损失,二是促使其加强管理行为。现在你们的目标有什么变化吗?

(4)当事人:大方向没有改变,但是我们回去讨论了一下,管理单位的管理水平和能力不是一朝一夕的事情,也不是我们能力所及的范围,所以能够促使他们改进自然是好,但是确实无法达到的话也不用多费力气。我这么说希望你不要觉得我们过于世俗。

(5)律师:怎么会呢,你说的都是现实,而且你的心情我也能理解。接下来就让我们讨论怎么做才能最好地实现前述目标吧?

我对案件做了分析研究,认为现在对我们比较有利的规定,是《民法典》第1198条的规定,宾馆、商场、银行、车站、机场、体育场馆、娱乐场所等经营场所、公共场所的经营者、管理者或者群众性活动的组织者,未尽到安全保障义务,造成他人损害的,应当承担侵权责任。根据该条规定,我们具备向水库管理单位要求赔偿损失的基础,而实现这一目标有几种可供选择的方案。第一,向法院提起诉讼,由法院裁判水库管理方可能承担的赔偿责任。但是,按照现有材料分析,起诉该单位的证据还不充分,对此我们有两条路可走,一是就现有的证据材料向法院起诉,一拿到法院的案件受理通知书就立即着手下一步的调查取证工作。二是先全面收集相关的证据材料,然后再向法院提起诉讼。第二,向水库管理单位的上级主管部门投诉,由其督促管理方支付赔偿金并完善管理措施。对此,我认为顺利实现目的的可能性较小,主管部门

法律咨询

要求管理单位加强管理工作的可能倒还是有。但是谈到赔偿金额，我想他们可能就没有这么爽快了。第三，你们可以与对方接触，看他们是否愿意通过协商的方式解决问题。调解的方式可以是我先代二位草拟一封律师函，看对方是否接受协商的方案，或者由你们向对方表明和解的意愿，看他们是否接受，再者，你们也可以在提起诉讼以后，通过法院主持调解。

（6）当事人：这三种方案都有一定的道理，但是向主管部门投诉的作用不大，他们可能就都是你护我、我护你的，这样的意义不大。而谈到协商，之前的一些受害者也找到管理单位，提出协商的方案，但是没人理睬。我看还是起诉吧，虽然诉讼要花费一些金钱和时间，但是我愿意朝这方面努力一下。

（7）律师：既然你这么决定了，那我们就先把投诉和协商的方案放在一边。详细谈谈诉讼。关于诉讼，你是希望现在就起诉，待起诉后再补充材料呢，还是希望一切都准备妥当之后再提起诉讼？

（8）当事人：这个嘛，我还不太了解其中的区别。你认为基于目前我所提供的证据材料，我胜诉的可能性有多大？

（9）律师：现在我们只有麦豆死亡证明和水库现状照片，以及小伙伴对麦豆死亡经过的证言，仅以这样的证据起诉的话法院可以立案，但是要以这些材料应付整个诉讼，胜诉的概率是非常小的，最终可能被法院认为证据不足而驳回诉讼请求。所以，要想胜诉，无论如何都需要再多收集一些证据。

（10）当事人：那什么时候收集证据，又有什么不同呢？

（11）律师：现在收集好所有的证据材料，有利于明确我们可以提出的具体诉讼请求，并在起诉后让法官第一时间看到我们充分的证据材料，对案件事实有一个倾向我们的印象。要是起诉以后收集证据的话，我们的诉讼请求可能会因为证据材料的变化而改变，且法院向被告送达传票以后，我们收集某些证据材料会有难度，但是起诉以后收集材料可以缩短诉讼准备时间，从而缩短整个诉讼所耗费的时间。你是知道的，诉讼一般都会花费很长的时间，两三年的时间都是很正常的。

（12）当事人：诉讼耗时长我是一直都知道的，而且诉讼还将花费我不少的诉讼费用。说到费用问题，要是律师代理我提起诉讼的话，收费的标准是什么样的呢。

（13）律师：这要看诉讼请求涉及的标的额大小，我们按照标的金额的一定比例收费，所以现在诉讼请求还未确定，我还不好说我们具体收费标准会是多少。

第十九课
诉讼案件咨询实例

> （14）当事人：我想这也不会是一笔小数目。
>
> （15）律师：的确，诉讼耗时长、花费大。但是，诉讼也有一些好处，我们也得记在心上。比如，法院生效判决可以强制执行，而且在诉讼中有法院主持双方调解的话，更有利于达成和解。
>
> （16）当事人：当然，打官司可以直接获得一个可供执行的判决。我知道，让国有单位直接支付一笔赔偿金，一般不会有人肯拍这个板，所以通过法院判决可以直接解决这个问题。但是，我还是为诉讼费、代理费的事情烦心。
>
> （17）律师：你对钱的问题这样担心，是不是有什么原因和苦衷呢？
>
> （18）当事人：孩子的爷爷最近听闻这件事情后生病住院，花了不少的钱，我们手头是有点紧了。
>
> （19）律师：如果确实困难，可以向法院申请缓缴诉讼费，至于律师费的问题我们可以稍后讨论。除诉讼的方案外，你还能想到其他的方案吗？
>
> （20）当事人：我有一个做新闻记者的朋友，我想借朋友的笔，曝光这件事情，也好给对方一个压力，你觉得如何？
>
> （21）律师：在我们讨论这个方案利弊之前，我们不妨先仔细研究一下争取新闻界支持这个方案是否可取。至关重要的问题是，新闻媒介的介入是否可能使你获得赔偿，并促使管理单位加强水库管理的目的顺利实现呢？

我们来看一下上述案例中的律师是怎么把咨询和商议中的各个步骤融汇到诉讼咨询中的。律师以第（1）项做了一个准备性的讲解——咨询和商议第一步，告诉当事人今天讨论的主要问题和目的，为接下来的讨论指明了方向。接下来，律师再次明确当事人的目标［第（3）项］——咨询和商议第二步，虽然第一次会谈时，当事人已经明确了相应的目标，但是时隔几日，当事人冷静下来或者与家人商量以后，难保目标不会发生变化，律师再次确定当事人目标的做法正是采用了本书第十五课论述的技巧。第三步，律师陪同当事人确定实现目标的备选方案，这些方案的提出既可以是律师主动提出某种备选方案［第（5）项］，也可由律师将机会留给当事人［第（7）项］。第四步，分析备选方案的后果，在询问当事人愿意先讨论哪个备选方案后，律师根据当事人的意愿讨论两种诉讼形式的利弊［第（9）～（16）项］，利弊分析过程可与备选方案的确定步骤往复进行，当律

法律咨询

师与当事人就有关方案的利弊得失问题讨论到一定程度后，为了确保当事人对备选方案的认识，在作出决定之前，律师可以带领当事人回到第三步征询当事人对备选方案的看法［第（19）项］。最后一段讨论采取中立的态度，有利于更加全面地给当事人提供决策的合理机会，使当事人全面了解各方案的情况，选择一个最为有利的方法实现目标。

注意第（6）项，听完律师对三个备选方案的阐述后，当事人想也不想地当即否认了向主管部门投诉、与对方协商的方案。对此律师是如何应付的呢？听到当事人的反应后，律师并没有与当事人争论，而是暂时将这两个备选方案放在一边；随着对话的推进，律师并未完全放弃对和解方案的讨论［第（15）项］。律师之所以这样做，原因有三个：一是出于"当事人中心论说"的角度，当事人对调解和向主管部门投诉的方案抗性较大，让他讨论这些方案的时机还不成熟；二是给予当事人合理机会作出决策的原则又要求律师必须将这些方案纳入讨论；三是对当事人的判断加以分析后，律师认为当事人对向主管部门投诉的方案的后果分析基本切合实际，故而未在继续讨论该备选方案。对于调解方案，当事人可能作出了错误的预见，由于此前的其他受害者向对方提出调解申请，对方没有理睬，这是否就意味着当事人也会遭遇同样的结果呢？显然，这一预见的根据不足在于本身存在一定的错误，故律师将该方案再次纳入讨论。而这一系列的活动，都是对本书所介绍技巧的灵活运用。

不过，律师向麦天舒、蒙恬提出的三个备选方案似乎有面面俱到之嫌，违背了第十七课关于只提出重要备选方案的原则。其实，对于本案中的麦天舒、蒙恬，二人都接受过大学高等教育，其知识结构和成长背景都使其对律师提出的三个备选方案能够充分理解，律师提出这样的备选方案，系根据当事人具体情况——知识水平的高低、社会阅历的深浅以及经验的多少而定的，采用了量体裁衣、对症下药的方法。

除此以外，上述对话还运用了本书讨论的其他咨询与商议中"当事人中心说"主张的咨询与商议技巧，如对当事人表示体恤［第（5）项］，尽可能对当事人的提问迅速作出反应［第（9）（13）项］等。

> **小贴士** 咨询和商议的步骤、各个步骤的细节技巧，都可以运用到诉讼案件的咨询当中，在起诉阶段也不例外。

第三节 取证

接下来，在与麦天舒、蒙恬的对话中，律师深入与二位当事人探讨了借助新闻媒介方案的利弊，在诉讼中由法官主持调解方案的利弊，充分研究各种解决方案的优缺点之后，麦、蒙二人最终决定为缩短诉讼经历的时间，先对水库管理方提起诉讼，法院立案后再行补充收集相应的证据，同时为了解决资金紧张的问题，希望律师能够起诉的同时提出缓缴诉讼费的申请。

根据当事人的意见，律师与当事人计算了麦豆死亡可获得的各项赔偿项目的具体金额，并据此草拟了民事诉状，在事实与理由部分指出管理方因管理不善应承担赔偿责任的依据。对方收到法院的诉状副本后，向法院提出提交答辩状，称该公司已经合理履行了管理义务，不应对麦豆的死亡承担任何责任，并向法院表明其将于法院指定的举证期限内向法院提交相关证据证明其观点。由此可见，案件双方对抗性很强，争议很大，对律师补充收集证据材料的要求也提高了许多。

为使当事人的诉讼请求能得到法院支持，律师认为需要证明的重要一点是水库管理单位确实未按照法律规定履行合理的管理义务，而对这一事实加以证明的最好办法，是向当事人在被告单位工作的朋友夏某调取证人证言。但是，据当事人介绍，他们这位朋友生性胆小怕事，而且家庭环境不是很宽裕，对于目前这份工作非常重视，如果要申请夏某出庭作证，可能会影响夏某以后在单位的发展前景；更有甚者，依夏某的性格，他完全有可能向单位告密，成为单位的证人。为确定是否申请夏某作为证人，律师与麦天舒、蒙恬展开了新一轮的讨论：

法律咨询

（1）律师：现在我们已经顺利提起诉讼。此前，我们已经讨论过现有证据不足的问题，以及法院认定水库管理单位应承担赔偿责任的关键所在。按照《民法典》第1198条的规定，虽然证明尽到安全保障义务的举证责任分配给了水库管理方，但是在被告主张其已经完成管理职责，不应承担赔偿责任的情况下，我想我们如果能够证明水库的管理混乱不堪，存在我们描述的护栏垮塌、商贩兜售等现象的话，我们胜诉的把握将大大加强。你提供的夏某的资料非常重要，他是水库管理单位的工作人员，负责安保工作，对水库的管理情况非常清楚。如果他能够出庭作出对其公司不利的证言，法院很可能采信。但我又担心以夏某的性格，他可能不会同意，更可能因为单位的压力作出对我们不利的证言。所以，今天我们重点商量一下是否申请夏某出庭。

（2）当事人：我很赞成你的做法。你认为夏某的证词对案件事实认定的重要性如何？

（3）律师：作为管理单位的员工作出对单位不利的证词，对管理单位将是一个致命的打击，如果他能同意出庭并保证不受单位的左右，那么他的证词很可能将推翻管理单位完成管理义务的说辞。

（4）当事人：除了夏某出庭以外，还有没有其他办法了吗？

（5）律师：可以找其他与你们有同样经历的人，或是了解水库现状的人作证，但是他们的证言的证明效力都要远远小于夏某。就目前而言我还不确定这些人是否愿意出庭作证。你认识这样的人吗？

（6）当事人：一时半会儿也找不到，如果下心思寻觅的话应该是没有问题的，不过对此我也不太肯定。

（7）律师：既然如此，我们还是把寻找其他人的想法放在一边，继续讨论如何说服夏某出庭作证吧。你认为这样的可能性有多大？你去找他摊牌的话他说不定看在朋友的分上会帮助我们。

（8）当事人：呃……对于麦豆的事情我们的确很伤心，也很希望水库管理单位受到应有的惩罚，但是夏某家里也很困难，也有和麦豆差不多大小的孩子需要养活，如果他出庭作证会影响他的工作，作为朋友我很难开口。

（9）律师：那是不是由我这个局外人去跟夏某谈谈会好一些呢？你认为有没有这个必要，对我跟他交谈有什么需要提醒的？

第十九课
诉讼案件咨询实例

(10) 当事人：他性格懦弱，典型的"妻管严"，而且听朋友介绍他的妻子是一个热心肠的人，喜欢打抱不平。

(11) 律师：听到这个消息我倒有个主意，我们可以考虑曲线救国的方法，把说服工作的重点放到夏某妻子身上，做通她的工作后夏某就不成问题了。

(12) 当事人：这样做可能会有效果。但是他们最近的经济确实很拮据，前段时间还找我们借过钱。我不确信涉及夏某的工作问题他的妻子会作出什么样的反应。而且夏某要是中途反悔对我们也是非常不利的。

(13) 律师：这点确实需要冒一下险了。你愿意冒这个险吗？

(14) 当事人：冒险我倒不怕，但是就担心夏某的将来，我也不知道该怎么办了。

(15) 律师：这样吧，让我们来把各种因素的重要性做一下等级划分，有非常重要、一般重要和不重要三类，让夏某保住饭碗对你来说有多重要？

(16) 当事人：非常重要，我很看重这个朋友，不希望他出事。

(17) 律师：那么证明水库管理单位存在管理瑕疵，从而获得赔偿对你来说又如何呢？

(18) 当事人：假如这需要牺牲一个朋友的未来，我看这对我来说就变得不那么重要了。

讨论是否申请夏某出庭作证，是在当事人作出先行提起诉讼这一方案后的"落实决定"步骤，律师在这一步骤中，灵活运用了标准流程步骤安排，但是存在有倾向性地诱导当事人作出决定的行为。

上述对话中，律师做得好的点是其灵活机动的表现。案件咨询的标准流程要求在作出准备性讲解后，律师要帮助当事人明确目标，继而确定实现目标可供选择的方案，分析备选方案的利弊，最后陪伴当事人作出决定。这一案例中，律师完成准备性讲解后，在明确目标的同时提出了申请夏某出庭作证的备选方案，紧接着提出了这样做的利弊因素［第（1）项］。律师的做法在两个方面与标准流程不同：第一，主动在当事人提出利弊分析前陈述了自己的观点；第二，在确定能够证明水库管理单位存在管理瑕疵这一目标所有的可供选择的方案之前，直接提出了申请夏某出庭作证的利弊。这样做虽然与标准流程的步骤有所不同，但是此次会面的主要目的是重点讨论是否申请夏某出庭作证的问题，而讨论的原因也是

367

律师意识到这样做会有很多的不利影响。律师根据案件具体情况，结合现实生活中咨询与商议会谈的发展变换咨询与商议方式是对标准流程的灵活运用，值得推崇。

但律师也有不妥之处：其在以自己对事物的认识左右对话的进程。讨论之前，律师对申请夏某出庭作证的利弊做了充分的研究，并且相信这些不利因素必然出现。除了第（1）项的分析外，律师没有专门就方案的优劣之处与当事人加以讨论，而是直接以先入为主的观念带领对话的进程，没有让当事人分析方案的利弊。第（11）项提出了向夏某妻子做思想工作的新方案，但是对于这一方案的利弊分析也没有进一步展开，在当事人谈到一点不利之处后［第（12）项］律师就直接放弃了讨论。尽管经过最后的重要等级划分，当事人明确表示朋友的将来最为重要，其情愿选择放弃诉讼的胜诉结果。但是，上述过程中，律师以自己的观点左右对话的进程，没有充分分析各个方案的利弊及其他可供备选方案的利弊，实际上不能为当事人正确决策提供适当的机会。

> **小贴士** 标准流程的各个步骤并不是一成不变的；律师根据案件具体情况、咨询和商议过程的进展灵活变换步骤顺序和内容值得推崇。但是，无论怎么变换，给当事人作出决策提供合理的机会是咨询和商议活动的宗旨，律师背离这个宗旨作出的咨询和商议将戴上主观的面具，同时也不能为当事人提供很好的服务。

第四节 和解

经过补充证据、开庭质证等程序，律师与法官交流对案件的观点后发现，法官对本案的事实、法律适用认定的初步意见与律师之前的判断相吻合。虽然麦天舒、蒙恬最终决定不让夏某出庭作证，但是通过律师和当事人的努力，他们找到一个水库旁边山坡的森林防火管理员，由管理员出具水库管理混乱的证词。鉴于防火管理员的身份，他所作证词的证明力很高，水库管理单位无从反驳。尽管最后的判决尚未作出，律师感觉已稳操胜券，并向当事人通报了喜讯。

可是，当事人给律师的答复却泼了律师一盆凉水。水库管理公司不知道从何种途径了解到夏某和麦天舒的关系，通过夏某向麦天舒发出了和解的邀约。基于对友情的重视，不想让夏某失去工作的麦天舒提议接受和解，具体方案需要与律师商量后确定。于是律师与麦天舒、蒙恬就和解问题展开如下讨论：

（1）律师：这次我们的见面显然比上两次见面轻松得多。

（2）当事人：听到你所介绍的情况，这个案子进展得如此顺利还要多谢你的努力。

（3）律师：照目前情形看其实你不用理睬对方的和解要求，但是我理解你这样做的原因，友情对你来说比什么都重要，而且夏某一家确实不容易。

（4）当事人：没错，不管怎么说，我想通过这个诉讼，对方还是意识到他们的错误了，这样我也可以做个顺水人情。

（5）律师：那么我们就决然不管继续诉讼等待法院判决的思路了吗？我认为如果再讨论一下这个方案的话或许有助于最终决定到底采取何种方式。你愿意把这个方案纳入今天的讨论范围吗？

（6）当事人：谢谢你的提醒，但是夏某都向我开口了，我不会驳朋友面子的。我不会再想诉讼这条路，除非对方给出的条件确实无法让人接受。

（7）律师：既然你已经决定了，我尊重你的意见，就让我们开始讨论和解的方案吧。

（8）当事人：好的。

（9）律师：在开始讨论之前，我需要了解一下对方让夏某带来的和解方案，这样我才能全面地分析可供选择的方案和其利弊。

（10）当事人：对方提出如果我可以撤诉的话，他们可以向我支付20万元的赔偿。

（11）律师：这要比我们诉讼请求的金额少很多呢。他们这样做看起来好像没有什么诚意。如果他们真正意识到这个案子的判决结果对他们不利的话，怎么还会开出这样低的条件呢？

（12）当事人：这我就不知道了，可能是他们谈判的策略吧，喊低开高。

（13）律师：也有这种可能，但是他们的做法让我感觉到双方直接和解好像难度有点大，因此我想这里有两个可供选择的和解方案：一是我们双方自行协商；二是申请法院支持调解。此外，你还有其他好的选择吗？

(14) 当事人：没有了。

(15) 律师：那好，那我们就来研究一下我刚提到的那两个方案。你想先考虑哪个方案，是自行和解呢，还是由法院主持调解？

(16) 当事人：嗯，事实上我还不是太了解这两者之间的区别。

(17) 律师：是这样，鉴于一会儿我们会讨论到两个方案的具体利弊，这里我简单向你介绍一下二者的区别。自行和解就是双方在没有中立第三方的情况下协商赔偿事宜，法院主持调解是法院作为中立的第三方主导和推进和解的进程。

(18) 当事人：那就先谈第一个吧，我们自行和解，我不希望对方认为我用法院向他们施加压力。

(19) 律师：好，第一个方案下我们要自行向对方提出我们对调解方案的看法，比如赔偿金额的大小。

(20) 当事人：嗯，他们现在提出的数额甚至还没有我们的诉讼请求高，既然他们想早点结束这件事情，明显是觉得自己理亏了，那我想让他们在金钱上付出点代价。我们是否可以提出比我们诉讼请求更高金额的和解方案呢？

(21) 律师：这不是不可能的，因为我们的诉讼请求里面并没有包含你支付给律师的代理费，还有就是你为了诉讼所花费的合理费用等。我们可以把这笔钱加上？

(22) 当事人：这是个好主意。

(23) 律师：除赔偿金额外，我想我们还需要讨论一下结案的方式。对方提出如果双方能够和解，那么就需要你撤诉，你认为这样的方案可以接受吗？

(24) 当事人：如果我这样做，有什么问题吗？

(25) 律师：这样做可能在你撤诉后失去了制约对方的有利条件，如果他们不及时支付赔偿金额，我们也没有办法强制他们履行。

(26) 当事人：那让我同意撤诉也可以，他们必须在这之前付清所有的赔偿款。

(27) 律师：我想这样也不失为一个解决办法。但是，双方的和解可能因为分歧较大而无法达成一致意见。这时如果有中立第三方的介入就可以促进和解的继续了，这也就是第二个方案的好处，我想我们接下来就讨论一下法院主持调解的方案，好吗？

(28) 当事人：好的。

第十九课
诉讼案件咨询实例

当律师还在为案件的顺利发展欢欣鼓舞时,当事人出现了新的情况,打算接受对方提出的和解建议。因此,律师与当事人再次进入有关方案及其后果全面的分析阶段。这次商议的主要目标是讨论如何应对水库管理公司提出的和解要约。

即使当事人接受和解的愿望比较强烈,在开始正式讨论前,律师还是再次确定当事人的意愿［第（5）项］,是否愿意讨论继续审判的方案,经当事人再次拒绝后,律师方放弃该方案的讨论。因为意识到当事人为了友情可能作出不客观的决定,且继续诉讼的方案对当事人有潜在的重要影响,律师委婉地提醒当事人将继续诉讼纳入考虑,给当事人作出决策提供了合理的机会。在当事人拒绝讨论后,律师尊重当事人意见,将话题转至和解方案的讨论体现了"当事人中心说"的立场。

通常诉讼和解的两大重要问题包括调解的方式和调解的方案。就调解的方式,律师率先向当事人提出了两种备选方案,并询问还有没有其他的选择［第（13）项］；接着律师征询当事人首先讨论哪个方案的意见［第（15）项］,表明了律师的中立态度。这里,我们注意到律师并没有对每一种选择和各种选择的细节问题进行说明。根据律师与当事人的多次接触,律师认识到麦天舒是阅历丰富的人,无须赘述备选方案的细节问题,直到麦天舒主动询问［第（16）项］,这也是考虑当事人自身阅历、经验的结果。然后,律师通过第（17）～（26）项的讨论向当事人提供了有关重要方案及其后果的分析。

但是,在这次关于和解的讨论中,律师并非一点错误都没有。在与当事人讨论赔偿方案时,律师将讨论的重点始终放在赔偿金额的问题上,这会使当事人错误地认为和解最重要的就是要获得赔偿的好价钱。事实并非如此,除钱多钱少的问题外,和解还涉及其他的因素,如要求对方向当事人赔礼道歉等,这样的精神因素往往也是当事人额外注重的要点。律师对这一点的忽略,也将导致当事人不会有合理的机会对这些问题作出决策。

> **小贴士** 咨询与商议的标准步骤及各步骤中的技巧可以灵活运用于诉讼案例中。除这些技巧外,律师提供咨询时还应该注意影响当事人作出决策的常见变量,这些变量包括当事人的知识、经验、阅历和投入的热情,案情的变化,时间、金钱的压力等。

第二十课 LESSON 20

非诉讼案件咨询实例

第二十课
非诉讼案件咨询实例

与第十九课一样，本课中，我们也将通过非诉讼案件咨询实例来探讨有关咨询与商议方式的问题。当然，这里的案例研究不可能对现实中复杂多变的情况面面俱到，但这种研究仍然可以使你进一步理解和掌握怎样根据当事人的经验、阅历、愿意付出的代价和时间等因素灵活运用咨询与商议方式。

我们希望，本课能帮助大家掌握在商业交易活动范围内如何根据当事人的特殊兴趣、需要、背景、人格以及特定的经济环境等情况进行咨询与商议服务，实际运用我们此前掌握的咨询与商议的理论、方式、手段，并为当事人正确决策提供适当的机会。

对非诉讼案件的咨询与商议通常有两种类型：一是讨论草拟的合同中的每一个具体交易条件是否充分。关于这一类咨询与商议，我们将通过"康宝公司案例"予以探讨。二是从总体上讨论交易本身是否明智。关于这一类咨询与商议，我们将通过"解放碑中华路案例"予以探讨。

第一节 对法律关系进行细致咨询的实例

康宝公司案例

当事人康宝公司是一个从事软件开发和销售业务的小公司，总裁冒险系其法定代表人。康宝公司作为你的当事人至今已有两年，你对它的经营状况、职员、董事构成等情况都比较熟悉。

在第一次会谈中，冒险告诉你，康宝公司正在开发一种供律师使用的软件程序，这种软件比市场上现有的所有同类产品要复杂得多，其与其他辅助工具结合使用可以帮助律师事务所进行案件管理及材料收集等工作，康宝公司对此项软件的开发已经进行了 5 个月，预计至少要再用 18～20 个月的时间才能完成此项程序及其存储系统。研究成功后，还需 6 个月的试销期。

法律咨询

由于该软件项目的上述特性，康宝公司对这一项目非常重视，并希望该项目带头人蒲跃龙能留在公司，直到该项目完成和试销期结束。为此事宜，冒险曾与蒲跃龙进行接触，并希望他无论如何都得为这个项目再工作两年左右。而蒲跃龙则声明，其可以答应上述条件，但前提是保证其独立自主进行研究并给他一笔适当酬金，否则一切免谈。到目前为止双方就有关酬金问题还没达成任何协议。另据介绍，蒲跃龙现在的年薪是25万元。在正式签署协议前，冒险想让律师先审查一下合同的内容并提供一些参考意见。

在初次会谈中，你照例阐述了康宝公司挽留蒲跃龙再工作一段时间（24个月）的可能性，并提供了几种备选方案，其中包括：与蒲跃龙重新签订劳动合同，增加他的工资；或让他参与康宝公司的红利分配；或在销售该"律师管理软件"后，从所得利润中让他按一定比例提成；等等。在你与冒险就各种方案进行商讨后，他指出，由于各种原因，康宝公司不能让蒲跃龙取得股东身份。但是，可以考虑让他从该软件的销售收入中按一定比例提成。但总的来说，冒险还是倾向于第一种方案，即通过签订劳动合同，提高蒲跃龙的工资，并可以考虑将工资增加至年薪40万元。

在此次会面后的第4天，你草拟出一份合同，送给冒险并附了一封传真函件，要求他看一下合同，并定个日子与你再讨论一下合同的具体细节。

今天，就是你们约定碰头审查合同条款的日子，你起草的这份合同草稿共20页，包括以下主要内容：

1. 合同条目及蒲跃龙的岗位及职务范围；
2. 蒲跃龙的工资，包括各种奖励和福利等；
3. 康宝公司对所有软件程序、密码享有所有权，对蒲跃龙工作期间创造的成果享有知识产权；
4. 蒲跃龙在进行此项目研究期间不得对外承担与软件开发有关的业务；
5. 康宝公司可以解雇蒲跃龙的几种情况；
6. 若康宝公司违约，蒲跃龙享有的权利；
7. 如发生争议，康宝公司和蒲跃龙均有义务将争议提交仲裁解决；
8. 有关蒲跃龙解雇后竞业禁止方面的限制（如保守技术秘密、顾客名册等）；
9. 若蒲跃龙因该项目涉讼，康宝公司有赔偿蒲跃龙有关费用的义务；
10. 康宝公司在蒲跃龙违约时享有索赔权；
11. 双方应注意的问题；
12. 其他。

一、准备

在准备与合同当事人讨论合同草案中的条款之前，通常要求对以下三个问题作出决定：

1. 确定你的工作范围，即哪些条款需要进一步讨论；

2. 工作范围以外的问题提醒，即合同条款中哪些被省略的内容或备选方案有必要进行讨论；

3. 工作顺序，即按怎样的顺序讨论这些条款。

下面就简要分析一下这些问题。

（一）确定你的工作范围

咨询与商议的一个重要目的，就在于给当事人一个合理的机会对合同的条款是否符合自己的意愿作出决定，而要达到这个目的并不是要求你必须对合同的每一条款都逐字地进行审查分析，因为：

1. 某些合同的内容有时太多，容不得你这样去做。

2. 一些技术性和偶发性条款其本身已极为明确或在某种特定的合同中无关紧要，对此无须细究。例如，在你为康宝公司提出的这份合同中，有关合同期的条款和注意事项条款就是如此。其中，前者对冒险来说无须解释，后者则属于细枝末节的问题，对他来讲，知道不知道，无关紧要。所以，你无须就这类条款与他详细研究。

3. 有些偶发性条款只有在非常少见的情况下才会发生作用。例如，在许多商业租约中都规定有关被租用房产被国家征用的问题，即使承租人只租用一年。在这种情况下，出租人提出的租约中也会写进有关国家征用该房屋的条款。但是，在此期间国家征用该房的可能性非常小，至多也不会超过5%，此时，如果当事人不提，你当然可以不对这一部分的规定进行审查。

但是，在通常情况下，决定哪些条款需要与当事人讨论也并非都这样明显。在准备时，你可以根据内容的重要程度，当事人特别关心的焦点以及当事人本人的阅历、经验、愿意付费的高低、讨论时间的长短等因素作出决定，对有些拿不准的问题，可以让当事人自己作出决定，请看下列对话：

法律咨询

(1) 律师：冒险，现在让我们讨论一下上次我寄给你的那份合同好吗？你看过没有？

(2) 当事人：昨晚我花了一个小时的时间专门研究了一下，是这么一回事，我特别高兴你在合同中写进了竞业禁止的条款。

(3) 律师：好的。据我所知，康宝公司以前从未签订过该种劳动合同，但对这个问题你挺熟悉的。

(4) 当事人：是的。

(5) 律师：好，现在，我想我们该讨论一下这份合同了。看了以后，你觉得其中哪些条款还存在问题，或有不同看法，或我写得不够明白的？

(6) 当事人：我看没有什么问题，哪些重要哪些不重要，我只有通过你才知道，我看过了这份合同，在讨论中如果我觉得有什么遗漏的话，我会提出来的。逐条讨论怕要费不少时间，我只有一个多小时的时间。我想，有关我们解雇蒲跃龙、他所享有的权利这一部分，是否可以跳过去，这些问题我想就使用现有的条款。

(7) 律师：这样很好，我们尽量在一小时之内结束讨论，你想先讨论哪一条？

(8) 当事人：我对第2条和第5条特别感兴趣，即有关费用和我们在何种情况下有权解雇他这两条。

(9) 律师：好的，这也是我列在讨论提纲中的两个问题。

在上述第（8）项中，冒险提出，他只想讨论合同中的两项内容，同意他的建议是否会意味着剥夺他进一步了解合同其他十个方面的条款的机会呢？

你如果对冒险的目标、这项交易的性质、当事人优先考虑的问题等细节不甚了解，不仔细温习合同草案的内容，回答这些问题时，就没有充分的把握。例如，如果对赔偿损失规定的具体内容以及冒险在这方面的经验你心中无底，那么你与他讨论这个问题时，就不会有一个令他满意的结果。

尽管如此，这段对话对于掌握以怎样的方式进行会谈，以及判断该讨论哪些条款，还是有所帮助的，但此时的判断都只是初步的、临时的，后续的讨论，或多或少地会涉及一些你或当事人都没有预测到的问题。

(二) 确定工作范围以外的问题

通常，在起草合同前搜集信息的过程中，几乎很难将一切问题都考虑进去，这时你得经常凭借自己的判断而不是依靠与当事人三言两语的交谈去决定是否该将某一内容写进合同。实际上，几乎所有合同都会忽略某些潜在的问题，这些问题也可能要写进后来的正式合同中。例如，康宝公司案中这个劳动合同就忽略了一些带有普遍性的规定，如康宝公司在发生合并时终止合同的权利以及蒲跃龙在康宝公司一方违约时尽量减少损失扩大的义务等。

同样，合同中几乎所有的条款都是你从一系列的方案中选择出来的。例如，就合同中的酬金条款来说，康宝公司除了给付现金报酬外，还可以配给小汽车或让他使用公司的支付账户等。

因此，在与当事人讨论审查合同草案之前，你应该决定，哪些工作范围以外的问题应该让当事人知道，只有这样，才能使当事人有一个合理的机会签订合乎自己意愿的协议。

在考虑这个问题时，通常也应像在决定你的工作范围时一样。如果对当事人的经验、阅历、交易类型，当事人优先考虑的问题等因素比较了解，就应根据被省略条款或未选择方案的重要程度，当事人涉世的深浅、经验的多少，付费的高低，讨论时间的长短等因素进行平衡考虑，并据此作出决定。

此外，还应该注意当事人对合同某一条款的反应。这种反应也可以帮助你决定是否应该提出省去的条款或未选择的方案。例如，假设合同第 5 条规定，康宝公司应雇用蒲跃龙两年；如果在讨论中，冒险指出，若康宝公司放弃这个项目，那么这两年雇佣期的约定就会引起很多麻烦。这时，你可以建议对合同第 5 条进行修订，譬如可以约定雇佣期至完成软件开发时止；如康宝公司放弃该项目开发，在这种情况下，合同则自动终止。

在提出省去的条款或未采纳的方案时，你可以像以下这样提出：

法律咨询

> "冒险，谈到酬金条款，我还想起了另一个方案，因为你曾说过，这个数目蒲跃龙可能不会接受，所以我想我们是否可以在合同中规定：让他使用公司的小汽车，或公司账户，或增加一些津贴。如果你对此有兴趣，我可以对你说明为什么要这样规定，其中要涉及一些税收问题，你愿意考虑一下这个问题吗？"

综上所述，在通常情况下，你可以在谈到与被省略的条款和未采用的方案有关的条款时顺便提出这些问题。这样做可以使谈话自然，而且，也有利于当事人进一步明确增加省去的条款或作出其他约定的意义。

（三）确定工作顺序

正如我们此前所强调的，你通常总是以询问当事人有什么新看法来开始一次后续的会谈，通过观察当事人对这个问题的反应，你可以了解合同中哪些条款当事人特别关心；在就合同条款向当事人提供咨询时，你应对当事人特别关心的问题优先予以考虑。如果当事人没有表现出对哪些具体条款特别关心，这时你可以按照你认为最有效的顺序来进行审查，譬如，根据条款的序号顺序，或根据它们的重要程度来决定都未尝不可。

二、如何完成你的工作

（一）解释合同条款的含义

合同中使用的文字无论怎样简练、怎样与日常生活用语接近，当事人还是会觉得某些规定晦涩难懂。为了避免难堪，有时当事人不愿意让别人觉得自己缺乏理解力，因此如果你认为当事人对合同的某项条款可能会错误理解不妨主动予以解释。

由于引起当事人错误理解合同的原因通常是由于合同规定过于抽象。因此，有效解释的方法就是：举一两个具体的例子来加以说明。例如，现在你正与冒险讨论康宝公司与蒲跃龙签订的合同第9条的内容，该条约定如下：

第二十课
非诉讼案件咨询实例

> "康宝公司应当在法律允许的最大限度内确定和赔偿蒲跃龙的经济损失,包括合理的律师费、诉讼费、违约金、和解费用以及其他因任何第三人就与蒲跃龙受雇于康宝公司的工作有关的问题对其提起的诉讼或其他程序过程中发生的实际支出和合理的损失。康宝公司应在法律允许的最大限度内预付蒲跃龙在进行此类法律程序时所发生的开支。"

对此条款,你可以这样解释:

> "冒险,让我们对第9条再研究一下。实际上,这一条是说,如果某人就蒲跃龙在康宝公司工作的成果,比如说就其软件存在的瑕疵问题对他起诉,这时,康宝公司将为他代付应诉费以及法院判决由他承担的费用。同样,如果他以合理的和解的方式平息了此类争议,康宝也要承担其中的花费。"

因为上述条款约定的情况发生的可能性较小,而且很显然,冒险也是一个涉世深、阅历丰富的人,所以毫无疑问,对于冒险来说这些话就足以使他明白合同第9条的含义了。当然,你也可以进行更为详细的解释,例如,除软件产品瑕疵责任外,你还可以分析蒲跃龙可能被起诉的其他可能,也可以进一步说明什么是"合理的和解"。但总的来说,在解释过程中,举例的目的都是让冒险对合同规定有透彻的理解。

对于赔偿条款的某些问题进行适当的解释在这里也是非常必要的。但是,在解释时,对于约定该条款的法律理由不应做过多的阐述。例如,在解释赔偿条款时,你无须就法学上有关违约责任的理论高谈阔论。同样,在这里,你也不必详细地说明,如果没有赔偿条款,按照法律规定康宝公司应承担什么样的责任,除非法律上有相反的规定,或当事人为了了解读不读法学院到底有什么不同而故意地要提这类问题考你。对于这些问题不做深究是必要的,因为当事人对某条款的

法律咨询

含义有时比规定这一条款的意图更感兴趣。

最后,还应注意,解释合同条款也包括对这些规定的某些后果进行说明。因此,它与咨询与商议的第三步有关。

(二) 从客户的角度讨论合同约定的适当性

一般来说,在对某项条款进行解释以后,下一步讨论的程序就是帮助当事人对该条约定的适当性作出正确的评价和判断。在通常情况下,合同条款总是约定双方的权利义务和责任,因此你应尽力帮助当事人审查合同规定的权益是否恰当,责任是否过重。

例如,从权益方面来说,在上述例子中,你应帮助冒险判断将蒲跃龙留在康宝公司两年是否就能保证到时康宝公司能开发出该项软件并将其投放市场。同样,你也可以询问冒险,限制蒲跃龙在公司外进行软件开发研究活动是否就真能达到使他集中全部时间和精力专门致力于康宝公司项目研究的目的。

从责任方面来说,你应帮助冒险分析康宝公司能否遵循合同中有关赔偿条款的约定。当事人通常会错误地估计自己的履约能力,特别是往往容易忽视那些在将来可能会发生的偶发事件。因此你应当鼓励当事人去思考这些问题,假如这些偶发事件真的发生,他有没有能力承担合同约定的责任。在审查合同条款是否充分时,你可坦率地向当事人表明。请看下例关于保护是否充分的谈话:

(1) 律师:冒险,第1条要求蒲跃龙在2年内将全部精力花在"律师事务所管理软件"项目上。你有没有考虑过,康宝公司需要蒲跃龙的时间可会超过2年?也就是说,在这两年的时间里,完成这项软件开发并将它投放市场是否切实可行。

(2) 当事人:实际上,我想用18个月时间就差不多了,2年的时间可以说是相当充裕的。

(3) 律师:好,那么,对第8条你怎样看呢?这条的意思是,如果蒲跃龙在两年期限届满前停止工作,那么在合同规定满后6个月内,他都不得为其他公司或自己独立从事证据软件相关的产品开发工作。这一限制性规定能否分地保护康宝公司在蒲跃龙提前离职的情况下免受来自他的竞争呢?

（4）当事人：我想是可以的，因为我们还有两人协助蒲跃龙进行这个项目，这样约定我看没有什么问题。

上述谈话说明条款含义和征询当事人对条款约定是否充分了解问题的意见是联系在一起进行的。因为谈及的两条都是关于当事人权益的规定，这样提出问题可以鼓励当事人对合同约定的保护是否充分作出评价。

以下是关于能否承担责任的谈话：

（1）律师：冒险，让我们再讨论一下第 2 条。这一条约定，如果储存密码系统的特定部分能分别在 7 月 16 日、6 月 1 日和次年 4 月 2 日前完成，康宝公司每月则应付给蒲跃龙 8500 元的工资，另加 6000 元的津贴。康宝公司对于满足这些经济上的要求，有没有什么困难？

（2）当事人：可以肯定，这没有什么问题。

（3）律师：好的。因为第 6 条约定，如果康宝公司以任何方式违约，蒲跃龙即可解除合同，因此如果康宝公司不能如期付清蒲跃龙的工资以及第 2 条约定的鼓励性津贴，那么蒲跃龙就可以自由地走出康宝公司的大门。

（4）当事人：如果我们拖延几天付款，那会怎样呢？

（5）律师：哦，根据合同约定，康宝公司以任何方式违约对它来说都是致命的。延迟一两天可能不会有什么问题。但是如果每月的工资拖延太久或者康宝公司连续多次延期支付，那么就会构成实质性违约。这时，蒲跃龙就有权解除合同，且蒲跃龙有可能向劳动保障部门投诉。你觉得康宝公司在履行合同第 2 条的约定方面会存在哪些困难呢？

（6）当事人：我们的财务状况一直很好，我想不会有什么困难的。

在这里，律师对有关康宝责任问题的条款进行审查时，对合同文意的解释与对内容充分性的评价也是同时进行的。

注意，讨论合同条款的充分性属于咨询与商议方式中第一步的范围，其主要目的是弄清当事人对合同某一方面内容有什么意向；在前述关于合同第 8 条的对话中，冒险的话就说明他的目的之一就是避免蒲跃龙在离开康宝公司后会与康宝公司直接竞争。此外，上述两段对话都表明：关于合同条款充分性的讨论与第三步让当事人知道关键备选方案及其相应后果也有一定的联系。

前述对话让冒险得知，如果康宝公司屡次延期支付蒲跃龙工资，就可能造成蒲跃龙中途解除合同的后果，且康宝公司有可能受到行政机关的处罚。

在上述例子中，当事人对合同中的约定都表示满意。但实际上，情况并非都是这样。有时，当事人将自己的意图与合同的规定相对照时会发现对合同的约定不满意。在发生这种情况时，你或你的当事人就得重新作出选择。在有些情况下，当事人对合同约定不满也可能会促使他改变原有的意图。请看下例：

(1) 律师：冒险，接下来让我们再简要地看一下第6条。这一条实际上是说，如果蒲跃龙以任何方式不从事本职工作，或以任何方式违反合同，康宝公司可以解雇他。这一约定与你的愿望是否一致？

(2) 当事人：我认为这样约定没有什么意义。除非我们放弃了"律师管理软件"的研究计划，否则我们是不愿在他面前耍这个威风的。

(3) 律师：康宝公司真的不会这样做吗？

(4) 当事人：当然，这话也不能说得太绝对，在现在这种社会，什么事情都会发生。如果其他公司阻碍我们的产品进入市场，这样做也是必要的。

(5) 律师：我懂你的意思。我们是否可以增加一项内容，规定如果康宝公司在两年内发生转让或放弃了"律师管理软件"计划，那么其将有权终止合同，你看这样可以吗？

(6) 当事人：我看可以。

(7) 律师：如果我们增加这项约定，你觉得蒲跃龙会做何反应？

(8) 当事人：……

在这里，冒险对合同草案中的第5条内容表示不满意，这种不满使他提出了一个新的想法［第(2)项］；在得知他这个想法后，你提出另一项对策［第(5)项］，接着，便准备对其可能导致的后果进行探析［第(7)项］。一般来说，解决像冒险对合同条款表示不满这样的问题,通常要涉及咨询方式的各个步骤。

(三) 从对方当事人的角度讨论合同约定的适当性

评价合同条款可能对其他人产生什么影响,也是对合同条款的适当性进行评估的一项重要内容。

不论从未来与其他人协商签订正式合同的需要来看,还是从维持当事人之间长期的合作关系来看,都需要律师从当事人相对方的角度来审查合同内容是否充分。将世界上的所有权利都赋予自己的当事人当然可以讨得当事人的欢心,但如果真是如此,那么必然会触犯对方当事人的利益,或者使他们敬而远之。因此,有风险就得由双方来分担,即使当事人对合同的约定满意,"合理机会"原则也要求你对它在未来协商正式签订合同时是否能为对方接受以及对于将来相互交往的影响进行考虑,必要时也可以对现有合同草案进行修改。

下面是你与冒险在讨论合同第8条时的一段对话:

(1) 律师:冒险,我们都赞同合同第8条中关于两年内禁止蒲跃龙从事任何其他与电脑开发有关的工作的约定,这与康宝公司所要达到的让他集中全部精力完成项目的目标是一致的。但是为了保险起见,我们不妨花几分钟研究一下蒲跃龙对这一条会有什么反应。在我们将合同送交其签字之前,至少我们得考虑一下这样规定会不会惹他不高兴,只要可能,我们就应该尽量不把关系搞僵。

(2) 当事人:当然,只要不放弃我们应该得到的,我也同意这样。

(3) 律师:我明白。如果说蒲跃龙有什么不满的话,那么可能就是康宝公司对他公司外活动的限制了。

(4) 当事人:我想他周末确实在外揽了些事情做。他可能不愿意放弃继续这样做。

(5) 律师:到底哪些事情,你知道吗?

(6) 当事人:具体我也不清楚,好像是与教育有关的项目。

(7) 律师:好的,所以说,蒲跃龙会拒绝放弃这些工作。你觉得对这一条约定是维持现状好呢,还是做一些改动更好呢?比如说,是否可以约定允许他在特定时间

法律咨询

> (譬如说周末)在外揽些事情呢?
>
> (8) 当事人:我不知道是否该这样,现在,我们中许多人在周末都要上班,特别是当我们的产品在接近投放市场的阶段时,更是如此。我不想到时给他一个借口,说根据合同他有权在周末不上班。
>
> (9) 律师:有没有什么办法使他既可以承担一定的公司外业务工作又不损害康宝公司的利益呢?
>
> (10) 当事人:这我还没有想过。维持合同现在的约定可以表明我们态度坚决,如果他觉得不妥,还是让他自己提出吧。别忘了,在这笔交易中,他可是额外得到了1万元的好处啊!
>
> (11) 律师:当然,就提高这么多的薪水来说,康宝公司是可以对他的行为做某些限制的。但是因为你说过,蒲跃龙现在在外承担的工作对你们的项目没有什么不良影响,我们是否可以对其在外承担工作的范围进行限制,允许他继续做现在所做的事?这样约定,在我们进行谈判时是有利的。它可以表明,我们在起草合同时,是从双方当事人的利益考虑的。
>
> (12) 当事人:从表面上看,这没有什么问题,但是其在公司外工作可能会引起一些潜在的难题。
>
> (13) 律师:会有什么麻烦呢?
>
> (14) 当事人:这确实不好说。
>
> (15) 律师:好,也就是说,这里存在一个矛盾,即允许他继续现在的业余工作可能会与你们以后的某种需要发生冲突,你看还有什么其他麻烦吗?
>
> (16) 当事人:嗯……

从这段对话中,我们可以看出,从当事人相对方的角度审查合同内容的适当性,往往涉及每一个咨询与商议程序。第(1)项可归入咨询与商议程序的第一步,即弄清当事人冒险的意图对蒲跃龙来说是否会使他不满;冒险对此表示同意 [第(2)项],并再次表明,维持合同现有规定可能会使蒲跃龙不高兴 [第(4)项]。由于冒险所要达到的目标与条文现有约定发生冲突,这样就使你们自然地进入第二步,即分析其他可能的备选方案 [第(7)(11)项],紧接着便开始第三步对关键的方案及相应的结果进行剖析 [第(10)项、第(12)至(15)项]。

第(11)项说明了从对方角度审查合同条款与谈判策略之间的必然联系。在第（10）项中，冒险表明了自己对协商谈判的传统的保守态度，指出维持合同现状可以使康宝公司在一开始就站在强硬的立场上。与此相适应，你提出了一个可以同时满足双方要求的方案［第（11）项］。在第（12）~（15）项中，你们开始以解决问题的态度分析其后果。

（四）在咨询与商议过程中协助当事人作出决策

下面我们将探讨怎样在讨论合同内容时灵活地运用咨询与商议方式，为当事人正确决策提供适当的机会。

> 假设你的当事人不是康宝公司，而是蒲跃龙。上周你与蒲跃龙进行了第一次会面，了解到他与康宝公司之间交易的一些情况。你得知康宝公司向蒲跃龙提出签订一份为期两年的雇佣合同，每年康宝公司将付给蒲跃龙20万元的工资。蒲跃龙，29岁，从事电脑开发研究工作已有7年。6个月前，他来到康宝公司，专攻"律师管理软件"项目。他对康宝公司提出的酬金表示满意，但是他从未签订过什么雇佣合同，所以现在他甚至连合同草案还没有仔细看一遍。在上次会谈结束时，你们约定，你和他先分别将合同审查一遍，然后再碰头讨论。这次见面时，你们讨论的中心问题就是合同第4条的约定，其内容如下："蒲跃龙受雇于康宝公司期间，应按合同规定将其全部精力、兴趣、能力和工作时间用于履行合同规定的职务，未经康宝公司书面同意，不得以自己、他人或其他经济实体的名义从事目的在于为自己、他人或其他经济实体创造经济利益的电脑开发工作，或提供此方面的服务。"

对此，你们进行了如下对话：

> （1）律师：蒲跃龙，再次见面，非常高兴，自上次会面后，有什么新的进展吗？
> （2）当事人：一点也没有。
> （3）律师：我仔细地看了一下康宝公司提出的合同草案，我想，现在他们的意图我基本明白了，上次见面后，你有空看了一下合同吗？

法律咨询

（4）当事人：看了一遍。但坦率地说，还有一些问题没有搞懂，我知道，合同约定的期限是2年，我每年可以得到20万元的薪水。此外，自第二年开始，我还可以享受其他许多福利待遇。还有一些有关经济待遇和福利上的问题我也比较清楚。但问题是，如果我离开了康宝公司或发生了诸如此类的情况，那又会怎样呢？对此，我脑子里还很模糊。

（5）律师：就我所知，你以前从未经手过此类合同，所以有些疑问也是情理之中的事，我们今天要做的就是全面地审查一下这份合同的内容，我想，在我们做完这些以后，你肯定会对合同的内容有一个比较清楚、全面的了解。但是，在我们正式开始之前，我想问一下，你是否对合同中的某一条款特别关心？

（6）当事人：是的，我对其中第4条的规定还不够明白，这一条是不是说，在我为康宝公司工作期间不得在公司外从事任何与该项目有关的工作。

（7）律师：大概是这么回事。对这一条，我们肯定要着重讨论。你还有什么其他特别关心的内容吗？

（8）当事人：没什么了。

（9）律师：好，那么，我们就从第4条开始吧。这一条的意思是说，在你为康宝公司工作期间，未经康宝同意，不得以为自己或他人挣钱为目的在公司外从事任何电脑研究工作。也就是说，你不得从事任何与康宝公司项目有关的工作，只要这些工作直接或最终会给你带来经济收入。你曾说过，这些限制会给你带来麻烦，能告诉我会有哪些麻烦吗？

（10）当事人：这段时间，我周末一直在家同另外两个朋友一起研究一个项目。它是一种帮助学习经济学的课外学习程序软件。对这个项目的研究目前已有相当的起色，再有4~6个月的时间，我们就可以完成了，在进行测试后，即可投放市场。除此之外，周末我还偶尔私下做一些咨询工作，赚点外快，如果我不能再做这些工作的话，那么即使他们再提高1万元的工资，我也不能肯定就会签约。

（11）律师：你是不想断了现在的收入，是吗？

（12）当事人：正是这样，我不想与康宝公司竞争，我明白，他们对于我工作日内的时间有权支配，但是在周末或晚上我做什么，这可是我自己的事。

（13）律师：要摆脱这个困境有几条路可走。我先说一些，然后，你看还有什么其

第二十课
非诉讼案件咨询实例

他办法。第一,你可以去试探一下,看看康宝公司方面能否让你继续从事你手头的工作,毕竟,你对他们的项目一直尽心尽力,而且,他们对你的工作态度也很满意。第二,由于停止这些业余工作会大大减少你的收入,所以你也可以提出让康宝公司增加比1万元更多的薪水。无论怎样,你都可以先私下跟冒险接触一下,或者我们一起向他正式提出对这一条进行修改。你看,还有什么其他办法吗?

(14) 当事人:除照约签字外,我看是没有其他办法了。你认为我该怎样去做呢?我真不知道该怎样处理这种事。

(15) 律师:我明白,对这种事情你是得要有其他人出主意才行。当然,我会竭尽全力帮助你的。按约签字也是个办法,不妨考虑一下。但是,在决定到底哪个方案最可取之前,我们还是多研究一下。现在,让我们对这几种方案都分析一下,看看它们各有哪些利弊,这样一来,到底该怎样做,你就会明白了。先让我们把所有的备选方案都写在这张纸上,这样我们就可以逐个不漏地分析它们可能会带来哪些有利或不利的后果。先让我们研究一下,如果他们同意让你继续手头上的工作,对你有什么好处。

(16) 当事人:这似乎是最友好的做法了,这与要求进一步提高工资相比,显然要好得多。公司开业不久,我知道,如果我还要求增加薪水也不太妥当,特别是在他们已经同意增加1万元薪水的情况下,这样做就更磨不开面子。

(17) 律师:回过头来说,维持合同现有约定的好处是可以使问题得到私下友好的解决,可以避免要求再提高工资而带来的许多麻烦。你看,允许你继续从事你业余工作还有什么其他好处吗?

(18) 当事人:我之所以认为这样做比再求他们提高工资要好,还因为我没有计算过增加到什么数额才算适当,而且,我确实需要继续进行我的业余工作,因为我觉得这是一项有价值的工作,同时,咨询工作可使我在不同的领域运用自己的知识,这样可以防止我变成个书呆子。

(19) 律师:由此看来,你确实是想继续进行公司外的工作啦?也就是说,要求提高工资,放弃公司外工作的一个最大的不足就是会使你生活失去丰富多彩的特征。你觉得继续进行业余工作还有什么好处吗?

(20) 当事人:这是我觉得满意的一种方案,我确实不愿意再要求他们提高工资,他们已经够慷慨的了,再要求提高工资,我也感到过意不去,他们会说我贪得无厌,这只能使事情弄得更糟,我不想冒这个险。

法律咨询

（21）律师：好，你对康宝公司比我更了解，所以我们也许该放弃这个打算。那好，就让我们再来研究一下该怎样与康宝公司交涉。你觉得正式重订合同，写明你可以继续进行家教项目的研究等工作，并将合同草案寄给对方，这样做怎样？这样做与私下跟冒险接触商谈相比有什么好处呢？

（22）当事人：我看没有，因为这样做也会遇到同样的麻烦。如果我提出此事，那么一切都得公之于世。我愿意接受他们每年增加 1 万元的条件，我热爱公司，但这并不是说，我会害怕康宝公司放弃这笔交易，他们需要我胜过我需要他们。但问题是，一旦康宝公司发现了我在外的业余工作，他们就会经常在我的背后监视我，看我是不是真的在为康宝公司干正事。如果出现这种状况，工作状态就会糟到极点。如果老是有人检查我所做的事情，那么我还有什么独立工作可言呢？因此，我希望合同中不要写进这些内容，如果不写进我就可以在此签字，继续我的工作。啊！我想起来了，如果我现在就在这上面签字，同时私下继续进行我现在的业余工作，不让他们知道，这样不就两全其美了吗？到目前为止，他们对我在外所做的一切还不清楚，也许他们根本不会发现的。如果我现在在合同上签了字，同时继续进行公司外的业余工作，他们发现了后，又会怎样呢？

（23）律师：这会让康宝公司根据合同第 5 条的约定取得解除合同的权利，并要求你赔偿损失。

（24）当事人：我想，即使康宝公司发现了我的业余工作，也不会解雇我的。我在这个项目上工作的时间越长，他们对我的依赖性越大。除非合同是非法的，或者有什么特殊原因，否则我想我得尽快签署这份合约，抓住时机，这样做既可以提高工资，同时对我的公司外业余工作又不影响，一举两得，何乐而不为？你看呢？

（25）律师：我不敢断言你是否该冒这个险。经验告诉我，人们在发生问题之前，总是不愿意去正视它。你为什么非要冒这个险呢？如果他们真的中途解除了合同，你又该怎么办呢？

（26）当事人：我对自己的专业很在行，我可以马上找到新工作。也许每年挣不到 20 万元，但可以肯定不会比我眼下挣的钱少。更重要的是，我有自信他们不会解雇我，他们确实需要我，依赖我。对！我越想越觉得这个办法好，先签合同，至于它怎样约定，我可以暂时置之不理。

> （27）律师：蒲跃龙，你真的要这样做？如果他们最终解雇了你，那么我告诉你，你想让合同继续生效的话，最好的选择就是向法院起诉。要是我，我不会让自己站在这样的位置上，我宁愿现在就面对现实，晚上也可以睡个安稳觉。
>
> （28）当事人：我知道，他们可能会依合同提交仲裁，这样会使你觉得难办。如果这份合同没有其他严重问题，我想还是直接签约，不要自找麻烦。说实话，这样我很满意。
>
> （29）律师：好，只要你明白其中的风险，对此，我就再也没有什么可说的了。看看还有什么问题。现在，我们从第1条开始逐条审查一下吧，第1条的意思是……

上述第（1）（2）项通过询问对方有什么新进展以及对方汇报工作的进展情况自然地开始这一次后续的会谈。第（3）项中，你问蒲跃龙是否看过合约，这种提问也很自然，通过第（4）项对方的回答，你得知当事人还没有完全弄明白合同的内容，对其中的许多规定还没有搞清含义，由于在这种情况下不可能为你的当事人提供合理的机会作出决策，因此就要求你全面地引导他弄清合同的内容，第（5）项的评论，反映了你对合同条款逐一进行审查的决定是必要的。

实际上，第（5）项是对你打算逐条审查合同内容这一做法的说明，这样做，可以使当事人明确这次会谈的内容。此外，第（5）（7）项中，你还询问当事人对哪些合同条款特别关心。应记住，在会谈开始时，通常得给当事人一次机会，让他说出自己关心的问题，由于蒲跃龙表示他仅对合同第4条存在顾虑，所以你合乎逻辑地从第4条开始进行讨论［第（9）项］。

像作为康宝公司的代理人一样，为了不让合同中的一些抽象法律用语使当事人感到困惑，首先，得对合同条款的含义进行简要的解释。其次，通过询问当事人这样的规定是否会使他负担过重了解当事人对该条是否适当的看法。然后，你专心地听取当事人的意见［第（11）项］，并予以积极的配合，鼓励蒲跃龙将其他顾虑都讲出来，在蒲跃龙说明他的见解的同时，也将他对合同第4条的想法勾画出来。

因此，第（9）（11）项完成了咨询与商议第一步中发现问题和确定目标的任务。从第（13）项开始，你们进入了第二步——分析可能的备选方案。你以询问

法律咨询

蒲跃龙还有没有其他办法的方式结束了这个方面的分析，如"对合同第 4 条你觉得还有什么问题吗"等。

第（13）项通过列出你们想到的各种可能性方案开始了第二步的讨论。由于蒲跃龙在雇佣合同方面明显缺乏经验，所以你以列举提出的备选方案的方式开始是比较恰当的。在这里，你提出了要么康宝公司允许他继续进行现在所从事的业余工作，要么对他放弃这些业余工作并要求公司给予补偿这两个方案。此外，你还提出了可以正式也可以非正式地与康宝公司进行交涉。当然，可供选择的方案并非只有这些，除此之外，还有其他可能，如让蒲跃龙自主地在周末做自己的事。当然，你不可能一下子将所有可能的备选方案都列出来，你只要列举其中的一些主要方案也就行了。但是，应该注意，在你说明每一种备选方案时，应坚持站在中立的立场上。最后，你问蒲跃龙，他是否还有其他办法。

在第（14）项中，蒲跃龙提出了他的另一个方案——按现状签约。然后，他问你，在这些方案中，你倾向于哪一个。在第（15）项中，你分析了他提出的方案的可行性，考虑到你所提供的每一个意见都必须以当事人的利益为出发点，所以你告诉蒲跃龙在正式向他提出忠告前得进一步分析一下，为了不使他泄气，你在听完他的话以后作出了委婉的评价（"我明白……"），并明确表明你乐于帮助他的意愿。此外，通过告诉蒲跃龙"该怎样做，你会明白的"，你将最后的决策权留给他自己来行使。接着，你们就进入第三步——对各种备选方案的利弊进行评析。

第（13）~（15）项并没有完全同咨询与商议方式保持一致。这一点也许你也看出来了。在蒲跃龙提出了一个新的方案后［第（16）项］，你没有问他还有没有其他方案，同样，在第（15）项结束时，你提出，首先讨论一下维持合同现状的方案，而没有征询当事人愿意首先讨论哪一个。

第（15）~（19）项都属于咨询与商议方式中的第三步。在第（15）项中，你就"维持现状"的方案询问蒲跃龙还有什么好处，当然，他在第（16）项中提到的"不愿意要更高的价钱"这一点也是其他方案的不利之处。第（17）项则主要集中在"维持现状"方案的优点这个问题上。第（17）项和第（19）项都反映了你积极倾听当事人的意见，前者表现了你对蒲跃龙所讲内容的反应，后者则表示你对他说话的内容和他的感受都做了反应。在第（17）项中，你对蒲跃龙列举的"好处"进行了总结。第（19）项中，你从另一个方面指出了选择其他方案的不利，但马上通过征询还有什么其他优点，让蒲跃龙重新回到原来的位置上。

在第（20）项中，蒲跃龙反对"要求康宝公司再提高薪水"的方案，其理由有二：第一，他不好这样做；第二，他不愿将事情弄糟。在第（21）项中，你接受了他的看法，但是根据蒲跃龙的背景，他预测"事情会弄糟"并没有充分的根据。"弄糟"是一个含糊的概念，在进行深入细致的研究之后，康宝公司也许会认真地考虑这一要求，因此在第（21）项中，接受蒲跃龙的反对意见也许过于匆忙。关于合同第4条，如果要给予蒲跃龙合理的机会考虑这个方案，至少应对他"要求再提高工资"的理由进行一番分析。请看下面这句话：

> "蒲跃龙，你不想与康宝公司把关系搞僵，而且这是你的一个重要动机。但是我想证实一下如果你答应停下业余工作并要求康宝再提高工资，是否就真的会触碰康宝公司的底线。为什么你会觉得，如果要求提高工资以补偿你停止业余工作的损失就会触碰康宝公司的底线呢？"

这些话会促使蒲跃龙去分析他所说的话有没有依据，并重新考虑他所作出的决定。当然，他可能仍然坚持自己的观点，即使他承认他说的话没有依据。

上述对话忽略了运用咨询与商议方式过程中应该注意的许多问题，这样一来，便使当事人选择了既不合乎实际，也不合乎道德的方案。基于一系列的推断，蒲跃龙最终认为，直接签约而置合同的约定于不顾的方案最能实现他继续搞业余工作的目标。这些推断包括：康宝公司不会发现他在公司外从事的工作；即使他们发现了，他也不至于被解雇；即使被解雇，他凭借自己的能力，也会在其他地方很快找到一个与此相当的工作。蒲跃龙对康宝公司会怎样对他的行为采取对策明显无知，但是不可思议的是，作为一个咨询律师，你对此不仅未置可否，反而无形中似乎也认为他的每一个推断都有根有据、合情合理。

由于你没有深究蒲跃龙作出这一选择的根据，所以对于这一选择的不利之处，你也就没有进行深入的分析。你既没有直接问他这样做有什么不利，也没有在相

法律咨询

关问题中提出"可能发生不利后果,这难道不会使你日夜担忧吗",或者"如果这样被康宝公司解雇,那么对你未来找到新工作的机会会不会有影响呢"等。

此外,蒲跃龙决定直接签署合同,而置其中对他业余工作的限制性规定于不顾。你允许蒲跃龙选择这样一种几乎可以说是不道德的方案,甚至没有吭声。因此,鼓励他作出合乎道德的选择是完全必要的。例如,你可以说:

> "我知道,业余工作对你来说非常重要,我很欣赏你对丰富多彩的生活方式的追求。但是,对你打算签订合同而不打算履行其中第4条约定的义务,我感到忧虑,你看该怎么办呢?"

最后,你认识到不能再这样继续这场没有原则、飘忽不定的咨询谈话了,所以你通过证明没有价值去冒这个风险(被发现和被解雇的风险)来劝阻蒲跃龙改变初衷。当蒲跃龙问你,他是否该签署合同时,你没有弄清他提出的问题,因此你对他说,不该冒这个险[第(25)项]。然而,蒲跃龙却明确地证明这种风险非常之小[第(26)项],面对这样的情况,你让他不要冒这个风险,显然表明你是想用自己的保守来取代他的冒险精神。

基于上述原因,我们可以说,这段咨询对话并未能为蒲跃龙对合同第4条作出正确的决策提供合理的机会。应该承认,并不是说在审查合同的每条款或所有条款时都要生搬硬套地使用咨询四步法。此次咨询中,你忽略了合同第4条对蒲跃龙的重要性;蒲跃龙的缺乏经验;康宝公司不接受其他方案的推断没有充分的依据;蒲跃龙先入为主以及由此产生的对风险的错误评价。在这里,偏离咨询与商议的次数及其严重程度都是难以让人接受的。

另外,还应注意对某一具体的条款向当事人提供咨询时,应探讨该条款的主要问题。比如,你说明了第4条约定的含义[第(9)项],探析了该条的适当性并从蒲跃龙的立场上分析了可能的备选方案[第(9)~(27)项],但是对从对方当事人的角度审查合同条款的适当性这个问题显然没有给予足够的重视。

当然,在这里没有强调这个方面也是可以理解的,因为合同是由对方提出的,一般只有在当事人打算提出新的方案时,你才有必要分析对方的意图和看法。在本案中由于蒲跃龙接受了康宝公司提出的合同草案的第 4 条，在这种情况下，探析康宝公司对第 4 条可能作出的反应显然就没有什么价值了。

■ 第二节 对总体性决策进行咨询的实例

到目前为止，我们的研究主要集中在就交易的具体条件向当事人提供咨询的问题上，但是正如我们在前文分析的那样，有时，当事人会就某交易从整体上看是否可行等问题向你征询意见，或者就"做与不做"某笔交易的问题问你有什么意见。

很明显，咨询与商议方法同样也适用于这种"做与不做"的问题，不管是"我该不该签这份租约"，还是"现在该不该找个出资人"，或者其他诸如此类的带有总体决策性的问题，你同样都应该按照咨询方式的要求，根据当事人的目的、意图来分析各种备选方案及其结果。

这一节中，我们将通过一则实例讨论在进行此类总体性决策咨询时，应怎样根据当事人的背景及具体的情况等变量采用适当的法律咨询方式。

解放碑中路案例

本案中，你的委托人是李铭。在过去的三年中，李铭一直在附近经营包餐业务，其主要工作就是在人们生日或周年纪念晚会时为顾客包办宴席。你曾接受他的委托为他办理过申请经营包餐业务的许可证等事务，而且你还曾就有关其他问题多次向他提供过咨询意见。

两周前，李铭给你打来了一个电话。电话中，他语气非常激动地告诉你，他很久前就想结束包餐经营，正儿八经地开个餐馆。因为他想，有了餐馆就会有一个更加固定的收入来源。现在，他想实现这个长期以来一直梦寐以求的愿望。但是，因为办餐馆可能不会马上就有盈利，所以他想，如果换个新地方也许钱要来得快些，并且会有更大的发展潜力。

法律咨询

> 李铭选中的地方位于解放碑中华路的商业中心。这里有一个街区长的高档商店。目前，该中心有好几家餐馆关门待租。李铭想，光顾该中心的顾客一定会被他独特的风味所吸引。所以他便就租约问题与该中心总经理金范进行了商谈。协商的结果是，金范给了他一份书面的租约草案。在他将这些情况告诉你以后，李铭说，他很想早点开业，但在此之前，想让你审查一下这份租约，看看这笔交易会不会赔了血本。他把租约寄给了你，并约定两天后与你见面，以便你们能一起审查。
>
> 从电话中的交谈和租约的规定中，你得知双方初步协商约定的内容如下：李铭与金范协商达成为期五年的租赁协议，其中规定租金为每年至少10.8万元（9000元/月），另加7%的毛利扣除，租期自租约签字后两个月后起算，以便李铭有时间进行初步的更新改造，且约定有关修理翻新费用、房产税、保险费等均由李铭负担。此外，李铭还负有缴纳该中心公共区域维持费的义务。从李铭告诉你的话中，你还得知，去年该房产的房产税是3600元，维持费为400元/月。

现在，你正与李铭会面，审查对方提出的租约，他仍然很急于早日当上新餐馆老板。从你以前与他的交往中，你知道，尽管此人算得上是个精打细算、精明能干之辈，但是在决策方面常常过于感情用事，急于求成，而失去本来应有的谨慎，你还记得有几次他的盲目、草率的决定使他现在还追悔莫及。因此，你认为让该君冷静一下头脑，仔细地考虑一下在解放碑中华路的商业中心开设餐馆的事是必要的，因此你们的讨论如下进行：

> （1）律师：李铭，我已看过了租约。现在，我们有几种方式来讨论这份租约：我们可以逐条审查租约的规定，看你对它们是否满意；也可以先花几分钟聊一下这笔交易对你来说到底该不该做。
>
> （2）当事人：我很想做这笔买卖，但是如果你认为这是个大错的话，我想我会知道该怎么办的。
>
> （3）律师：我并不是这个意思。实际上，眼下我还没有掌握足够的信息去作出这样的断言，我相信，你对此早已是深思熟虑、胸有成竹的了。如果我们先见森林，后

第二十课
非诉讼案件咨询实例

观树木,这样也许会更有帮助。

(4) 当事人:树木? 难道租约里说这些也要求我付钱吗? 这我并不感到意外——似乎该商业中心的所有东西都由我付账。

(5) 律师:我的意思是,我们是否先从总体谈谈这笔交易,然后再从细节上考察研究。也许,你的餐馆会轰动一时,这样做是值得的。但是,从你的口气来看,对于你要签的这份租约中有关租金等资财方面的条件你似乎还有点顾虑,我们也许该先聊一下这个问题。我知道,你认为餐馆与包餐相比会给你带来更稳定的收入来源,并且也更有前途,但是请告诉我,你有没有想过是否可以在其他地方开个餐馆呢?

(6) 当事人:我琢磨着你会提到这个问题。我也想过,这个城市的任何地方我都可以开餐馆,但是找来找去,我觉得只有这地方才中我的意。该中心的业务范围广,顾客多,这对我经营餐馆无疑是块风水宝地。此外,这里有些地方还在继续发展,其地理位置对我和我的那帮伙计来说也非常便利。鉴于此,我真不想再去找其他地方了。

(7) 律师:很明显,对于这地方的优越性你是认真总结了的。除上面所讲的那些外,你觉得还有什么其他好处吗?

(8) 当事人:它有高级的停车场。此外,大多数商店很晚才关门,天黑之后,不少人来逛夜市,这些对开餐馆都很重要,因为我想我的餐馆该有中餐和晚餐两次营业高峰。

(9) 律师:听起来确实是个理想的地方,还有其他好处吗?

(10) 当事人:难道这些不够吗?

(11) 律师:那么,让我们再从另外一个角度来看一下吧! 你觉得有什么不中意的吗?

(12) 当事人:唯一美中不足的是租金太高。

(13) 律师:对此,还有没有协商的余地呢?

(14) 当事人:我想可能没有什么协商的余地了,金范的口气很坚决,该中心的标准租金是每平方米至少3元,另扣一定比例的销售毛利;对餐馆来说,扣除7%的毛利是通常的标准。

(15) 律师:照此看来,我看方案只有两个:一是接受这笔交易;二是继续经营包餐,以等待时机。

397

法律咨询

（16）当事人：是的，但是我对其他地方确实不感兴趣。同时，我经营包餐业务的初衷也是想有一天能开个餐馆。现在，我觉得时机已经成熟了。

（17）律师：那么，让我们谈一下你所担心和忧虑的问题，即租赁费问题。根据合同约定，第一年的各项费用总额至少是 116 400 元，其中包括租金、不动产税及公共维持费等，而且在两年中，这两项费用没有提高。此外，如果你年销售毛利高于 108 000 元，高出部分的 7% 也归该中心所有。所以，我们现在要做的是尽可能客观地估算你在其他方面的经营开支，并将其与营业收入相比较，看看还有多少余额、你对未来餐馆的收支情况有没有计划。

（18）当事人：当然有，我设法让别人找了一本这家餐馆以前的收支账本，它一直经营得很好，盈利可观，如果不是老板死了的话，它肯定不会关门的。在过去的两年中，该餐馆每年毛利 290 000 元，支出平均大约为 210 000 元，我打算先投资 2 万元进行装修。考虑到我们独特的风味，我估计第一年至少获毛利 400 000 元，第二年至少可以获毛利 450 000 元。这是根据每客中餐 5.5 元，晚餐 9.5 元的平均价格计算的，我知道该地区其他餐馆的收费标准。相比而言，我们这个价格算是公道的，如果我们每天服务 160~180 桌，就可以达到这个数额。

（19）律师：那么，开支方面又怎样呢？

（20）当事人：由于我给伙计的工钱比较高，而且我想再多雇几个人手，此外加上一些难以预计的开支，所以我在老餐馆的基础上再加 35% 的开支，这样计算下来，开支总额共计 280 000 元左右。再加上我提供的品种多，食品方面的成本也会比原来高，就算每年高出 40 000 元吧。这样下来，第一年的总开支大约在 320 000 元。

（21）律师：你有没有分别估算中餐和晚餐的顾客数量？

（22）当事人：这个我确实没有细想。

（23）律师：我觉得这可不是个小问题，这一点是经营包餐与经营餐馆的最大的区别。在你为一个晚会包餐时，你会预先知道该做多少食物，但是就经营餐馆而言，估算收入的最现实的方式就是根据每日的客流量来计算。比如，这个餐馆有多大地方摆放桌椅？你们在同一时间可为多少服务？

（24）当事人：整个餐馆的面积是 3000 平方米，店堂中大约有 1500 平方米可供顾客就座，可以同时为 60~70 人提供服务。

（25）律师：好。你计算过每天中餐和晚餐要分别做多少道菜没有？

第二十课
非诉讼案件咨询实例

（26）当事人：第一年，中餐我们至少可以服务两轮顾客（指每次客满所容纳的顾客量），晚餐就算是一轮吧。

（27）律师：照此看来，你的收入预算是根据每日两轮中餐和一轮晚餐的顾客量计算出来的。这些数字是否客观？

（28）当事人：我想我们不会比这更糟，因为我主要是根据老餐馆的情况来计算的，而且我想我会经营得更好。

（29）律师：可是，不幸的是，老餐馆的账本并没有告诉你该餐馆每天做了多少道菜。也许，有必要考虑一下你们有没有能力每天提供这么多人次的服务，特别是在旺季。此外，我对你的费用支出预算也不太理解。实际上，你的支出与以前经营包餐的支出以及老餐馆的支出都不完全一样。对此，你是否实事求是地分析过？

（30）当事人：确实，我主要是根据现在的业务费用支出额计算的，对于支出的实际数额，我想，与我的预算可能是会有些出入。

（31）律师：就食物和餐馆的费用而言，我确实不算个行家，但是我觉得你在计算这些支出数额时还是该留有一点余地，有关用具以及保险费用等开支与你经营包餐的情况也有所不同。这些数字是不是你自己亲手算出来的？你是否应该同你的会计师一道再仔细核算一下这些数据呢？

（32）当事人：这个我会考虑的。今天跟你交谈使我受益匪浅，我非常高兴，我是太想租那个店铺了，以致现在都弄得神魂颠倒了。我想，我有必要再对收支状况进行更仔细、更认真的计算。

（33）律师：你现在就开始做这些。然后，我们再进一步进行协商。如果这笔交易在经济上合算，那么是可以考虑的。除上面提到的外，还有其他一些因素，也应该考虑进去，例如，你有多少时间花在经营餐馆方面，这对你从事其他的事情会有什么影响。

（34）当事人：对此，我已经考虑过了。在时间方面我是比较充裕的。我请了个好领班，他愿意继续与我一起干，愿意承担更多的事务，帮我照看业务，所以我有充分的空闲时间。

（35）律师：因此，从时间方面，开餐馆是没有什么顾虑了？

（36）当事人：不。实际上，我还想过餐馆可以在星期日关门。我恨在星期天做事，但是星期天可是包餐业务最兴旺的一天啊。

（37）律师：星期天关门？……从目前来看，我建议你自己或同你的会计师坐下来

399

> 好好研究一下。然后，给金范打个电话，让他知道你对这项交易仍然很感兴趣，看看他是否愿意为你保留一个星期不对外出租。如果你认为有关费用合理，我们可以回头再审查一下租约的具体内容。根据租约规定，我们在考虑增加的费用时还得将一些其他开支考虑进去，例如，根据手头这份租约草案的约定，增加财产的财产税也由你承担，我们是否可以考虑增加一项约定，以保护你免受因某些税款的增加而遭受经济损失。如果你认为在总体上这笔生意可以做，我们不妨再讨论一下有关条款的措辞问题。
>
> （38）当事人：很好，我很欣赏你提供的这些忠告。以前，我确实未曾考虑实际顾客流量的问题，但是这件事我会去做。我也会给金范打个电话。什么时候我们再碰头？
>
> （39）律师：你愿意什么时候都可以。

从以上对话中，我们可以看出，李铭在餐饮业方面有一定经验，因此在有关费用和食物成本开支以及如何制定食物价格方面是比较在行的。但这只是就包餐业务而不是餐馆经营来说的。同时，他也有一些莽撞和冲动。当他找到一个可以实现他长期以来梦寐以求愿望的地方时，他就不再去考虑其他的备选方案，所以从他的精神状态来说，他对此近乎走火入魔。在这种特定情况下，你有没有为李铭是否该进行这笔交易提供合理的决策机会？

只要李铭提到这笔交易的现实可行性，你就应考虑这个问题：李铭的本意是想让你看一下租约，因此除了你对某些条款的看法以外，他对其他问题也许并不感兴趣。因为，生意人通常不喜欢别人对那些他们认为是生意上的问题指手画脚。你谨慎地问及他是否愿意就这笔交易的可行性进行讨论［第（1）项］，对于讨论"做还是不做"这笔交易的问题的提议，李铭似乎勉强表示默许［第（2）项］。

这节讨论的第一步几乎被完全省略了，在第（5）项中，你本应走这第一步，但是却一味沉迷于李铭的整体目标，而没有及时回到你应该做的事情上。当然，对于新的或已经发生改变的打算问一两个问题，也算不上是离题，但从你们讨论的情况来看，也许只有李铭将其打算告诉你后，你才能进行透彻的分析。

再从第三步来看，除第（5）项末尾的一句话外，你同样将李铭开设餐馆的选择限制在商业中心的营业场所上，仅提到继续从事包餐经营的方案［第（15）项］，并且没有对其结果进行任何分析。此外，尽管你也提到可以考虑在其他地方选营业地，但是却没有促使李铭去分析这个问题［第（5）（6）项］。除此之

第二十课
非诉讼案件咨询实例

外,你没有再提出其他可能的备选方案,如缩短租期,以便必要时可能灵活掌握;或者让你的当事人将"李铭风味食品"进行包装,在高档食品店或市场上出售等。总而言之,第二步的讨论过于单调、狭窄。

第三步,你们讨论了一系列可能的后果,特别是有关经济方面的后果,在第(7)(9)项中,你将李铭希望在该商业中心开设餐馆的理由转换成"有利因素",并且还要求他列出其他有利的地方。

从第(11)项起,你们开始寻找在大街商业中心开设餐馆的不利因素。尽管李铭并没有发现什么不利因素[第(10)项],但是他对租金过高的不满却成了你们后来讨论的中心话题。你们首先分析了有关租金基本确定,难以降低的依据[第(13)项],然后,在第(17)~(32)项中,你与李铭重点讨论了这笔交易还有没有回旋的余地,正像对话所显示的那样,仅考虑一种方案也许会展得更开,讨论得更深入。你首先推敲了李铭的经济预测[第(18)~(22)项],然后,在第(23)~(29)项中,你想起了有关餐馆财务会计方面的知识,于是建议李铭收集更充分的经济信息材料,以便对这项交易的经济效益作出更可靠的预测。因为根据经验,你知道餐馆业通常是根据每日的顾客流量来预测毛利的。

此外,你还简要地探讨了可能发生的一些非经济方面的后果,如时间保证问题等[第(33)~(36)项]。

最后,李铭认识到他的计算既不全面,也不够现实,因此决定在迈出第一步之前,亲自或会同其会计师一起进行更精确的预测。所以,这项"做与不做"的讨论一直未能进入第四步。

尽管上述讨论省略了"寻找目标"这一步,而且在"分析备选方案"这一方面也仅仅集中于一项备选方案的探析,对相关后果的分析也是非常有限的,但是总的说来,这段谈话似乎还是可以保证为李铭作出正确决策提供合理的机会的。你没有受到他急于签订租约的先入为主的想法影响,在对他的打算进行分析的同时,也拓宽了自己讨论的范围,使自己可以引导李铭正确地评价承租该营业场所可能带来的经济后果。

在这种特定的背景下,一开始就几乎完全集中于一种备选方案的经济可行性的研究可以增加而不是减少李铭对是否进行这笔租赁交易问题作出正确决策的机会。这种有限制的集中，可以使李铭认识到他的设想还缺乏足够的依据，对于继续进行下去是否就能真的达到取得一个稳定收入来源的目的还不能作出断言。

当然，如果李铭有充分的经济和市场方面的信息材料，那么采用这种相对集中的方式就会使你处于尴尬、难以下台的境地。如果有充分的资料表明，这笔交易在经济上是可行的，或者李铭愿意冒这个风险，那么假若没有给予他合理的机会考察其他备选方案，就赞同他签署这份租约（例如，如果李铭没有机会去考虑诸如星期天是否餐馆必须开张营业，以便能区分包餐经营者和做餐馆的老板到底有什么不同，或者如果你没有分析他的领班是否愿意参加餐馆经营等问题），那么李铭就不可能有合理的机会作出"做与不做"这项交易的决策。

但是，应该注意，尽管我们前面说过，这段咨询谈话并未真正进入第四步，但是，其也并非没有作出任何决定：除决定进行更详细的财务计算外，李铭还决定暂时停止进一步与对方协商，直到他有更充分、更确切的数据。此外，在第(38)项中，李铭还接受了你的建议，即打电话给金范，让他暂时不要把这个营业场所租给别人，但这两项决策都不能算是你提供咨询的直接结果。就前者而言，你没有分析延期的后果；就后者而言，你也没有为李铭提供合理的机会以让他考虑和估算其他可能的备选方案，如对金范什么也不说，或要求他等待比一周更长的时间等。

咨询对话中关于中止继续与对方协商以及该怎样与金范交涉等问题没有进行充分而必要的分析是否恰当是值得商榷的；这些决定也许并非无足轻重。而你觉得，拖延时间不过一周，对金范也不算难事；此外，李铭在某种程度上可以说是经验丰富，而且对金范也比较了解；于是，你简要地提出建议，并给他表达不同意见的机会。你也许期待李铭会知道这些，并且有可能提出相反的建议。

然而，这些决策也许会相当重要。例如，经济分析也许会花去比一周更长的时间，延误时机会导致其他人租用这家餐馆。此外，如果李铭不知道，或者无视潜在的不利因素，那么你给他表达不同意见的机会就没有什么意义了。例如，他也许还没有想到其他人是否对这个场所也感兴趣。考虑到这些因素，根据"合理机会原则"，你也许该花几分钟时间向他提出"你看期限耽搁会有什么问题吗"或者"你知道是否有其他人也对这个地方感兴趣吗"等问题。